Psychologie II

Dr. Eduard Schellhammer

9. Ausgabe revidiert 2014.
© Copyright. Dr. Eduard Schellhammer. Alle Rechte vorbehalten.

ISBN-13: 978-1478370604
ISBN-10: 1478370602

www.EduardSchellhammer.com

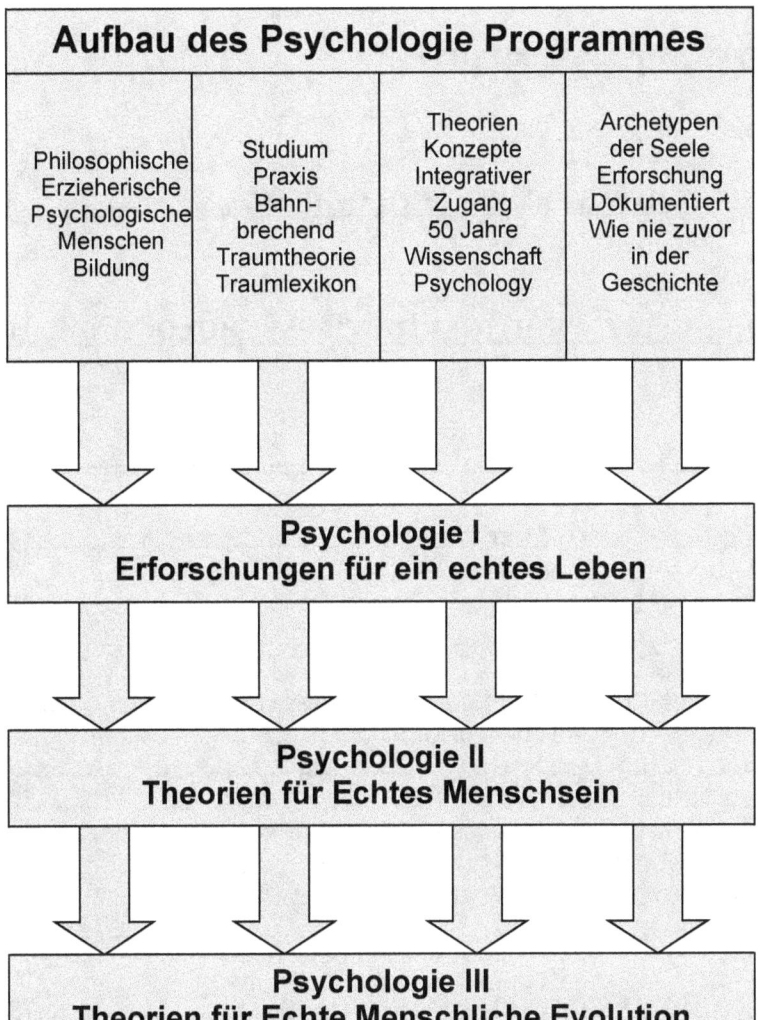

Aufbau des Psychologie Programmes

| Philosophische Erzieherische Psychologische Menschen Bildung | Studium Praxis Bahn- brechend Traumtheorie Traumlexikon | Theorien Konzepte Integrativer Zugang 50 Jahre Wissenschaft Psychology | Archetypen der Seele Erforschung Dokumentiert Wie nie zuvor in der Geschichte |

Psychologie I
Erforschungen für ein echtes Leben

Psychologie II
Theorien für Echtes Menschsein

Psychologie III
Theorien für Echte Menschliche Evolution

Inhaltsverzeichnis

Liste der Diagramme

In Somnis Veritas für Psychologie II

Träume sagen die Wahrheit. Träume stehen über Theorien, Ideologien und Dogmen. Während der letzten 33 Jahre hatte ich über 12.000 Träume über den Zustand der Menschheit und des Planeten. Ich hatte auch noch schätzungsweie 3000 Träume über die menschliche Evolution und alle Archetypen der Seele.

Eine grosse Veranstaltung. Ich rede. Ich werfe den Leuten vor, wie sie nicht ernst genommen haben, was ich sagte, nicht einmal die Probleme der Umwelt mit allen Konsequenzen, die zu erwarten sind. Und ich sage: "Eure Kinder werden wie im Mittelalter leben müssen, Cholera eingeschlossen."

Szenen über Kriegsvorbereitungen wie im Mittelalter. Unglaublich pervers. Sie schmeissen die armen Leute in siedendes Wasser. Es sind die Kapitalisten auf höchster Ebene mit ihrer Gier nach Profit.

Ein endlos langes Erdbeben, ästhetisch teuflisch schön. Es ist Nacht. Feuer und Zerstörung überall auf dem Boden. Niemand will diese Gefahr sehen. Die Szene erweitert sich auf halb Europa. Ich kann das Zittern des Bodens fühlen. Ich rufe den Menschen zu: "... !" Aber niemand hört auf mich.

Ich sage zu Leuten: "Ich sagte euch schon vor 20 Jahren, dass die chemische Komposition (die chemischen Interaktionen) aller Komponenten ..... (im Körper) ..... ."

Der Herrscher der Welt tut sein Werk jeden Tag!

Die Flüsse im Norden sind alle am Überschwemmen. Da sind schreckenerregende, tiefe und starke Wirbel im Wasser, sehr gefährliche Geschwindigkeit. Niemand will es sehen.

Sie haben in einer Stadt ein Paket Dynamit platziert. Ein gezielter Schuss und die halbe Erde explodiert. Denn sie wollen nicht, was der Geist ihnen durch mich geben will: das Sein des Gralskönigs ist unantastbar.

Viele Menschen versuchen, einen Fluss zu überqueren. Die meisten gehen unter. Das ist so wegen der Unfähigkeit der Politiker, die Menschen zu führen.

Ich bin fähig (es gelingt mir), das Schwert des Gralskönigs aus einem Felsen zu ziehen. Dann erhalte ich einen Reichsapfel.

Ich sehe die Gralskönige am runden Tisch sitzen. Sie diskutieren den sehr schlimmen Mangel an Liebe auf dieser Welt, die Missachtung des psychischen Lebens, das Fehlen der Wahrheit und die Verneinung des Geistes in der Seele.

Eine Expedition rund um den Erdball, die im Kern besagt: Die vollständige Liebe ist die wertvollste Sache auf Erden und niemand hat sie mehr. Ich erkenne dies, während ich vier weisse, langhaarige, anmutige, liebenswerte, gesunde, positive und aussergewöhnliche Hunde spazieren führe.

In mir ist der Tempel des Grals. Eigentlich weiss ich alles; Ich kann das Mysterium offenlegen und den Menschen helfen, dieses zu erfahren.

Ich erhalte eine "kosmische Schere"; damit kann ich nicht nur schneiden und trennen, sondern auch zusammenführen (binden) und Ganzheit schaffen. Dies ist ein enormes, sehr ungewöhnliches und fremdartiges Ding. Ich protestiere, weil ich denke, dass dies nicht in meine Hände passt. Doch es passt sehr wohl ganz perfekt.

Ich bin in einem Wald. Auf dem Ast eines Baumes sitzt ein Adler mit weit offenen Flügeln, als ob er mir das Muster seiner Flügel zeigen wollte. Ich schaue genauer hin und entdecke: Dies ist ein Bild des König-Archetypus auf der einen Seite und des lebenden Gralskönigs auf der andern Seite.

Ein König hat zwei Pharaonenvögel, sehre farbig und wunderbar schön. Es heisst, dies seien magische Vögel. Wir kommen zur Stadt Jerusalem. Ich bin sehr glücklich, dass wir schliesslich am Ziel angekommen sind zusammen mit den königlichen Vögeln.

Die Wahrheit und die Archetypen der Seele sind die ursprüngliche Fundierung und das Ziel der Wissenschaft, des menschlichen Lebens und der Gesellschaft. Die Psychologie hat beides nicht! Die gesamte Sozialwissenschaft hat sie nicht. Dies ist das skandalöse Drama der Wissenschaft.

Die Abwesenheit der Wahrheit und der Archetypen der Seele schafft enorm destruktive Energie und Entwicklungen in Wissenschaft und Gesellschaft.

Es zeigt sich klar, dass die Wissenschaften sich nicht um die

archetypische, psychologische und geistige Evolution kümmert, noch hat sie Respekt gegenüber der Schöpfung.

Eine solche Wissenschaft ist ein Betrug. Solche Wissenschaften entmenschlichen die Psyche und die Seele. Sie eliminiert die Würde des Menschen.

Solche Wissenschaften sind verseucht mit dem tödlichsten Virus, das je existierte: der dynamische Code für Königsmord und Gottesmord. Am Ende wird dies unumkehrbar und unaufhaltbar in den Untergang führen.

Dies kann bereits innert Jahrzehnten geschehen, wenn nicht drastische Massnahmen rund um den Globus sehr bald getroffen werden.

Dr. Eduard Schellhammer

Einführung: Die Wichtigkeit der Psychologie

Psychologie und die Menschen

- Milliarden Menschen sind gierig, faul, dumm und wollen niemals eine (nationale und globale) alles-umfassende Erneuerung.
- Die Mehrheit der Menschen sind gehirngewaschen, mental vergiftet und entmenschlicht: globale oder nationale Erneuerung ist nicht möglich.
- Die Welt ist voll von Feiglingen, Heuchlern, Schwätzern, falschen Propheten, falschen Politikern, falschen Fachleuten und Managern der Wirtschaft und von falschen Priestern.
- 6 Milliarden Menschen haben tief innen Schmerz und sie haben den Glauben (die Hoffnung) verloren; sie können keinem Projekt der Erneuerung vertrauen.
- Die Menschen würden durchdrehen und rebellieren, würde man ihnen das Recht, ein Auto zu fahren oder ein Flugzeug zu benutzen, streng limitieren.
- Die meisten Menschen sind den Autoritäten gegenüber unterwürfig, vertrauen ihnen und glauben an sie auf eine infantile psychisch-geistige Weise.
- Die Menschen wollen Illusionen, sie sind von Illusionen, Fantasien und magischem Denken getrieben; sie bewundern Blendwerke und ihre Taktiken.
- Die Menschen neigen dazu, ihre Schwächen, ihren schlechten und bösen Charakter, ihr unmoralisches Tun und den Teufel im eigenen Innern auf andere Menschen zu projizieren.
- Die Menschen projizieren ihre Sehnsucht nach Befreiung und Rettung auf Autoritäten, Staatsinstitutionen und die Religion, oder auf Konsum.
- Die Menschen wollen ihre Befreiung und Rettung nicht durch psychisch-geistige Entwicklung erarbeiten.
- Die Menschen meinen, sie seien gut, akzeptiert, geschätzt und wertvoll, wenn sie blind andern Menschen und Institutionen gehorchen.
- Die unbewussten Komplexe der Menschen werden innerhalb der Familie über 3-4 Generationen weiter übertragen.
- Die Menschen sind besessen, ein Heim, ein Auto und einen Partner (etc.) zu besitzen, in der Hoffnung sie erhalten damit Rettung und Glück.
- Eine Mehrheit der Menschen sind 'menschliche Roboter', irreparabel deformiert, missgebildet und entstellt seit vorgeburtlicher Zeit.
- Viele Menschen rennen nach schnellem Geld oder spekulieren für schnelles Geld; dies mit der geringstmöglichen Anstrengung und Leistung.
- Zuviele Arbeitslose verweigern zu lernen, hart zu arbeiten, mehr Stunden zu arbeiten oder eine unangenehme Arbeit zu akzeptieren.

- Würden die Menschen über viel mehr Geld verfügen, dann würden sie bloss ihr dummes und blindes Konsumverhalten aufheizen.
- Eine grosse Mehrheit der Menschen sind nicht gut erzogen, extrem ignorant und viel zu faul für eine echte Demokratie.
- Die meisten Menschen wollen gierig viel Komfort, ein leichtes Leben, schnelle Resultate, billige Produkte, viel Spass und Ablenkung.
- Sich selbst mit künstlicher Selbstpräsentation 'speziell' zu machen, ist wichtiger als ein integrer Charakter.
- Sie behaupten zu wissen, was Fakt, richtig, gerecht und gut (etc.) ist; dies ist eine ansteckende Pest rundum die Welt.
- Eigentümer von Liegenschaften (Wohnungen und Geschäftsräume) verweigern eine Reduktion des Mietpreises; sie ziehen es vor, diese gegebenenfalls für Jahre leer zu lassen.
- Das Gute wird nie gewinnen, einfach weil es gut ist; und es gibt nicht viele Menschen, die das Gute leben und stärken wollen.

Psychologie und Politik

- Politik als wesentliche Institution der Gesellschaft ist niemals bereit für eine kritische Selbstreflexion, für bahnbrechende Projekte und eine Erneuerung.
- Die Menschen müssen mit Kummer und Angst beschäftigt sein, sodass die Führer für ihre eigenen irrsinnigen Interessen verfolgen können.
- Die Menschen müssen mit Leiden in der Seele beschäftigt sein, sodass die Religion in ihrem eigenen kranken Interesse agieren kann.
- Die Menschen müssen an Regulierungen, Normen, Akkreditierungen aller Art angewöhnt werden, damit sie zu Gehorsam gezwungen werden können.
- Die gesamte Menschheit ist mit einer Geschichte voll von bösem und irrsinnigem Tun, voll von Lügen, Falschheiten, Fabrizierungen und Kriegen mental kontaminiert.
- Es ist selten möglich, eine Karriere zu machen mit Integrität, mit der Fähigkeit zu lieben, mit der Wahrheit und mit guten spirituellen Einstellungen.
- Kontamination, Armut und Mega-Cities sind angelegt, die Massen zu degenerieren, zu entmenschlichen und mental zu schwächen.
- Alle Arten von Katastrophen sind gut, weil sie das Leben der Menschen, ihren Erfolg, ihr Glück und ihre Partizipation stark eingrenzen.
- Die öffentlichen Schulen – die eigentlichen Bildungsinstitutionen – sind niemals bereit für eine kritische Selbstreflexion und Erneuerung.

Psychologie und Geschäftsleben

- Das Kader der Wirtschaft und die grossen westlichen Konzerne sind niemals bereit für eine kritische Selbstreflexion und Erneuerung.
- Die Medienkonzerne würden niemals die Menschheit über eine unerlässliche Erneuerung informieren. Sie würden niemals Bildungsverantwortung akzeptieren und übernehmen.
- Die grossen Medien werden niemals ihre Konzepte der Täuschung, Manipulation und Gehirnwäsche (etc.) aufgeben.
- Die Medien missbrauchen die Freiheit der Meinungsäusserung, um kollektive Einstellungen zu formen, um Individuen oder Institutionen oder Staaten zu diskreditieren.
- Kein Super-Pionier, kein (wahrer) Prophet oder (wahrer) Messias wird jemals die Medienmacht haben, die Menschheit zu erreichen.
- Spekulationen in den meisten grossen Geschäften: Investoren sind niemals bereit, Spekulationsprofit oder irgendwelche ‚Kasino-Spiele' aufzugeben.
- Zins auf Konsumkredit und Hypotheken: Investoren sind niemals bereit, das Prinzip des 'höchstmöglichen Profits' aufzugeben; das gesamte Zins-Konzept ist purer Geld-Vermehrer.
- Die meisten Geschäftsinhaber sind unfähig, mit bahnbrechenden Ideen, und mit Visionen umzugehen; und sie verweigern jedes neue tragfähige Konzept.

Psychologie und Religion

- Religion als Kerninstitution der Bildung ist niemals bereit für eine kritische Selbstreflexion und Erneuerung; sie haben die Archetypen der Seele verloren.
- Organisierte Religion (die Kirchen) hat viel mehr verdeckte Macht, als die meisten Menschen sich vorstellen können: Erneuerung ist nicht möglich.
- Die verfälschte, verdrehte und irrsinnige Religion mit ihren Wurzeln bei Abraham (Moses) verweigern jeden neuen (wahren) Propheten oder Messias.
- Die meisten Anhänger einer Religion sind süchtig nach der religiösen Psychose; sie werden niemals ihren dogmatischen und fundamentalistischen Glauben aufgeben.

Psychologie und Führerschaft

- Die Welt ist überwiegend in den Händen von Psychopathen und Grössenwahnsinnigen: Erneuerung ist nicht möglich.
- Die Super-Elite, getrieben von einer pseudo-religiösen Mission und einer Psychose, ist niemals bereit für eine kritische Selbstreflexion und

Erneuerung.

- Die westliche Welt, Wirtschaft und Politik, ist im Finanzgriff von sechs Familien via Bankenmacht: Erneuerung ist nicht möglich.
- Politiker, Wirtschaftsmanager und Führer von andern Institutionen der Gesellschaft haben keine Zeit für persönliche Weiterbildung.
- Konstruktive Kommunikation mit Psychopathen, Grössenwahnsinnigen, psychotischen oder falschen und neurotischen Menschen ist nicht möglich.
- Politiker wollen ihre Karriere nicht mit bahnbrechenden Projekten und einem neuen Verständnis über das menschliche Leben und über die Gesellschaft riskieren.
- Jene, die die Welt dominieren, wollen niemals eine demokratische Republik (eine Demokratie) mit informierten und gebildeten Menschen.
- Der Zustand der Menschheit ist von den Superreichen (ultra high net worth individuals, UHNWIs) absichtlich geschaffen, um die Welt zu beherrschen.
- Jene, die über 80% des globalen Vermögens verfügen, werden niemals eine ausgeglichene Verteilung von Geld und Vermögen akzeptieren.

Psychologie und Arbeitslosigkeit

- In manchen Ländern ist die Rate der Arbeitslosigkeit katastrophal: 8-25% und bis zu 30-50% der jungen Menschen, die keine Arbeit haben.
- Mehrere hundert Millionen Menschen weltweit haben keine Arbeit! Milliarden Menschen sind unterbeschäftigt oder erhalten einen Lohn, der ein menschenwürdiges Leben nicht erlaubt.
- 80% der arbeitenden Bevölkerung in den Industrienationen haben Angst, ihren Job zu verlieren und sehen keine guten Zukunftsperspektiven.
- Viele gut gebildete Professionelle erleben es als schwierig, wenn nicht gar unmöglich, einen angemessenen und passenden Job zu finden; oder sie werden einfach unterbezahlt.
- Für immer mehr Paare wird die Gründung einer Familie zu einem finanziellen Alptraum; die Liebe erlöscht und die Beziehung wird zum permanenten Stress.
- Zudem werden Wohnobjekte, Nahrungsmittel und Konsumgüter immer teurer; aber die Löhne sind seit einem Jahrzehnt praktisch stagniert oder gar reduziert.

Die Essenz für die Psychologie

Das menschliche Verhalten ist entscheidend das Resultat von der Art und Weise, wie die mentalen Funktionen geformt sind. Die Wissenschaft der Psychologie ignoriert wichtigste mentale Funktionen (zum Beispiel die psychische Energie und die spirituelle Intelligenz).

Es scheint heute, dass die gesellschaftliche Umwelt jegliche Bemühung um konstruktive Bildung der psychischen Funktionen zerstört.

Die Menschen können ihr Leben nicht angemessen meistern und evolutionär entwickeln, wenn ihre psychischen Kräfte nicht gut geformt sind: zum Beispiel das Ich, das Zentrum der Kontrolle und des Managements, wie es jeder Mensch hat.

Die Menschen müssen auch all die kognitiven Funktionen für ein erfolgreiches Leben und eine gute Entwicklung formen und nutzen: Wahrnehmung, Aufmerksamkeit, Sprache, Denken, Interpretieren, Urteilen, etc.

Gefühle sind von unermesslichem Reichtum. Sie alle haben je ihre eigene Bedeutung. Sie sind unerlässlich zum Leben.

Doch lässt man den Emotionen freien Lauf, ohne diese zu verstehen und ohne sie zu kontrollieren, zerstört dies das menschliche Leben und hindert ein konstruktives Leben mit den vielfältigen Gefühlen.

Die Menschen produzieren mit ihrem Denken, mit ihren Emotionen und mit ihren unbewussten Komplexen eine psychische Energie. Sie stecken mit dieser geformten Energie andere Menschen und das Umfeld an.

Darüber hinaus kann die psychische Energie auch physisch und mental krank machen.

Die Wissenschaft der Psychologie trägt zum Scheitern vieler Milliarden Menschen bei und sie trägt insbesondere bei zu einer archaisch-regressiven Evolution des Kollektivs.

1. Verhalten – Handlungen

Essentielle Thesen

❏ Der Mensch gestaltet sich die Welt, seine Beziehungen und Güter so, wie seine psychischen Kräfte geformt sind.

❏ Unser tägliches Handeln wird von unseren psychischen Kräften bestimmt.

❏ Das Handeln steht immer in einem Lebenssystem und wird auch von diesem mitbeeinflusst.

❏ Das Menschenleben birgt viele Risiken und Chancen.

❏ In jedem Handeln ist ein Ziel (Endzustand der Handlung) und somit auch ein Wert.

❏ Jedes Handeln hat eine Wirkung auf uns, auf andere, auf den Lebensraum.

❏ Viele Handlungen haben ‚kritische' Aspekte: falsche oder keine Wirkungen, Nebeneffekte, unangemessen für die Situation, schon im Ansatz unsicher, schlecht gesteuert oder schwierig steuerbar, aussenbeeinflusst u.s.w.

❏ Viel Schaden, Leiden und Unglück schafft sich der Mensch durch falsch und ungeeignet geformte psychische Kräfte.

1.1. Die Handlungen im Lebensraum

1.1.1. Der Mensch im Lebensraum

Alle unsere Handlungen werden vom psychischen Leben gesteuert, wenn wir hier von den physiologischen Kräften absehen. Unser Leben besteht aus Handlungen. Wir handeln den ganzen Tag, vom Erwachen bis zum Einschlafen. Alle Handlungen des Menschen geschehen in einem "Lebensraum".

Wir können diesen Raum in Systeme unterteilen, z.b.: Wohnung, Arbeitsplatz, Beziehungen, Schule, Umwelt u.s.w. Mit unserem Handeln wirken wir auf die Systeme des Lebensraumes ein. Wir gestalten sie. Wir beeinflussen sie. Wir entwickeln sie. Wir schöpfen daraus und nutzen sie. Manchmal richten Menschen darin auch Schaden an und zerstören diese Lebenssysteme.

Umgekehrt formen diese Systeme auch das psychische Leben. Sie begrenzen den Spielraum der Handlungsmöglichkeiten. Der Mensch ist an seine Lebenssysteme gebunden und kann nur durch diese und in diesen leben.

Alles, was wir wahrnehmen, denken, fühlen, phantasieren, träumen, wünschen und handeln, geschieht in Verflechtung mit den verschiedenen Lebenssystemen. Somit besteht eine Wechselwirkung zwischen dem psychischen Organismus und dem Lebensraum.

Die psychischen Kräfte sind auch die "Brücke" zu andern Menschen. Ohne psychisches Leben ist keine menschliche Beziehung denkbar. Dazu können die Menschen alle Kräfte nutzen, oder auf Intelligenz, Geist und Liebe verzichten.

Was die "Tagesschau" uns täglich zeigt, was Zeitungen und Zeitschriften uns berichten, und was in Büchern über den Menschen und sein Tun steht, sind Informationen über das Wirken der psychischen Kräfte. Denn der Mensch handelt immer aus der Situation seiner geformten psychischen Kräfte.

Er lebt auch in den Begrenzungen des Lebensraumes, die die Menschen sich geschaffen haben und schaffen. Das kollektive psychische Leben der Menschen wirkt auf die Individuen. Und jeder wirkt auf seine Weise auf die kollektive psychische Lebenswirklichkeit.

So stehen alle Menschen in einer komplizierten Vernetzung, die unsere Vorfahren geschaffen haben und die wir täglich weiterformen. Im Kleinen schaffen wir Glück und Unglück, Freude und Trauer, Probleme und Konflikte, Not und Leid. Als Teil der Menschengemeinschaft tragen wir bei zu "grossen Problemen" und auch zu grossem Schaden und Leid wie Umweltzerstörung, Gewalt und Krieg.

So ist die Geschichte das Resultat der geformten psychischen Kräfte: Die Vergangenheit formt die Gegenwart und die Gegenwart bestimmt die Zukunft. Dies gilt für die psychische Innenwelt und das individuelle Leben ebenso wie für die Aussenwelt und das kollektive Leben.

Das äussere Leben und die Lebensgestaltung der Menschen sind ein Ausdruck der vorangegangenen Menschenbildung. Wollen wir das äussere Leben verstehen, so müssen wir uns dem psychischen Leben und seinem Bildungsprozess zuwenden.

Reflexionen und Diskussion

■ Wir alle werden in einen Lebensraum hineingeboren. Menschsein und Leben ohne Lebensraum ist nicht denkbar. Das psychische System kann sich nur in einem Lebensraum entfalten und äussern.

■ Von diesem Lebensraum wird der Mensch geformt; und: Der Mensch formt den Lebensraum. Dieser Raum ist ein Ausdruck der geformten psychischen Kräfte.

■ Zum Lebensraum gehören:

- Eltern, Familie, Geschwister
- Wohnbereich
- Umgebungsbereich
- Güter, Möbel, Auto
- Bebaute Umwelt
- Institutionen
- Wirtschaft/Industrie
- Andere Menschen
- Arbeit

- Bildung, Schulung
- Ferien- und Freizeitbereiche
- Nahrung
- Institutionen der Religion, Ethik
- Natur- und Tierwelt

■ So wie das psychische Leben ein komplexes System ist, so ist der Lebensraum ein komplexes LEBENSSYSTEM.

Das Handeln des Menschen steht in Wechselwirkung Psyche-Lebensraum.

Wichtige wechselseitige Aspekte dazu sind:

- Die Lebenssysteme wirken auf den Menschen.
- Der Mensch gestaltet sich die Lebenssysteme.
- Der Mensch nutzt die Lebenssysteme für sein Leben.
- Die Lebenssysteme setzen dem Menschen Grenzen in seinem Handeln.
- Die Lebenssysteme sind notwendig.
- Der Mensch kann Lebenssysteme zerstören.
- Lebenssysteme (oder Elemente davon) können dem Menschen schaden.
- Jeder Mensch schafft sich seinen Raum in diesen Lebenssystemen.

■ Von der Geburt bis zum Tod ist der Mensch im Lebensraum gebunden und hat dennoch einen bestimmten freien Spielraum in seiner Lebensgestaltung. In diesem Raum sind Risiken und Chancen für den Menschen.

Diagramm 1.1.1: Der Mensch und seine Lebenssysteme

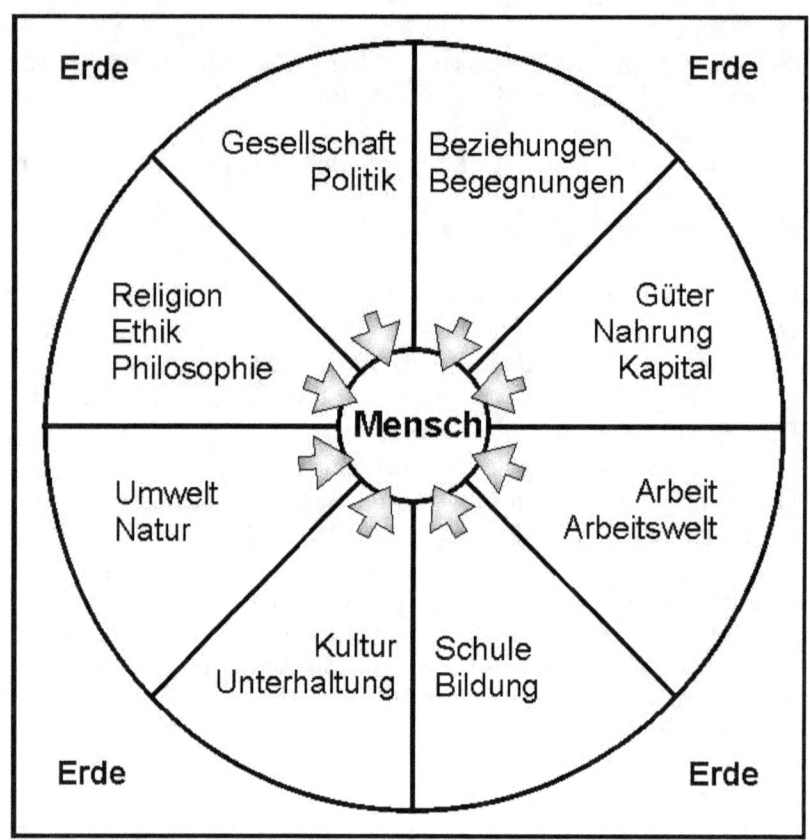

Handlungen in Theoretischer Reflexion

Eine Handlung gilt dann als Wiederholung, wenn zwei Handlungssituationen die gleiche Struktur haben. Beispiel: Frühstück zubereiten; Wohnzimmer aufräumen; Kleider kaufen; Fernsehen; Autofahren; Sex in der Ehe (nach Jahren im Alltag). Solche Handlungen gelten meist als Ausdruck einer Gewohnheit.

Handlungsschemen sind wiederholbar, auf neue Aufgaben und auf neue Situationen übertragbar. Beispiel: Besprechung eines Streits mit dem Lebenspartner oder mit einem Freund in einer Freizeitsituation; Berufliche Situation: Korrespondenzen erledigen oder eine Sache verkaufen; Unterricht erteilen über denselben Stoff mit unterschiedlichen Gruppen (Schülern). Das Handeln ist ein System von Über- und Unterordnung einander zugeordneter grösserer und kleinerer Einheiten, in zeitlicher Abfolge sind das ‚Handlungsschritte', also "ein Weg von einem Ausgangspunkt zu einem Endpunkt". Beispiel: Verkaufsgespräch oder Monatsbudget mit dem Lebenspartner planen.

Das subjektive Erleben einer Handlung ist das Bewusstsein der Zielsetzung, der Planung, der Kontrolle und der Absicht. Das Kernproblem ist allerdings, dass der Mensch oft nur vage Ziele vor Augen hat; dass die Schritte wenig geplant sind und somit spontan vorwärts führen, wie es eben gerade geht; dass das eigene Handeln selten überprüft wird, ob es angemessen war und zum erwünschten Erfolg geführt hat; dass oft Nebeneffekte entstehen, die weder beabsichtigt noch erwartet waren; dass unerwartete Einflüsse (Fakten, Ereignisse, Vorkommnisse) Ziel und Verlauf verändern.

Kernaspekte der Theorie von Handlungen sind:

- Zur Handlung gehört die Handlungssituation, d.h. der Rahmen.
- Handlung ist ein in-Beziehung-Setzen von Elementen im Hinblick auf ein Ziel.
- Ziele sind Gründe, die in der Zukunft liegen.
- Planung setzt Ziele voraus.
- Pläne und Strategien lenken die Ausführung der Handlungen.
- Menschen handeln zielgerichtet und zielbewusst; oft ziellos und unbewusst.
- Handlung ist eine zentrale psychologische Kategorie.
- Bedürfnissen, Entscheidungen, Bewusstsein, Wille, Liebe.
- Die noch lebendige Biographie bestimmen die Muster der Handlungen mit.
- Handlung ist zukunftsorientiert, absichtsvoll, zielgerichtet, potentiell voll bewusst.
- Handlungen enthalten: Verlauf, Komplexitätsgrad, Situation.

- Zum Verlauf: Anfangs-, Verlaufs- und Endphase.
- Handlungsphasen enthalten: affektiven, strukturellen und energetischen Aspekt.
- Handlungsmittel werden willkürlich gesetzt.
- Es lassen sich Handlungseffekte bestimmen.
- Handlungen können bewertet und das Subjekt verantwortlich gemacht werden.
- Situationselemente erhalten im Handlungsvollzug ihre psychologische Bedeutung.
- Über die Bewertung der Zielerreichung entsteht ein Ich-Gefühl.
- Kultur ist Vergegenständlichung von Handlungen.

Praktisches Lernen über das Tägliche Handeln

Die verschiedenen Lehr- und Lernmethoden der Erwachsenenbildung ermöglichen zum Thema ‚Handlung' u.a. folgende praktische Zugänge:

■ Zwei Partner interviewen einander anhand einiger Fragen:

- Welches sind Ihre liebsten Handlungen im täglichen Leben?

- Welche Handlungssituationen regen Sie am meisten auf?

- Wie ist Ihr Ich-Gefühl im Überblick über alle Handlungseffekte eines Tages?

- Wo haben Sie viel/eher wenig Handlungsenergie?

■ In einer Gruppe werden Fragen gesammelt: Was fallen Ihnen für Fragen ein, wenn Sie Ihre Handlungen über eine Woche genauer anschauen wollen? Beispiele: Wann? Warum? Wie? Wofür? Wie oft? Zusammen? Mit wem? u.s.w.

■ Erstellen Sie eine Liste mit 10 typischen Handlungen aus dem täglichen Leben. Dann versuchen Sie zu jeder Handlung eine Alternative zu formulieren.

■ Nennen Sie ein für Sie wichtiges Lebensziel! Welche täglichen Handlungen sind "Teil-Handlungen" im Hinblick auf diese Zielerreichung? Und welche Handlungen behindern oder blockieren diese Zielerreichung?

■ Formulieren Sie neue Ideen zu einigen alltäglichen Handlungsbereichen. Dann: Welche Veränderungen können sich in Ihrem Leben ergeben, wenn

Sie diese Ideen in konkretes Handeln umsetzen würden?

■ Rollenspiel (in einer Gruppe, in der Familie, am Arbeitsplatz): Wählen Sie eine problemträchtige Handlungssituation aus einem Lebensbereich aus, wo andere Menschen mitbeteiligt sind. Verteilen Sie die Rollen und spielen Sie Situation und Alternativen durch. Diskutieren Sie danach die effizientesten Handlungsvarianten.

■ Nehmen Sie wieder eine Handlungssituation. Zerlegen Sie diese in ihre Elemente. Dann formulieren Sie Thesen zu jedem Element nach dem Muster:

a) je grösser ... desto kleiner
b) je kleiner ... desto grösser
c) je weniger ... desto mehr
d) je mehr ... desto weniger
e) je stärker ... desto stärker
f) je schwächer ... desto schwächer
g) je weniger ... desto weniger
h) je mehr ... desto mehr

■ Gruppenarbeit: Sammeln Sie in einer Gruppe zu einem bestimmten Handlungstypus (z.B. Partnergespräch, Einkaufen, Autofahren, Körperpflege, Kochen) mögliche konstruktive (förderliche) Handlungsmittel.

■ Gruppenarbeit: Sammeln Sie einige Handlungen zu einer typischen Alltagssituation, die zu einer Handlung auffordert. Dann erstellen Sie zum "Handlungstyp" ein "Mind-Mapping": im Zentrum das Stichwort, dann viele Haupt- und Nebenlinien, die die Vernetzungen aufzeigen.

■ Nehmen Sie wiederum einige typische Alltagshandlungen. Dann formulieren Sie die Verantwortlichkeit der handelnden Person sowie die Grenzen der Verantwortung.

■ Geben Sie einer 'schwierigen' Handlung einen neuen Rahmen: Tauschen Sie Elemente durch andere aus. Ändern Sie die Reihenfolge der Handlungsschritte. Versuchen Sie sich das Gegenteil vorzustellen. Verändern Sie das Ziel.

Notizen und Perspektiven

Wozu dient das Reflektieren über das eigene Handeln im Alltag?

Notieren Sie die zentralen Schlüsselbegriffe dieses Unterkapitels:

Welche Funktion haben die Lebenssysteme für den Menschen?

Reflektieren über das Verhältnis Mensch-Lebenssysteme ist wesentlich, denn:...

Was haben Sie in Elternhaus, Schule und Kirche über die Funktion der Lebenssysteme gelernt?

Welche Bedeutung im Zusammenleben hat das Gespräch über das Handeln?

Wie zeigt sich das vernetzte Handeln in Politik und Wirtschaft?

Was vermittelt die Werbung über das Handeln der Menschen?

Formulieren Sie eine Ihnen wichtige Frage zum vernetzten Handeln:

1.1.2. Lebensrisiken und Lebenschancen

Zum Leben eines jeden gehören Konflikte, Schwierigkeiten, Probleme und Lebensleiden. Solche Herausforderungen sind unvermeidbar. Der Mensch ist durch sein ganzes Leben hindurch immer wieder neuen Situationen ausgesetzt.

Es gibt keine Beziehung zwischen zwei Menschen ohne Probleme. Mutter- und Vaterrolle formen sich durch den Verlauf des entwicklungspsychologischen Wachstums der Kinder.

Beruflicher Aufstieg oder Veränderungen, auch die jahrelange Kontinuität einer Arbeitssituation, führen zu psychischen Reaktionen. Sorgen mit Geld, Ferien und Freizeit, Geburt und Tod im eigenen Beziehungsnetz sowie vieles mehr bewirken Bewegung im psychischen Leben.

Stress, Aggressionen, innere Leere, Einsamkeit, Befürchtungen und Hoffnungen und vieles mehr im Verbund mit Gefühlen, Gedanken, Bedürfnissen, Wünschen sind Ausdruck des lebendigen Innenlebens.

Gewalt, Unfälle aller Art, Süchte, Selbstmorde und Selbstmordversuche, Scheidungen und Kriminalität haben immer mit dem psychischen Leben zu tun.

Psychische Kräfte verursachen viel Schaden, Unglück und Leid in der Gesellschaft, z.B. durch: falsches Wahrnehmen und Denken, Gedankenlosigkeit, unverarbeitete Gefühle, Unkonzentriertheit, falsche Selbsteinschätzung, schlechte Kommunikation, unangepasstes Verhalten, fehlende Vorausschau, Gleichgültigkeit, unrealistische Ideale, falsche Einstellungen, fehlende Liebe, keine bewusste Pflege von Sinn und keine eigene Pflicht gegenüber menschlichen Werten u.s.w.

Offensichtlich "machen" die psychischen Kräfte unser Leben.

Belastende Wirkungen ergeben sich durch die psychischen Käfte auch in den Lebenssystemen.

Wir verschmutzen die Umwelt, zerstören den Lebensraum, beuten die Ressourcen aus, produzieren Abfallprobleme und bauen eine entfremdende Umwelt. Wir produzieren Güter, die nicht den geringsten Wert haben. Wir schaffen durch Verbauungen Naturkatastrophen.

Die meisten Menschen können die unzähligen Einflüsse aus den Lebenssystemen nicht steuern. Überforderungen werden durch Verdrängung und Unterdrückung scheingelöst.

Wir machen uns enorme Probleme im internationalen politischen und wirtschaftlichen Bereich:

Armut, Völkerwanderungen, Arbeitslosigkeit, Hunger, Unruhen und Kriege. Auch hier sind immer psychische Kräfte der Menschen am Werk. Politische Fehlentscheidungen, Machtgebaren, Gier, Ideologien und religiöse Einstellungen sind Kräfte aus dem psychischen Leben. Ideensysteme und religiöse Lehren haben mit dem psychischen Leben zu tun.

Was Sekten und psycho-religiöse Bewegungen lehren und tun, kommt aus dem Innenleben, dem entstellten Unbewussten.

Gedanken, Gefühle, Bedürfnisse und Phantasien formen sich zu "Theorien" oder "Lehrsätzen". Werte und Normen werden daraus abgeleitet. Danach soll der Mensch leben und das Staatsleben gestaltet werden.

Wohin das alles immer wieder führt, zeigt uns die Geschichte.

Reflexionen und Diskussion

■ Offensichtlich ist das Leben in der Systemverflechtung "psychisches System und Lebensraum" risikoreich:

- auf uns selbst bezogen (körperlich, psychisch)
- auf andere bezogen (körperlich, psychisch, sozial)
- auf den Lebensraum bezogen (Natur- und Tierwelt)
- auf das soziale und gesellschaftliche Leben bezogen

■ Die persönlichen psychischen Risiken sind u.a.:

▪ Stress, Unruhe	▪ Ohnmacht
▪ Innere Leere, Sinnlosigkeit	▪ Einsamkeit
▪ Hoffnungslosigkeit	▪ Beziehungsstörungen
▪ Ängste	▪ Unlust
▪ Verzweiflung	▪ Fehlende Liebe

■ Wir alle stehen in einem Lebensverlauf mit unterschiedlichen Phasen, damit auch mit unterschiedlichen, phasenspezifischen Risiken:

Schule - Berufslehre - Heirat - Kinder - das "sog. 7.Ehejahr" - zunehmende berufliche Verantwortung (Karriere) - zunehmender Geldbedarf - vielfältige verschiedene Lebensenttäuschungen - Midlife Crisis - die innere Lebenskündigung oft schon vor dem 50. Altersjahr - die Zeit ab der Pensionierung - das hohe Alter, oft mit Krankheit und Leiden.

■ Unsere Väter und Mütter haben den Lebensraum übernommen und weiter geformt. Sie haben auch uns geformt.

Wir übernehmen diese Welt und formen sie weiter. Wir formen unsere Kinder und unsere Risiken.

Deshalb gilt: die Vergangenheit formt die Psyche und bestimmt die Gegenwart; die Gegenwart ist wiederum die Vergangenheit der Zukunft. In dieser Vernetzung stehen unsere Lebensrisiken.

■ In dieser Systemverflechtung und Geschichtlichkeit haben wir unsere Chancen zur Selbstbildung und Selbstverwirklichung:

▪ Glück	▪ Hoffnung	▪ Friede
▪ Freude	▪ Lebenssinn	▪ Erfüllung

Diagramm 1.1.2: Die zentralen Lebensrisiken

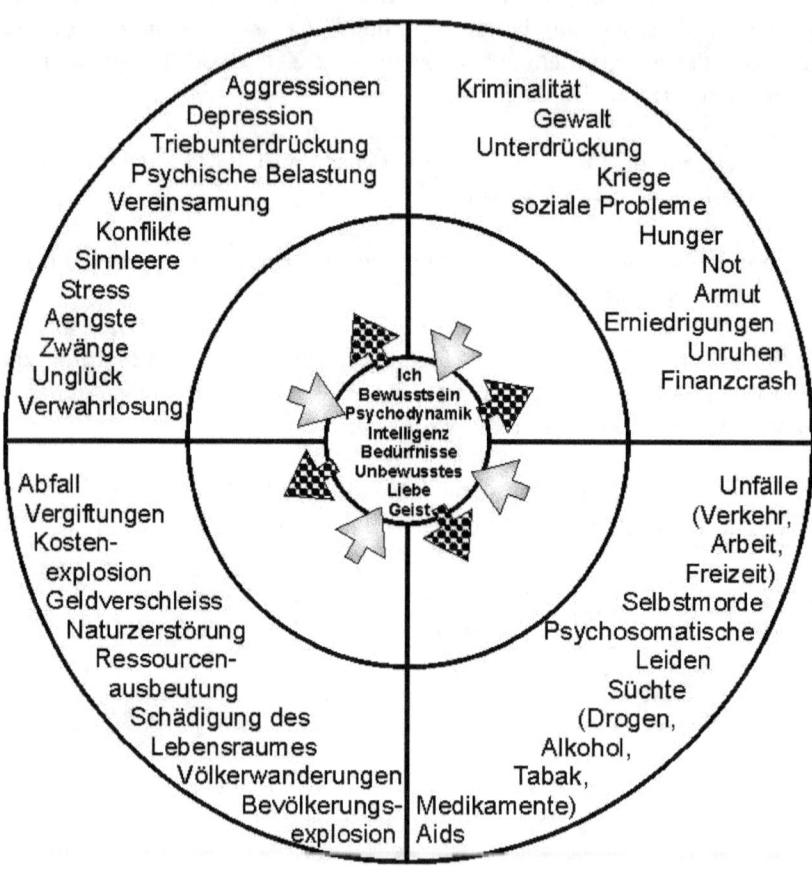

Handlungskapazitäten im Lebenslauf

Handlungskapazitäten im Lebenslauf erhalten im Kontext mit den grundlegenden Lebensrisiken und Lebenschancen hervorragende Bedeutung. Denn, positiv formuliert, bedeutet dies:

Die in einer Entwicklungsphase erreichten Kompetenzen können als Voraussetzungen und Konsequenzen für die folgenden Entwicklungsschritte verstanden werden. Wenn die Koordination und Organisation der personalen Ressourcen in einer Lebensphase gelingt, dann ist auch eine gute Bewältigung von zukünftigen Herausforderungen zu erwarten.

Ein kompetentes Individuum ist fähig, die Umweltressourcen und die persönlichen Ressourcen so einzusetzen, dass ein guter Ausgang für die persönliche Entwicklung gegeben ist.

Durch sozialen und technischen Wandel ebenso wie durch psychische und körperliche Veränderungen ist eine ständige Anpassung des Verhaltensrepertoires mit den zugeordneten Verarbeitungs- und Bewältigungskapazitäten notwendig, um flexible, angemessene Antworten auf Anforderungen der Umwelt zu erschaffen und zu koordinieren und die Gelegenheiten zur Handlungsentfaltung, die die soziale Umwelt bietet, auszuschöpfen.

Kurz und einfach: Handlungskompetenzen sind nötig zur Bewältigung realer Anforderungen; und diese bilden sich ab der frühesten Kindheit.

Die biographische Rückschau ermöglicht es, entwicklungsbedingte Kapazitäten bzw. ihre Schwachstellen selbstreflexiv zu erfassen. Schwachstellen, die vor allem das persönliche Leben betreffen, nach der Leitlinie: Je grösser die Schwachstellen, desto höher die Lebensrisiken - bzw. umgekehrt:

<u>Frühe Kindheit:</u> Aufbau von Urvertrauen, soziales Bindungsverhalten, symbolische und sprachliche Ausdrucksfähigkeit

<u>Späte Kindheit:</u> Mit Altersgenossen zurechtkommen, angemessenes männliches und weibliches Rollenverhalten, Konzepte und Denkschemata (die für das Alltagsleben notwendig sind), Gewissen aufbauen, positive Einstellung zu sich als einem wachsenden Organismus

<u>Frühes Jugendalter:</u> Schulische Leistungsfähigkeit, Beziehungen zu Altersgenossen beiderlei Geschlechts aufbauen, Übernahme der männlichen

und weiblichen Gechlechtsrolle, Akzeptieren der eigenen körperlichen Erscheinung, Körpermanagement

Spätes Jugendalter: Abstrakte intellektuelle Operationen, emotionale Unabhängigkeit von Eltern und andern Erwachsenen, Vorbereitung auf Ehe und Familienleben, Wertsystem als Leitfaden für das Verhalten, stabiles Selbst-Bild und Ich-Identität, Nutzung des Konsumwarenmarktes

Frühes Erwachsenenalter: Auswahl eines Partners, Aufbau einer Partnerbeziehung, Familie gründen, reflexive Person-Umwelt-Beziehungen im gesellschaftlichen Lebenszusammenhang, Haushalt organisieren, Verantwortung als Staatsbürger, Lebensstil finden

Spätes Erwachsenenalter: Ablösung von den eigenen Kindern, Festigung und ständige Neudefinition der Partnerbeziehung, Energien auf neue Rollen und Aufgaben lenken, Akzeptieren des eigenen gelebten Lebens

In jeder Lebensphase kann ein Missverhältnis zwischen sozialen, psychischen und körperlichen Anforderungen einerseits und den eigenen Handlungskapazitäten anderseits auftreten und als bedrohlich oder belastend erlebt werden. Und: Schwachstellen erhöhen entscheidend die persönlichen Lebensrisiken.

Folgerung: Lebensrisiken und Lebenschancen können in gewissen Grenzen, soweit abhängig von den persönlichen entwicklungspsychologisch geformten Ressourcen, vom Subjekt der Handlung reguliert werden.

Biographische Schwachstellen zu Handlungskompetenzen

Kreuzen Sie an:
☺ keine Schwachstelle   ☹ Schwachstelle   ☹ hohe Schwachstelle

☺☹☹ Vorgeburtliches Abgelehntsein
☺☹☹ Rigide, unregelmässige und eher kühle Pflege und Umsorgung im Kleinkindalter
☺☹☹ Schon in der frühen Kindheit emotional belastete Elternbeziehung (Atmosphäre)
☺☹☹ Eher wenig emotionale Zuwendung und damit Eltern-Bindungsstörungen
☺☹☹ Starre Reinlichkeits- und Ordnungserziehung
☺☹☹ Strenges, starres Erziehungsverhalten der Eltern
☺☹☹ Schwierige und eher negative Geschwisterbeziehungen
☺☹☹ Belastungen im sozialen System der Freizeit und Schule (Kameraden,

Freunde)

☺☹☻ Lustfeindliche Erziehung und Aufklärung

☺☹☻ Stark dogmatische und mythologisch geprägte religiöse Erziehung

☺☹☻ Überbetonung der intellektuellen Leistungsfähigkeiten

☺☹☻ Wenig Entfaltungsmöglichkeiten der Kreativität

☺☹☻ Konsum-orientierte Freizeit (Fernsehen etc.)

☺☹☻ Materiell (finanziell) schwierige Lage der Eltern

☺☹☻ Viel Streit zwischen den Eltern bei wenig konstruktiver Kommunikation

☺☹☻ Gestörte emotionale Beziehungen zu Mutter, Vater, Geschwister, Lehrer, Pfarrer

☺☹☻ Krankheiten und Unfälle (eigene und die der Eltern und der Geschwister)

☺☹☻ Umzug und Schulwechsel

☺☹☻ Scheidung der Eltern, Wiederverheiratung (Stiefmutter/-vater)

☺☹☻ Keine klaren Strukturen und Normen im Haushalt

☺☹☻ Suchtverhalten der Eltern (Alkohol, Tabak, Drogen, Süssigkeiten, etc.)

☺☹☻ Wenig emotionale Unterstützung von Verwandten, Nachbarn, Familienbekannten

☺☹☻ Belastete erste sexuelle Erfahrungen

☺☹☻ Gescheiterte frühe Freundschaften

☺☹☻ Schlechte Möglichkeiten der Beratung und Stütze von Lehrer, Pfarrer

☺☹☻ Arbeitslosigkeit des Vaters

☺☹☻ Unzufriedenheit der Mutter, z.B. durch fehlende/unbefriedigende Arbeit

☺☹☻ Viel Abwehr bei den Eltern in Sachen Konfliktbewältigung und Kommunikation

☺☹☻ Schulische Misserfolge, Versagen und entsprechende Diskriminierung

☺☹☻ Eigene Arbeitslosigkeit nach Schule, Berufsbildung

☺☹☻ Unglück/Misserfolge im Aufbau des eigenen Lebens (junges Erwachsenenalter)

☺☹☻ Erhöhte psychische Störanfälligkeit schon im Kindheits- und Jugendalter

☺☹☻ Wenig Förderung im Aufbau des Vertrauens in das eigene Können

☺☹☻ Starke Minderwertigkeitsgefühle über Jahre der Kindheit und Jugendzeit

☺☹☻ Trennung (z.B. durch Tod, Abreise) von liebgewonnenen Menschen

☺☹☻ Defizite in den Grundbedürfnissen (Liebe, Anerkennung, Gemeinschaft etc.)

☺☹☻ Wenig Berücksichtigung des eigenen Innenlebens (Gefühle, Denken etc.)

☺☹☻ Rigides Machtverhalten von Menschen im Lebensumfeld

☺☺☹ Gewalt und kriegerische Ereignisse im erweiterten Lebensumfeld

☺☺☹ Wenig bewusster Aufbau des eigenen handlungsorientierten Normensystems

☺☺☹ Wenig Lebenswissen der Eltern und der Personen im nahen Lebensumfeld

☺☺☹ Unterdrückung und generelle Abwehr von "Problemen"

☺☺☹ Wenig Möglichkeiten, Wissen über das psychische Leben sich anzueignen

☺☺☹ Wenig Liebeserfahrungen, dafür viel "Kampf-"Erfahrungen

☺☺☹ Viel Hass, Neid, Gier, Aggression, Eifersucht, Frust etc. im Lebensumfeld

☺☺☹ Tendenzielle Unehrlichkeit im Lebensumfeld (Lebenslügen)

☺☺☹ Wenig Raum für persönliche Engagements

☺☺☹ Wenig Akzeptanz von Phantasie, Träumen und innerem Bildersehen

☺☺☹ Tendenzielle Überbelastungen in den Anforderungen und Leistungen (Stress)

☺☺☹ Wenig Erfahrungen über Versöhnung in den vielen alltäglichen Belangen

☺☺☹ Starre Denkmuster im Lebensumfeld (privat wie Schule und Arbeitsplatz)

☺☺☹ Anerlernte Gottesbilder, Vorstellungen über das Jenseits ohne Innenerfahrung

☺☺☹ Kein systematischer Umgang mit der eigenen gelebten Biographie (Verarbeitung)

Notizen und Perspektiven

Was ist der Nutzen, einmal über über Lebensrisiken nachzudenken?

Notieren Sie die zentralen Schlüsselbegriffe dieses Unterkapitels:

Welche Auswirkungen haben die Lebensrisiken für das Kollektiv?

Reflektieren über biographische Schwachstellen ist wesentlich, denn:...

Was haben Sie in Elternhaus, Schule und Kirche über biographische "Schwachstellen" gelernt?

Welche Bedeutung im Zusammenleben hat das Gespräch über Lebensrisiken?

Wie werden die Lebensrisiken durch Politik und Wirtschaft reduziert?

Was vermittelt die Werbung über Lebensrisiken?

Formulieren Sie eine Ihnen wichtige Frage zur kollektiven Bedeutung des individuellen risikoreichen Handelns:

1.1.3. Die Kritischen Handlungen

"Kritisch" wird für uns unser Handeln, wenn wir nicht wissen, wie wir handeln sollen; oder Schwierigkeiten haben, richtig zu handeln; oder mit dem Handeln uns und/oder andern ein "Problem" schaffen.

Solche "kritischen Handlungen" sind z.B.:

Mit dem Lebenspartner über eine Schwierigkeit reden, die Freizeit gestalten, einen Partner suchen für Beziehung und/oder Sex, die Ferien planen, die Wohnung einrichten, Konsumgüter kaufen, Versicherungen abschliessen, eine Arbeit suchen, eine berufliche Entwicklung einleiten, die Kinder erziehen, den Fernsehkonsum regulieren, Putzen, Wäsche waschen und Kochen sowie vieles mehr.

Jeden Tag können wir erkennen, wenn wir genau hinschauen, dass manche Handlungen im erwähnten Sinne "kritisch" sind.

Es fehlt an Fähigkeiten. Wir wissen nicht wie entscheiden. Wir haben das Ziel einer Handlung nicht überlegt. Oder wir bewirken etwas, das wir eigentlich so nicht beabsichtigt haben.

Manchmal erfassen wir nicht, was in uns ein bestimmtes Handeln bewegt hat. Innere Kräfte und/oder äussere Faktoren bestimmen mit, wie wir uns in allen möglichen Situationen verhalten.

Jeder Mensch sucht auf seine Weise nach Glück und Sinn. Vieles, was wir tun, ist darauf ausgerichtet, Freude und Lust zu erleben, Zufriedenheit zu finden oder tiefere Werte zu leben.

Der Mensch handelt auch im Rahmen seines Lebensverlaufes auf spezifische Themen gerichtet: Beziehung, Kinder, Beruf, Freizeit, Alter. Auch Güter und Unterhaltung sollen zum Glück beitragen.

- Wie handeln die Menschen, wenn sie ihr Glück anstreben?
- Wie gehen sie mit ihrer innerpsychischen Situation als Bedingung der Möglichkeiten um?
- Wie verhalten sie sich ihrem unbewussten Leben gegenüber, das oft störend auf das angestrebte Glück wirkt?
- Wie nehmen sie das Ziel der Handlung gedanklich vorweg?
- Wie gehen sie um mit Handlungsmustern, die sie immer wiederholen, obwohl sie stets zu Misserfolg führen?

- Viele Menschen erleben die Suche nach Glück auch unter einer religiösen Dimension.

- Welches sind ihre inneren Erfahrungsquellen für Begründungen und Überzeugungen, die ihre Handlungen lenken?

Handeln heisst "leben". Da gibt es für jeden viel zu tun: das autonome Leben mit Beziehungen und Arbeit gestalten, dem Wohnen und der Freizeit einen eigenen Stil geben, berufliche Pläne realisieren, Pflichten für den Staat erfüllen und die Lebensadministration managen.

Wo und wie lernen die Menschen, in all den Lebensthemen richtig und wirkungsvoll zu handeln?

Was ist zu tun, wenn das Handeln als "kritisch" erlebt wird?

Reflexionen und Diskussion

■ Wir "handeln" immer mit unseren psychischen Kräften, unabhängig davon, ob wir das bewusst erfassen und gezielt steuern oder nicht.

■ Das Handeln kann unter folgenden Gesichtspunkten betrachtet werden:

- Der Lebensraum, in dem das Handeln geschieht
- Die Handlung selbst
- Das Ziel bzw. die Wirkung der Handlung
- Die psychischen Kräfte, die daran beteiligt sind

■ Viele Handlungen sind "kritisch", das heisst:

- Das Handeln enthält ein Entscheidungsproblem.
- Es besteht eine Handlungsschwierigkeit mangels erlernter Fähigkeiten.
- Die Wirkungen sind anders als erwartet.
- Es entstehen unerwartete und unerwünschte Nebeneffekte.
- Die Ziele sind mit der Handlung nicht erreicht.
- Der Lebensraum bietet Handlungsgrenzen.
- Das psychische Leben wirkt eingrenzend oder störend auf die Handlung.

■ In jeder Handlung können wir auch einen Wert erkennen. Dieser Wert kann auf die Absicht bezogen sein, oder auch unabhängig davon erlebt werden:

nützlich	sinnlos	gut	befreiend
schädlich	fördernd	böse	belastend
konstruktiv	dumm	befriedigend	peinlich

■ Hauptfragen richten sich auf den Lebensraum:

• Wie beeinflussen die einzelnen Lebenssysteme das Handeln?
• Welche Menschen nehmen wie Einfluss auf die Handlungen?
• Welche Determinanten grenzen den Spielraum der Handlungen ein oder lösen ein bestimmtes Handeln aus?
• Welchen Einfluss haben Menschen und Elemente aus den Lebenssystemen auf "erfolgreiches" Handeln?

■ Die andern Hauptfragen richten sich auf den psychischen Organismus:

• Wie wirken die einzelnen psychischen Subsysteme und Kräfte auf das Handeln?
• Wie stören sie das Handeln?
• Wie drängen sie nach bestimmtem Handeln?
• Welchen Einfluss haben sie auf ein "erfolgreiches" Handeln?

Diagramm 1.1.3: Die Hauptkomponenten von Handlungen

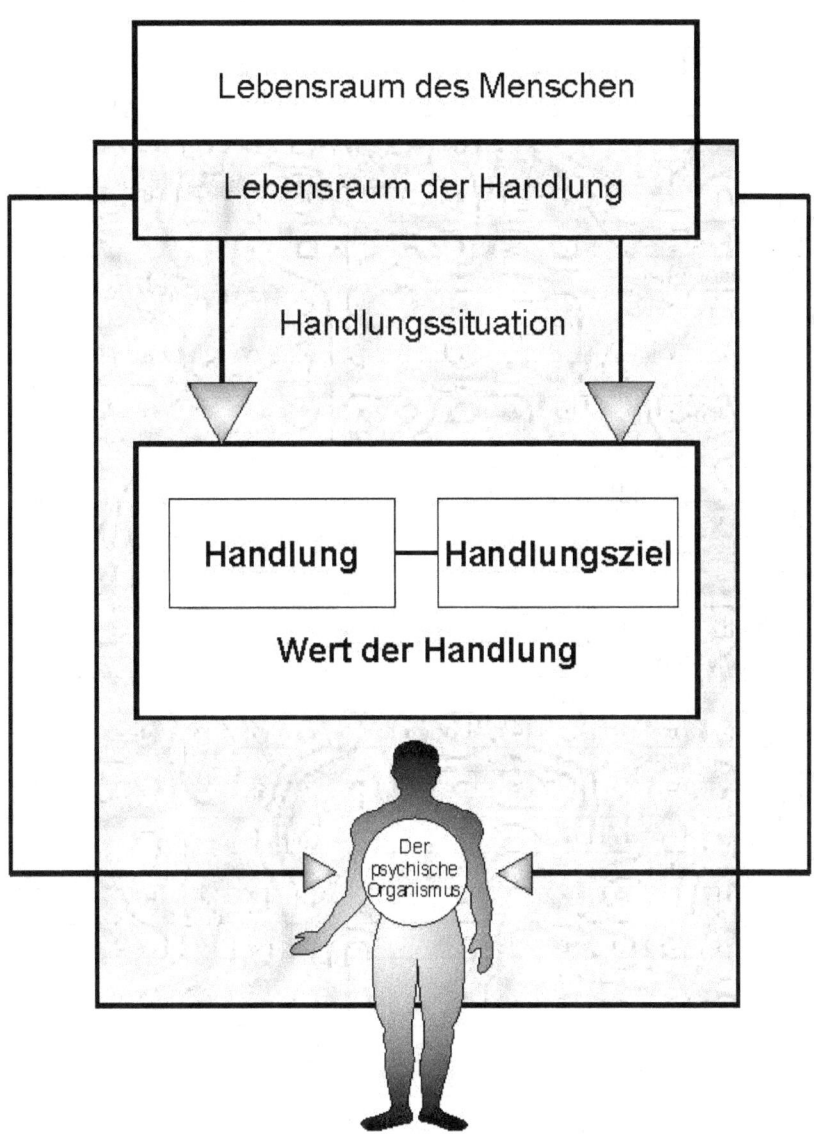

Handlungskompetenzen zu Kritischen Situationen

Notieren Sie in der rechten Spalte Ihre Annahmen und Vorstellungen:

Kritische Handlung, kritisches Ereignis:	Zentrale Handlungskompetenzen dazu:
Stress	
Streit mit dem Lebenspartner	
Geldnot	
Geburt eines eigenen Kindes	
Arbeitslosigkeit	
Scheidung	
Umzug	
Stellenwechsel	
Verlust eines geliebten Menschen (Tod)	
Auszug eigener Kinder	
Sexuelle Lust und keinen Partner	
Alleinsein und Wunsch nach Partner	
Beförderung	
Übermässiges Essen	
Alleinsein in den Ferien	
"Todgelaufene" Beziehung	
Langeweile am Wochenende	
Vertrauensverlust in der Beziehung	
Ausserehelisches sexuelles Erlebnis	
Verteilung der Haushaltarbeiten	
Intensives Traumleben	
Hemmungen in der Kommunikation	
Innere Leere	
Aggressionen gegen den Lebenspartner	
Schwierigkeiten mit den eigenen Kindern	
Schulden und Zahlungsnot	
Blockiert, Gefühle auszudrücken	
Zuviel Fernsehkonsum	
Eintöniges Sexualleben	
Überforderung am Arbeitsplatz	
Schlechte Wohnqualität (Lärm, Abgase)	
Generelles Erleben von Sinnlosigkeit	
Minderwertigkeitsgefühle	

Unlust, träge Langeweile, Unzufriedenheit	
Beginn Pensionierung	
Leichte Grippeanfälligkeit	
Demütigungen von andern	
Streit mit Schwiegervater/-mutter	
Vorwürfe der Mutter über Lebensstil	
Streit mit Partner um TV-Programmwahl	
Unordnung in der Wohnung	
Streit um religiöse Dogmen in der Familie	
Politische Differenzen mit dem Vater	
Ungerechtfertigte Kritik eines Freundes	
Streit zu Wochenendgestaltung mit Partner	
Schlechtes Körpergefühl	
Vorwürfe vom Vorgesetzten/Arbeitgeber	

Kritische Lebensereignisse im Lebensverlauf

Es gibt bei jedem Menschen im Laufe des Lebens verschiedene Ereignisse, die ebenso wie gewisse Handlungen als "kritisch" bezeichnet werden können. Hier steht nicht die eigentliche Handlung, sondern das Ereignis im Mittelpunkt der Betrachtung.

Elementare Charakteristiken solcher Lebensereignisse sind:

Die zentrale Definition von "kritischen Ereignissen" ist: stressreich, d.h. objektiv beschreibbare Situationen, bei deren Konfrontation allgemein Stress eintritt und die eine Erfahrung einschliessen, die entweder Leid aufbürdet oder eine Rollentransformation erfordert.

Merkmale von kritischen Lebensereignissen sind: persönliche Katastrophe (schwere Krankheit), altersbezogenes (zeitliches) Auftreten (Pubertät), historische Fakten (Kriege), Naturereignisse (Katastrophen), zentrale Lebenslauf-Charakteristiken (z.B.Heirat), einzigartige nicht-normative Ereignisse (Scheidung, Tod),

Kritische Lebensereignisse sind: Schulanfang, Pubertät, erste Menstruation, Heirat, Geburt, Krankheit, Scheidung, Tod eines geliebten Bekannten, beruflicher Aufstieg/ Abstieg, Menopause, Eintritt in den Ruhestand, Kriege, technologischer Wandel, ökonomische Krisen, Völkerwanderungen, Stress, Opfer (Täter) eines kriminellen Akts, Beförderung, Erbschaft, Umzug, Arbeitslosigkeit, Schullaufbahnende, Auszug des letzten Kindes aus dem Elternhaus, Verwitwung, Altersheimübersiedlung u.a.m.

Bewältigungsstrategien von "kritischen Ereignissen" sind:

☐ Positives Umdeuten
☐ Bagatellisieren
☐ Verdrängen
☐ Somatische Reaktionsbildung
☐ Aktives Handeln
☐ Vertrauen auf das eigene Können
☐ Selbstreflexion
☐ Orientierung an Autoritäten
☐ Ausdrückliches Bejahen der Situation
☐ Aufgreifen von Hilfen und Chancen
☐ Verschiebung auf Ersatzhandlungen
☐ Selbstbeeinflussung (Suggestion)
☐ Aus dem Felde gehen (Flucht)
☐ Angstreaktion, Niedergeschlagenheit
☐ Ärger/Wut/Trauer ausdrücken
☐ Umstrukturieren des Wertmassstabes
☐ Grenzen des eigenen Könnens sehen
☐ Korrektur der eigenen Erwartungen

☐ Wahrnehmungsabwehr
☐ Rationalisieren
☐ Projizieren
☐ Aktionsaufschub
☐ Persönliches Engagement
☐ Informationssuche
☐ Anpassung an Situation
☐ Hoffen/Optimismus
☐ Fatalismus
☐ Ablenkung

Keine konstruktive Bewältigung ermöglichen:

✎ oberflächlich wahrnehmen	✎ sich lustig machen
✎ negativ eingestellt sein	✎ zynisch sein
✎ eigene Schuld andern zuweisen	✎ ungenau analysieren
✎ gleichgültig sein	✎ die Lösung andern überlassen
✎ nicht wichtig/ernst nehmen	✎ schon genug zu wissen glauben
✎ nicht verstehen wollen	✎ nichts Neues dazulernen wollen
✎ nur trotzen und schimpfen	✎ überheblich gegenüber "Problemen" sein

Notizen und Perspektiven

Wozu dient das Bearbeiten von kritischen Handlungssituationen?

Notieren Sie die zentralen Schlüsselbegriffe dieses Unterkapitels:

Was geschieht langfristig mit jenen Menschen, die keine Bewältigungsfähigkeiten erlernt haben?

Reflektieren über die kritischen Lebensereignisse ist wesentlich, denn:...

Was haben Sie in Elternhaus, Schule und Kirche über das Bewältigen von kritischen Lebenssituationen gelernt?

Welche Bedeutung im Zusammenleben hat das Gespräch über kritische Handlungen und kritische Ereignisse?

Wie wird auf das kritische Handeln der einzelnen Menschen in Politik und Wirtschaft reagiert?

Was vermittelt die Werbung zu kritischen Ereignissen?

Formulieren Sie eine Ihnen wichtige Frage zu "Bewältigungsfähigkeiten":

1.1.4. Übungen

1. Welche Lebensraumkomponenten haben Sie besonders beeinflusst?

2. Wie wirken Sie durch Ihr tägliches Leben gestaltend auf Ihren Lebensraum?

3. Welches sind Ihre täglichen "kritischen Handlungen"? (Geben Sie 3 Beispiele.)

4. Was ist an Ihren "kritischen Handlungen" im Monatsrückblick besonders typisch?

5. Welche Ihrer psychischen Kräfte bewirken "kritische" Handlungen?

6. Welche äusseren Faktoren schaffen Ihnen "kritische" Situationen?

7. Wo führt es hin, wenn Sie Ihr typisches Verhalten nie ändern (verbessern)?

8. Was möchten Sie an Ihrem täglichen Handeln verbessern (neu gestalten)?

9. Kreisen Sie ein, wo Sie eigene "kritische Lebenssituationen" erleben:

▪ Essen	▪ Verhandlungssituationen
▪ Kommunikation (Ehepartner)	▪ Selbstloses Handeln
▪ Trinken	▪ Streit
▪ Rachen	▪ "Blauen" machen
▪ Einkaufen	▪ jemanden loben
▪ Ferienzeit, Urlaub verbringen	▪ Zeitschrift lesen
▪ Fernsehen	▪ den Abend in einer Bar verbringen
▪ Umgang mit Abfall	▪ mit Bekannten plaudern
▪ Telefonieren	▪ Feste feiern
▪ Auto fahren	▪ an einer Party sein
▪ Haushaltarbeiten	▪ spekulieren
▪ Produkte festlegen (für Kauf)	▪ Büroarbeit zu Hause erledigen
▪ Etwas verkaufen	▪ tagelang sonnenbaden
▪ Freizeit verbringen	▪ Musik hören
▪ Sex leben	▪ zerrüttete Beziehungssituation
▪ Spielen	▪ Arbeitssituationen aller Art
▪ Erziehen	▪ Angstverhalten
▪ Beziehung bzw. Partner suchen	▪ Trauerreaktionen
▪ Religion praktizieren	▪ Verhalten in Einsamkeit
▪ Unordnung in der Wohnung	▪ Selbstumgang zuhause
▪ Lügen	▪ Abendgestaltung
▪ Stehlen, abzocken	▪ Wochenendgestaltung
▪ Umgang mit dem Innenleben	▪ "Hausaufgaben" nicht gemacht
▪ andere einengen, behindern	▪ Streit um religiöse Lehren
▪ Betrügen	▪ Innere Kündigung (Arbeit)
▪ Sadistisch quälen	▪ Vertrauensverlust
▪ Gewalttätig sein	▪ Demütigungen von andern
▪ Geld handhaben	▪ Sinnleere
▪ Unfälle verursachen	▪ berufliche Frustrationen
▪ Wohnen/Wohnkultur gestalten	▪ schlechte Wohnqualität
▪ Krank werden/sein	▪ Arbeitslosigkeit
▪ Medikamentenkonsum	▪ schlechtes Körpergefühl
▪ Andere bestrafen	▪ Vorwürfe am Arbeitsplatz
▪ Umgang mit andern)psychisch)	▪ Vorwürfe vom Lebenspartner
▪ Tagesablauf managen	▪ Stress

Wie erleben Sie das Gesamtbild Ihrer Angaben?

Analytisches Kurzprotokoll. Meine "kritischen Ereignissituationen" - Nr....

"Kritisch" meint: unsicher, unangenehm, heikel, konfliktär, angespannt, peinlich, schwach, störend, belastend, schmerzlich, erfolglos, veränderungsbedürftig, entscheidungsunfähig. Nehmen Sie ein Beispiel aus dem Alltag; bearbeiten Sie dieses nach folgender Aufteilung:

1. Die Ereignissituation: Was ist vorgefallen? Was hat sich ereignet?

2. Eigentliche Handlung(-en) in der Ereignissituation: Was haben Sie getan? Wer hat was getan?

3. Lebenssystem/Umsysteme: Wie war das Umfeld? Was hat da auf das Geschehen noch eingewirkt?

4. In welchem Sinne erleben Sie welche Aspekte als "kritisch"?

5. Prospektive: Was sind Ihre Wunschvorstellungen/Änderungsziele?

Wo ist der Lösungsansatz/sind die Lösungsansätze?

Multiple Choice Test

Wählen Sie die vier richtigen Antworten aus: ☒ a) Fun

2.1. Der Mensch im Lebensraum. Zentrale Lebenssysteme des Menschen sind:

☐ a) Beziehungen
☐ b) Arbeit
☐ c) Auto
☐ d) Schule/Bildung
☐ e) Traumwirklichkeit
☐ f) Umwelt-Natur

2.2. Die Lebensrisiken und die Lebenschancen. Zentrale Lebensrisiken sind:

☐ a) Unfälle
☐ b) Fehlender Erfolg
☐ c) Innere Sinnleere
☐ d) Geringes Ansehen
☐ e) Beziehungslosigkeit
☐ f) Leben ohne Geist

2.3. Die Handlungen im Lebensraum. Richtige Aussagen zu Handlungen sind:

☐ a) Kritische Handlungen sind nur jene, die von andern bemängelt werden.
☐ b) Handlungen sind unabhängig von Sinn- und Wertfragen.
☐ c) Handlungen sind immer auch ein Ausdruck von psychischen Kräften.
☐ d) Handungen geschehen immer in Lebenssystemen.
☐ e) Der Mensch kann unbewusst handeln.
☐ f) Handlungen stehen im Spannungsfeld "Psychisches System-Lebenssystem".

1.2. Die systemischen Verflechtungen von Handlungen

1.2.1. Die Elemente von Handlungen

Leben bedeutet immer Aktion. Der ruhende Mensch ist in ruhender Aktion. So können wir sagen, dass auch Nichtstun und Schlafen "Handlungen" sind. Nahezu alle Handlungen sind das Ergebnis von Lernprozessen. Wir können nur so handeln, wie wir es gelernt haben.

In bekannten Situationen wiederholen wir die gelernten Muster. In neuen Situationen greifen wir auf die naheliegenden Möglichkeiten aus dem vorhandenen Repertoire zurück.

Wenn wir eine Art zu handeln ändern oder eine neue Handlungsweise erlernen, dann hat dies Gründe: Eine neue Situation erfordert neues Handeln. Oder die Wirkungen einer gewohnten Handlungsweise führen zu Konflikten, sei es durch eine Kollision, sei es durch fehlenden Erfolg.

Niemand wird wohl behaupten wollen, er habe nie ein neues Verhalten (Handeln) zu lernen.

Eine Handlung können wir dadurch ändern, dass wir diese zuerst analysieren, indem wir sie in ihre Komponenten zerlegen. Die Kernelemente sind bekannt: die eigentliche Handlung, das Ziel (die Wirkung) und der Wert, der darin liegt. Zudem können wir die Handlung im Kontext der Situation untersuchen und die Verbindungen mit dem psychischen System erfassen.

Die erste Erweiterung ist die Rückschau: Wie ist dieses Handlungsmuster entstanden? Welches ist die Lern- und Erfahrungsgeschichte dieser spezifischen Handlung. Das ist die "Retrospektive".

Wir können anderseits auch in die Zukunft schauen: Wo führt das hin, wenn diese Art zu handeln in solchen Situationen immer gleich bleibt? Und: Was ist die wünschbare Entwicklung?

Wir können natürlich nicht tausend verschiedene Handlungen untersuchen. Es genügt uns, wenn wir die sog. "kritischen Handlungssituationen" genauer bearbeiten. Kaum jemand wird nie solche "kritischen" Momente erleben. Einige Menschen erleben täglich regelmässig solche Handlungssituationen, andere vielleicht wöchentlich.

Ein erster allgemeiner Überblick verhilft uns, den Lernbedarf zu erkennen.

Reflexionen und Diskussion

■ Handlungen analysieren und neu lernen basiert auf:

Jede Handlung ist eine Äusserungsform mit einer bestimmten Qualität.
Zu jeder Handlung gehört ein Ziel, eine Wirkung (das Resultat).
Jede Handlung enthält für den Handelnden einen Wert.
Jede Handlung enthält eine Lern- und Erfahrungsgeschichte
Eine Handlung schliesst die Zukunft ein durch Antizipation und Repetition.
Eine Handlung ist ohne die Situation nicht hinreichend zu beschreiben.
Jede Handlung beeinflusst die Person und Komponenten der Situation.
Eine Handlung ist immer ein "Ereignis", von kurzer oder längerer Dauer.

■ Begriffsumschreibungen zu "kritische Ereignissituation". "Kritisch" meint dabei eines oder mehrere der folgenden Elemente:

▪ Veränderung	▪ Unerwünschte Wirkung
▪ Abhängigkeit	▪ Sinnfrage
▪ Neuartiges Erleben	▪ Entscheidungsproblem
▪ Kollision	▪ Ziellosigkeit
▪ Auswahlvielfalt	▪ Ausführungsproblem
▪ Steuerungsproblem	▪ Reflexionsinteresse
▪ Stagnation	

■ Eine Annäherung ermöglicht folgende Checkliste, die gewichtet werden kann mit "dies gilt für mich...":

☐ Mein Handeln bewirkt nicht, was ich damit erreichen will
☐ Ich wünsche, dass in Zukunft mein Handeln Besseres bewirkt
☐ Mein Handeln führt zu anspannenden Situationen
☐ Ich weiss nicht, zu welchem Zweck ich so handle
☐ Ich handle, ohne genau zu wissen, warum ich gerade so handle
☐ Ich handle ohne zu wissen, was mich von innen dazu drängt
☐ Ich wünsche, mein Handeln besser verstehen zu können
☐ Ich erlebe mich in meinem Handeln unsicher
☐ Ich handle immer wieder wie früher, auf gleiche Weise
☐ In verschiedenen Situationen möchte ich anders handeln können
☐ Ich denke über mein Handeln nicht besonders nach
☐ Ich kann mich nicht entscheiden, wie ich handeln soll
☐ Meine Art zu handeln führt immer wieder zu Konflikten
☐ Ich erlebe mich im Handeln ohne Motivation

☐ Ich handle in der Tagesgestaltung nicht besonders bewusst
☐ Ich erlebe vieles, was ich tue, als sinnlos und fragwürdig

Diagramm 1.2.1: Das erweiterte Systemmodell der Handlungen

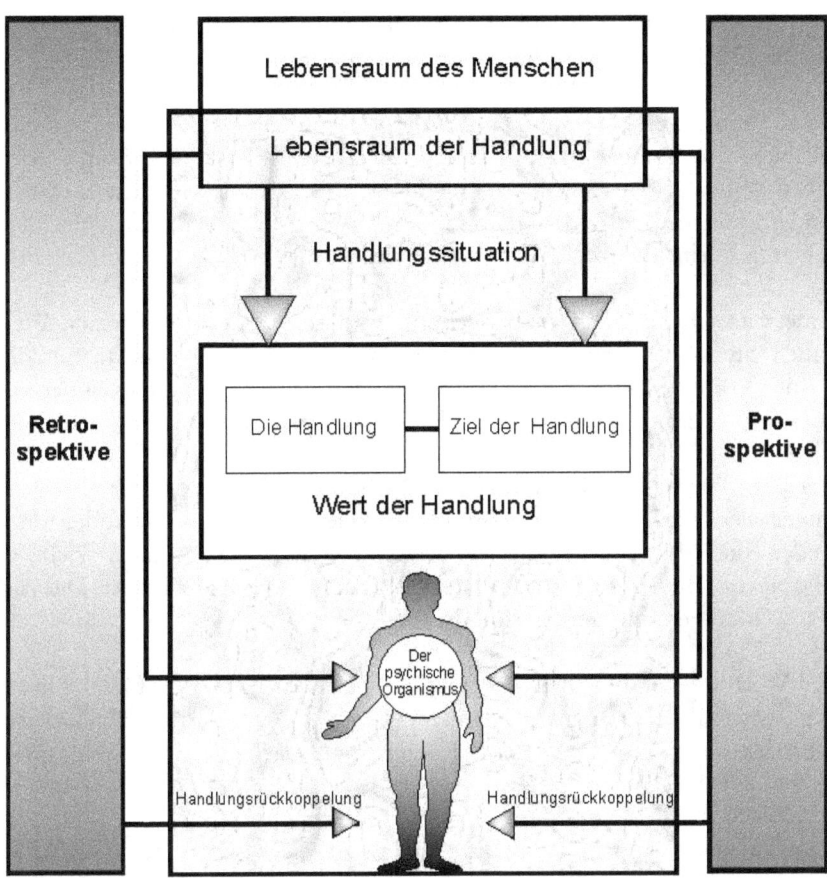

1.2.2. Die kritischen Lebensthemen

Es gibt bestimmte Lebensereignisse, die durch ihre Einmaligkeit und Beson-
derheit "kritisch" wirken. Andere sind dadurch "kritisch", dass sie ein Leben
lang Teil des täglichen Tätigkeitsbereiches sind. Sie erhalten ihren emotional
erlebten Wert durch ihre Wirkung und durch das Erleben der Handlung.

Ein Wohnortswechsel kann längerfristig belastend nachwirken. Der Tod eines
geliebten Menschen, ein Berufswechsel oder die Auflösung einer
Lebensgemeinschaft kann nicht nur direkt auf das tägliche Leben einwirken,
sondern zu einem späteren Zeitpunkt unerwartete Folgewirkungen nach sich
ziehen (z.B. eine falsche Entscheidung oder ein Leiden).

Anderseits gibt es Tätigkeitsbereiche, die immer wieder in derselben Weise
aktuell sind, z.B. Fernsehen, mit dem Auto ausfahren, Konflikte mit dem
Partner, Arbeitsplatzprobleme und vieles mehr. Die Wirkungen können hier
einerseits punktuell (momentan) und anderseits verzögert sein.

Wer über Jahrzehnte täglich drei bis vier Stunden fernsieht, über viele Jahre
immer wieder dieselben Konfliktmuster mit dem Partner austrägt oder immer
wieder die altbekannten Freizeitgewohnheiten pflegt, schafft sich tief
verwurzelte Muster. Die Qualität der Handlung bleibt unverändert. Die Ziele
bzw. Wirkungen sind immer dieselben.

Der Wert solcher Handlungen reaktiviert stets dieselben Gefühle. Mit der
Zeit entsteht eine neue "Problemqualität" bzw. "kritische" Situation:
Lebensenttäuschung und tiefe Resignation machen sich breit. Passivität
wird zu einem Standardmuster.

Konsum von fremdem Leben ersetzt immer mehr das eigene Leben. Die
Beziehung ist "totgelauten". Das macht das Leben vielleicht an der
Oberfläche einfacher, schafft aber in der Tiefe des psychischen Lebens eine
zunehmende Kompliziertheit. Verdrängtes führt zu Nebenwirkungen.
Unterdrücktes meldet sich irrational. Das Wert- und Sinnerleben wird
abgestumpft. Der Sinn für Verantwortung wird auf ein minimales
Leistungsniveau gesetzt.

Die Erfahrungen in fast allen Tätigkeitsbereichen akkumulieren sich zu
gleichen Lebensmustern. Der Mensch kann so mit 50, 60 und 70 Jahren nicht
mehr angemessen auf seine neue Lebenslaufsituation reagieren. Er ist in
regressivem Handeln fixiert. Der verstärkte Rückgriff auf Vorurteile,
Ideologien und Dogmatismus soll dann die Situation rechtfertigen.

Reflexionen und Diskussion

■ Einmalige "kritische Situationen" in einem Lebensverlauf sind:

• Wohnortswechsel	• Scheidung
• Stellenwechsel	• Tod eines Bekannten
• Finanzielle Veränderungen	• Arbeitslosigkeit
• Heirat	• Opfer (Kriminalität)
• Trennung	• Beförderung
• Geburt	• Straftat
• Krankheit	• Kirchenaustritt
• Unfall	

■ Sich ständig wiederholende "kritische Handlungen" sind:

• Essen	• Ausfahrten
• Reden	• Haushalten
• Schlafen	• Telefonieren
• Sexualität	• Einkaufen
• Besuche	• Religiöse Praktiken
• Fernsehen	

■ Wirkungen von Handlungen können in der Zeitperspektive unterschiedlich sein:

punktuell	langfristig	verzögert
mittelfristig	direkt/sofort	zeitlich kumulierend

■ Folgende Bearbeitung ist dazu möglich:

Komponenten der Handlung versus kritische Situation	Qualität	Ziel/Wirkung	Werterleben
z.B. Besuche			
z.B. Einkaufen			
z.B.			
z.B.			
z.B.			
z.B.			

Diagramm 1.2.2: Das Spektrum der "kritischen Lebensthemen"

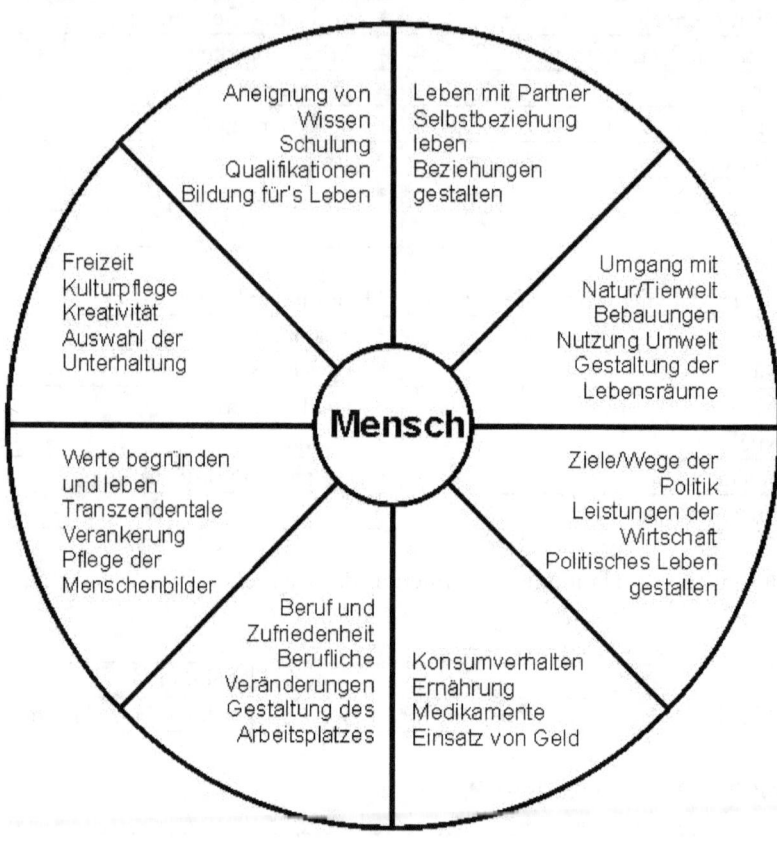

1.2.3. Lebensraum-Systeme als Einflussfaktoren

Der Mensch ist mit seinem Handeln immer mehrdimensional vernetzt. Jedes Handeln kann in dieser Vernetzung betrachtet werden.

Wir vereinfachen die vielen Möglichkeiten auf drei Dimensionen: Die Tätigkeiten bzw. Handlungsbereiche (thematisch, nicht situationsspezifisch), die Lebensräume mit ihren vielen Systemen und die Bezugspersonen (Interaktionen). Der Mensch wirkt durch sein Handeln auf diese drei Bereiche ein. Und umgekehrt beeinflussen Elemente aus diesen drei Dimensionen das Handeln des einzelnen.

Dieses Wechselspiel steht in der Zeitperspektive, ist also laufend in Bewegung. Dieselben Ereignissituationen sind selten in der Vergangenheit, in der Gegenwart und in der Zukunft genau dieselben. Sie reproduzieren oft die Situation mit der Vorgeschichte.

Verändern sich die Elemente der drei Dimensionen, so wird das Handeln anders. Bleibt das Handeln immer gleich, so dürfte dies zu Spannungen und Handlungsmisserfolgen führen. "Kritische" Momente ergeben sich allein schon dadurch, dass jede neue Situation nie genau der früheren entspricht.

Nehmen wir zur Illustration ein Beispiel: John bespricht mit Marie einen Ehestreit. Der Fernseher läuft. Marie ist am Kochen. ein Kind sitzt gerade in der Badewanne. Die Nachbarn sind eben erst vom "Teeschwatz" gegangen.

Solche Rahmenbedingungen sind für eine Aussprache ungünstig. Wären die Nachbarn noch in der Stube, dann würde das Handeln (die Aussprache) wiederum anderen Rahmenbedingungen unterliegen. Zudem sind weitere Faktoren denkbar: Marie möchte, dass John kocht. John ist sauer, weil noch unbezahlte Rechnungen auf dem Tisch liegen. Beide denken, sie hätten mit ihren Nachbarn besser nicht über Politik gesprochen, sondern über die Nichtbeachtung der Waschordnung im Haus. John hat Hunger, das Kind ruft in der Badewanne und der TV-Krimi hat auch schon begonnen.

Aus allen drei Dimensionen wirken Elemente in die Handlung. Das Ergebnis dürfte kaum aufbauend ausfallen.

Reflexionen und Diskussion

■ Die drei Dimensionen des Handelns sind, mit Beispielen:

1) Die Tätigkeiten bzw. Handlungsbereiche/Handlungsthemen:

▪ Arbeiten	▪ Fernsehen	▪ Freizeit
▪ Haushalten	▪ Unterhaltung	▪ Erholung
▪ Reden	▪ Ferien	▪ Mobilität

2) Die Lebensräume sind u.a.:

▪ Wohnraum	▪ Freizeitorte	▪ Einkaufszentrum
▪ Quartier	▪ Arbeitsplatz	▪ Wohnung eines Bekannten
▪ Bewegungsraum	▪ Amtsbüro	▪ Institution X-Z

3) Die Bezugspersonen sind:

▪ Lebenspartner(-in)	▪ Eltern	▪ Nachbarn
▪ Freund(-in)	▪ Verwandte	▪ Arbeitskollegen
▪ eigene Kinder	▪ Geschwister	▪ Bekannte

■ Elemente aus den drei Dimensionen wirken durch:

▪ Verhaltensregeln	▪ Lustanregung	▪ Einprägungsintensität
▪ Angebot	▪ Gefühlsaktivierung	▪ Appellcharakter
▪ Rollenerwartung	▪ Sinnesaktivierung	▪ Lebensnotwendigkeit
▪ Pflichten	▪ Leistungsanspruch	▪ Anspruchslosigkeit
▪ Provokatione	▪ Suggestion	▪ Bedürfnisanregung

■ Die Dimensionen können für jede Handlung untersucht und reflektiert werden:

Dimensionen versus Handlungen	Handlungsbereich	Lebensraum	Bezugsperson
z.B. Fernsehen			
z.B. Einkaufen			
z.B.			
z.B.			
z.B.			

Diagramm 1.2.3: Die Vernetzungen der Handlungen

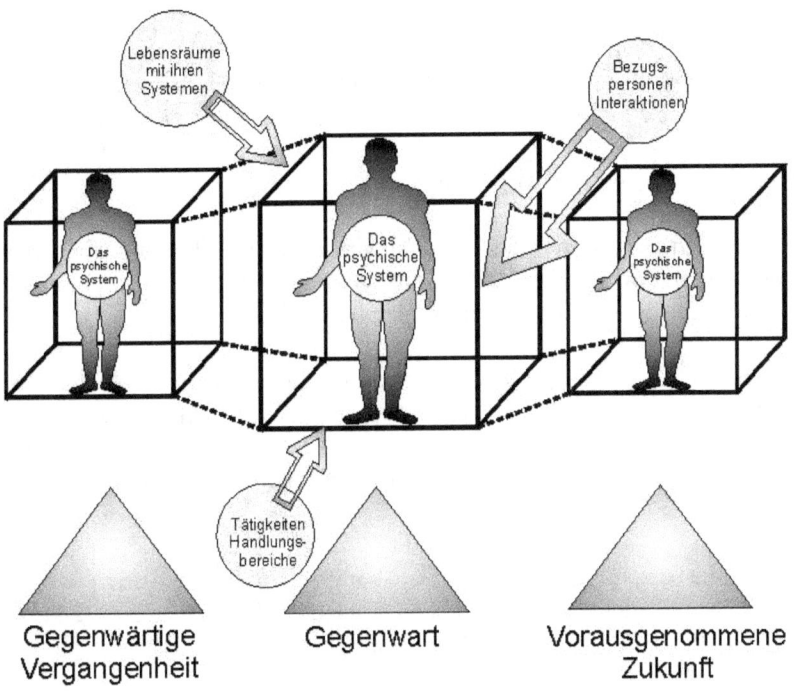

Gegenwärtige
Vergangenheit

Gegenwart

Vorausgenommene
Zukunft

1.2.4. Der psychische Organismus als bewegende Kraft

Ohne Zweifel haben die Elemente der drei Dimensionen einen entscheidenden Einfluss auf einzelne konkrete Handlungen. Essen, Reden, Arbeiten, Fernsehen und viele Handlungen mehr können täglich im Ausdruck variieren. Die Gründe liegen teils in äusseren veränderten Konstellationen, teils auch in der psychischen Innenwelt.

Die einzelnen psychischen Subsysteme wirken am Handeln mit. Der Mensch handelt anders, ob er entspannt oder angespannt ist. Ist seine Lebensenergie vital oder schlapp, so hat das unterschiedliche Wirkung.

Schwacher Wille, wenig Selbststeuerung und viel Abwehr, bei gleichzeitig reduziertem bzw. undifferenziertem Bewusstsein, wirken sich entsprechend auf das Handeln aus. Das gilt auch für undifferenzierte Wahrnehmung, Gedankenlosigkeit, vage Wortverwendungen und wenig denkerische Lernaktivität.

Die Gefühlslage, von angenehm bis unangenehm oder positiv bis negativ, "färbt" das Handeln. Ebenso wirken unerfüllte Bedürfnisse und künstlich aktivierte Bedürfnisspannung auf das Handeln.

Die unbewussten Lebensmuster (Menschenbilder, Lebenserfahrungen, Über-Ich, Einstellungen) bedrängen den Menschen in seinem Handeln, sinnentsprechend der geformten Muster.

Wer mit Träumen arbeitet und mit gezielten Imaginationen regelmässig meditiert, lässt dieses Erleben auf sein Handeln wirken.

So hat auch die Kraft der Liebe einen entscheidenden Einfluss auf alles Handeln. Wer hier wenig aufgebaut hat, handelt anders, als wer gelernt hat, allumfassend mit Liebe zu leben und Liebe wichtig zu nehmen.

Bei dieser Gelegenheit ist zu bedenken, dass jeder Mensch in seinem Handeln an diese innerpsychischen Kräfte rückgebunden ist. Dies ist in Betracht zu ziehen, wenn die Bezugspersonen in einer Handlungssituation in ihrem Einfluss mitreflektiert werden.

So wie der Mensch das Autofahren in kleinen Lernschritten einübt, so kann das Handeln für eine Zeitspanne bewusst unter diesen Aspekten reflektiert und gelenkt werden.

Mit der Zeit handelt man mit den psychischen Subsystemen, ohne jeweils bewusst jedes einzelne Mitwirken überlegen und kontrollieren zu müssen - wie beim Autofahren, wo sich die Handlungen mehr und mehr automatisieren.

Reflexionen und Diskussion

■ Die psychischen Subsysteme mit ihren Teilbereichen und den einzelnen Kräften wirken erheblich auf das tägliche Handeln eines jeden Menschen:

- Die Psychodynamik: Anspannung-Entspannung, Vitalität und Kraft u.s.w.
- Die Ich-Funktionen: Wille, Abwehr, Integration, Steuerung, Bewusstseinsinhalte
- Das Intelligenzsystem: Wahrnehmung, Denken, Sprache, Lernen
- Die Gefühle: lebenszugewandte-lebensabgewandte, angenehme-unangenehme
- Die Bedürfnisse: Grundbedürfnisse, künstliche Bedürfnisse
- Das Unbewusste: Lebenserfahrungen, Menschenbilder, Über-Ich, Einstellungen
- Der Geist: Traum, Imagination, Kontemplation
- Liebe: für sich, für andere, für die Natur- und Tierwelt, für die Transzendenz

■ Diskutieren Sie in einer kleinen Gruppe die Einflüsse nach dem folgenden Schema. Sie können verschiedenartige Aspekte formulieren, zum Beispiel:

- Wie wirken Gefühle und Essen gegenseitig aufeinander?
- Wie ist die Wechselbeziehung zwischen Geist und religiöser Praxis?
- Wie funktioniert der Wille beim Einkaufen?
- Wie ist die Wechselwirkung zwischen sexueller Handlung und Liebe?
- Wie wirken Haushaltarbeiten auf die Gefühle?
- Welchen Einfluss hat die sportliche Betätigung auf die Psychodynamik?
- Wie wirkt das Unbewusste auf Beziehungen?
- Welcher Zusammenhang besteht zwischen Geld und Abwehr?

■ Folgende Bearbeitung ist dazu möglich:

Psychische Subsysteme und ihre Teilbereiche mit den einzelnen psychischen Kräften	Wählen Sie ein Handlungsthema bzw. eine "kritische Handlungssituation"
Psychodynamik	
Ich-Funktionen	
Intelligenzfunktionen	
Gefühle	
Bedürfnisse	
Unbewusstes	
Liebe	
Geist: Traum/Meditation	

Diagramm 1.2.4: Die Psychischen Verflechtungen der Handlungen

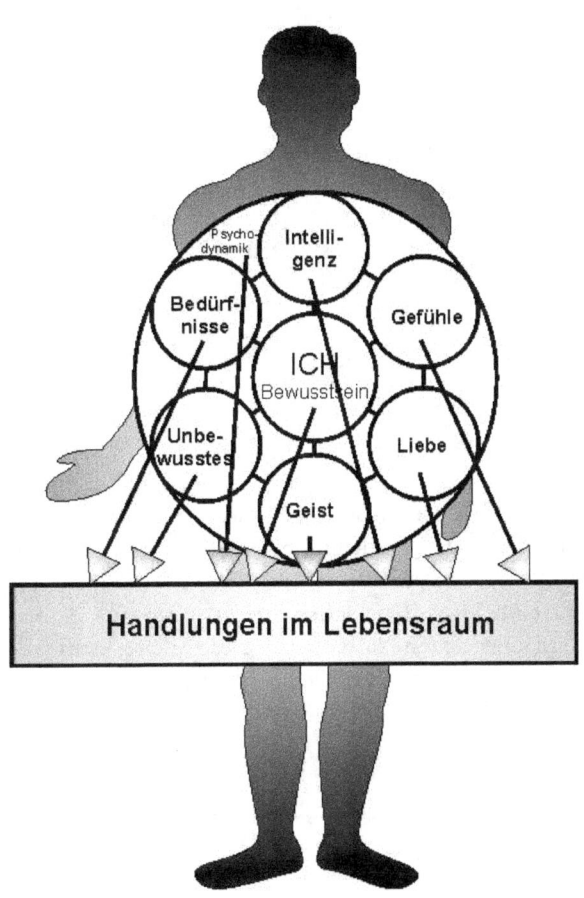

1.2.5. Die KES-Methode zur Selbstanalyse

Selbsterkenntnis heisst auch, das eigene Handeln erkennen. Es gibt über das Handeln unterschiedliche Betrachtungsaspekte, wie dargelegt. Das Handeln in beliebigen Situationen kann in verschiedene Elemente zerlegt sowie in der Vernetzung mit dem Lebensraum und dem psychischen System untersucht werden.

Wer erstmals sein Handeln betrachten will, geht mit Vorteil in kleinen Schritten vor, sucht in der einen Dimension und dann in einer anderen. Das Ergebnis solcher Analysen ist immer reflektierbar und diskutierbar. Ist die Beschäftigung mit einzelnen Aspekten eingeübt, dann gewinnt man automatisch den Blick für das Wesentliche.

Die Analyse der "kritischen Ereignissituationen" (KES) praktiziert man zuerst an einzelnen ausgewählten Beispielen. Danach stehen zwei Wege offen:

1) Man kann aus einem bestimmten Tätigkeitsbereich viele Handlungssituationen sammeln und untersuchen. Dieses Vorgehen ermöglicht, einen Lebensbereich, der immer wieder im kritischen Sinne aktuell ist, grundlegend zu bearbeiten.

2) Man erstellt eine Liste der wichtigsten 50 KES aus dem eigenen Alltag, rückblickend auf etwa einen Monat. Auf diese Weise kann jeder für sich ein Profil erstellen über seinen generellen Lernbedarf im Bereich des täglichen Handelns.

Für beide Wege ist nachfolgend ein Analyse-Protokoll vorgestellt. Dieses kann als Orientierungsmuster dienen, Handlungen analytisch einzufangen und zu untersuchen.

Der einzelne erkennt in dieser Arbeitsweise seine Selbstbestimmung und Selbstverantwortung. Er erkennt auch, dass die Summe der "kritischen" Situationen durch Lernen reduziert werden kann. Das eigene Lebensmaterial mag motivierend wirken.

Eine besondere Herausforderung stellt dabei die Beurteilung der Werterfahrung dar. Jeder wird sich hier fragen müssen, welche Werte er leben will.

Die zukunftsorientierte Betrachtung ist auffordernd: Jeder legt durch sein Leben heute in manchen Bereichen die Grundlagen für seine Zukunft.

Reflexion und Diskussion

■ Drei Wege für die Analyse der eigenen Handlungen:

1) Eine Handlung wird nach Elementen, Dimensionen und Verflechtungen untersucht.

2) Über einen Tätigkeitsbereich werden zahlreiche Handlungssituationen gesammelt und entweder nach ausgewählten Gesichtspunkten untersucht, oder mit einem syste-matischen Analyseprotokoll erfasst.

3) Es werden über alle Lebensbereiche KES gesammelt. Danach werden diese ausgewertet bzw. im Gesamtüberblick nach dem "KES-Profil" interpretiert.

■ Ein "KES-Profil" besteht aus vier Hauptbereiche:

▪ Klassifizierung der Handlungen
▪ Klassifizierung der Elemente
▪ Vernetzungen erfassen
▪ Folgerungen für die Selbstbildung

■ Das Analyse-Protokoll über "kritische Handlungen" (bzw. "kritische Ereignissituationen") enthält folgende Aspekte:

Analytisches Protokoll zur "kritischen Ereignissituation" ('KES"):

KES-Kennzeichen: Allgemeine Beschreibung der Ereignissituation:

Was hat sich ereignet:

A) Eigentliche Handlung in der Ereignissituation

A1 Qualität der Handlung: Was haben Sie getan (gemacht)? Wie haben Sie es getan (gemacht)?

A2 Ziele/Absichten der Handlung: Was wollten Sie erreichen? Was ist aus Ihrer Handlung erfolgt?

A3 Werte in der Handlung: Wie ist der Wert der Handlung für Sie?

B) Lebenssystem

B1 Allgemeiner Kontext der Handlungssituation: Wie war die Situation?

B2 Eingrenzungs- und Einflussfaktoren: Was hat auf das Handeln aus dem Umfeld eingewirkt?

B3 Wirkungen im Umsystem: Welches waren die Auswirkungen auf die Teile/Personen im Umsystem?

C) Handelnde Person

C1 Selbstumgang der handelnden Person: Wie Sind Sie mit Ihnen selbst umgegangen?

C2 Wirkungen beim Handelnden: Welche Wirkungen hat das Handeln auf Sie gehabt?

C3 Psychische Kräfte (Gedanken, Gefühle ...) der Handlung: Welche psychischen Kräfte waren aktiv?

D) Retrospektive und Prospektive

D1 Ähnliches Ereignis in der Vergangenheit: Ist ein solches Ereignis schon früher vorgekommen?

D2 Zukunft bei unveränderter Handlung: Wie ist die Zukunft bei unveränderter Handlungsweise?

D3 Wünschenswerte Handlung in Zukunft: Welche Handlung sehen Sie konstruktiv/ positiv in Zukunft?

Diagramm 1.2.5: Die vier Dimensionen der Handlungsanalyse

1.2.6. Ansätze und Wege zu Verhaltensänderungen

Nehmen wir an: Viele Handlungen sind protokolliert und analysiert. Was ist jetzt zu tun? Verschiedene Schritte sind denkbar: Man kann das Tätigkeitsfeld meiden, womit sich die Handlung erübrigt. Aussenfaktoren können vielleicht verändert werden. Dann ist die Situation für die Handlung neu.

Manchmal ist direkt erkennbar, wie die Fähigkeit zu einer bestimmten Handlungsweise zu verändern oder zu verbessern ist. Will man sein Handeln ändern bzw. neues Verhalten lernen, dann ist die Rückkoppelung an die psychischen Subsysteme und Einzelkräfte unerlässlich. Mit Sicherheit wird dann das Handeln anders im Ausdruck und im Erleben.

Mit Vorteil zerlegt man die Lernziele in kleine Schritte. Selten ist ein Handeln in einem Moment schnell zu ändern, weil die Lerngeschichte auf vielen hundert Erlebnissituationen bis zurück in die Kindheit basiert.

Die Handlungen sind vielseitig mit dem innerpsychischen Leben vernetzt. So ist es gewiss der richtige Weg, wenn die Lernprozesse als ganzheitliche Wachstumsprozesse verstanden werden.

Dies hat auch den Vorteil, dass ein Transfereffekt stattfindet. Wer seine Wahrnehmung bewusster pflegt und gezielter denkt unter Berücksichtigung der Gefühle, erreicht positive Wirkungen in den unterschiedlichsten Handlungssituationen.

Manche Handlungen sind polyvalent, d.h. sie haben in verschiedensten Tätigkeitsbereichen denselben Ausdruck. So kann jemand zum Beispiel autofahren wie er isst, fernsehen wie er mit Besuchern umgeht, mit Bekannten plaudern wie mit Wesen ohne psychisches Leben.

Realismus ist wichtig: Es gibt Situationen, die man nicht ändern kann und es gibt Handlungen, die auch bei optimalen Lernprozessen keine andere Wirkung zulassen. Manchmal muss man Unabwendbares und Unveränderbares annehmen und damit leben.

Bettet man die Analyse von kritischen Handlungen in den Prozess der Individuation ein, dann verändert sich das handlungsorientierte Leben so wie der Lebensbaum wächst: langsam, aber sicher hin zu ganz neuen Formen.

Reflexionen und Diskussion

■ Veränderungen sind möglich; die Bereiche sind:

• Psychischer Organismus	• Kontext Lebensraum
• Handlungen (Fähigkeiten)	• Tätigkeitsbereich (seine Komponenten)

■ Lernprozesse beinhalten:

• Hinschauen	• Interpretieren	• Entscheiden
• Zerlegen	• Verstehen	• Neue Ziele setzen
• Analysieren	• Werte erkennen	• Vitales Interesse wecken

■ Das (kreative) Lernen selbst enthält einige Voraussetzungen, die unabhängig von den Handlungen bearbeitet werden können.

Diskutieren Sie die nachfolgende Liste mit andern.

☐ Ich denke umfassend
☐ Ich mag Entschlossenheit für neue Aufgaben
☐ Ich habe ein hohes Ausmass an Energie
☐ Ich habe eine realistische Sicht
☐ Ich verwende Zeit für Problemanalysen
☐ Ich denke wenig ideologisch
☐ Ich bin weitsichtig im Entscheiden
☐ Ich habe keine Angst, Fehler zu machen
☐ Ich bin im täglichen Leben lernoffen
☐ Ungelöstheiten kann ich annehmen
☐ Ich bin konzentriert, aber locker in der Selbstkontrolle
☐ Ich bin frei von kleinlichen Beschränkungen
☐ Ich fühle mich frei von dogmatischem Denken
☐ Ich bin nicht sonderlich angepasst
☐ Es muss nicht alles berechenbar sein
☐ Ich bin in Traditionen flexibel
☐ Ich entwickle gerne neue Ideen für meinen Alltag
☐ Eine Sache kann mich fesseln
☐ Ich kann Frustrationen ertragen
☐ Ich habe auch Sinn für Humor
☐ Irrationales verunsichert mich nicht so schnell
☐ Ich schaue aufs Ganze, ohne die Details zu verlieren

Diagramm 1.2.6: Die Ansätze zur Veränderung von Handlungen

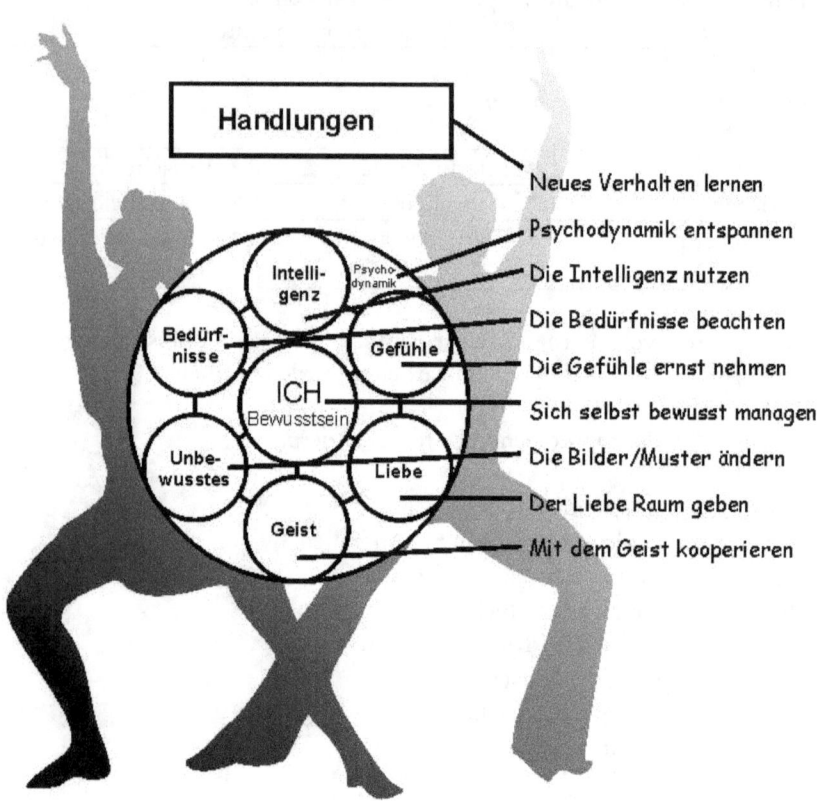

Handlungen

- Neues Verhalten lernen
- Psychodynamik entspannen
- Die Intelligenz nutzen
- Die Bedürfnisse beachten
- Die Gefühle ernst nehmen
- Sich selbst bewusst managen
- Die Bilder/Muster ändern
- Der Liebe Raum geben
- Mit dem Geist kooperieren

Intelligenz
Psychodynamik
Bedürfnisse
Gefühle
ICH
Bewusstsein
Unbewusstes
Liebe
Geist

1.2.7. Arbeitseinheiten

1.2.7. Arbeitseinheit – 1

1. a) Wie erleben Sie allgemein Ihr tägliches Handeln?

1. b) Erweitern Sie mit eigenen Überlegungen "das Reflektieren über eigene Handlungen":

2. a) Annäherung mit Checkliste; gewichten Sie mit "dies gilt für mich...":

6 = vollständig; 5 = sehr; 4 = überwiegend; 3 = mittel; 2 = teilweise; 1 = wenig; 0 = nicht

- ☐ Mein Handeln bewirkt nicht, was ich damit erreichen will
- ☐ Ich wünsche, dass in Zukunft mein Handeln Besseres bewirkt
- ☐ Mein Handeln führt zu anspannenden Situationen
- ☐ Ich weiss nicht, zu welchem Zweck ich so handle
- ☐ Ich handle, ohne genau zu wissen, warum ich gerade so handle
- ☐ Ich handle ohne zu wissen, was mich von innen dazu drängt
- ☐ Ich wünsche, mein Handeln besser verstehen zu können
- ☐ Ich erlebe mich in meinem Handeln unsicher
- ☐ Ich handle immer wieder wie früher, auf gleiche Weise
- ☐ In verschiedenen Situationen möchte ich anders handeln können
- ☐ Ich denke über mein Handeln nicht besonders nach
- ☐ Ich kann mich nicht entscheiden, wie ich handeln soll
- ☐ Meine Art zu handeln führt immer wieder zu Konflikten
- ☐ Ich erlebe mich im Handeln ohne Motivation
- ☐ Ich handle in der Tagesgestaltung nicht besonders bewusst
- ☐ Ich erlebe vieles, was ich tue, als sinnlos und fragwürdig

2. b) Gesamtpunktzahl:.........

Interpretieren Sie Ihre Gesamtpunktzahl:

3. Formulieren Sie ein Bildungsziel zu Ihrem Handeln allgemein:

4. a) Imaginieren Sie kurz über Ihr Handeln allgemein:

4. b) Ihre Folgerung in einem Satz:

1.2.7. Arbeitseinheit – 2

1. a) Wie erleben Sie Ihre 'kritischen' Lebensthemen für Ihre Zukunft?

1. b) Welche längerfristigen Folgewirkungen Ihrer kritischen Lebensthemen sehen Sie für Ihre Zukunft?

2. Bearbeiten Sie:

Komponenten der Handlung versus kritische Situation	Qualität	Ziel/Wirkung	Werterleben
z.B. Besuche			
z.B. Einkaufen			
z.B.			
z.B.			
z.B.			
z.B.			

3. Formulieren Sie ein Bildungsziel zu Ihren kritischen Lebensthemen:

4. a) Imaginieren Sie über ein kritisches Lebensthema:

4. b) Ihre Folgerung in einem Satz:

1.2.7. Arbeitseinheit – 3

1. a) Wie erleben Sie das Zusammenwirken dieser drei Dimensionen in Ihrem Leben?

1. b) Erweitern Sie die drei Dimensionen mit einigen Stichworten:

Tätigkeiten: ....

Bezugspersonen: ....

Lebenssystem: ....

2. Untersuchen/reflektieren Sie die Dimensionen für jede Handlung:

Dimensionen versus Handlungen	Handlungs bereich	Lebensraum	Bezugsperson
z.B. Fernsehen			
z.B. Einkaufen			
z.B.			
z.B.			
z.B.			

3. Formulieren Sie ein Bildungsziel im Kontext mit den drei Dimensionen:

4. a) Imaginieren Sie über einen Aspekt aus einer der drei Dimensionen:

4. b) Ihre Folgerung in einem Satz:

1. a) Wie erleben Sie die Tatsache des psychischen Organismus in jedem Menschen in Ihrem Leben?

1. b) Formulieren Sie eine Betrachtung zum psychischen Organismus als "bewegende Kraft":

2. Psychische Kräfte und ihr Ausdruck im Leben. Formulieren Sie in der linken Kolonne ein Beispiel (Stichwort) und bearbeiten Sie in der rechten Kolonne exemplarisch:

Psychische Subsysteme und ihre Teilbereiche mit den vielen psychischen Kräften	Wählen Sie ein Handlungsthema bzw. eine "kritische Handlungssituation"
Psychodynamik	
Ich-Funktionen	
Intelligenzfunktionen	
Gefühle	
Bedürfnisse	
Unbewusstes	
Liebe	
Geist: Traum/Meditation	

3. Formulieren Sie ein Bildungsziel zum psychischen Organismus als "bewegende Kraft":

4. a) Imaginieren Sie über das Zusammenwirken der Psyche mit Ihrem Handeln:

4. b) Ihre Folgerung in einem Satz:

1.2.7. Arbeitseinheit – 5

1. a) Wie erleben Sie die Handlungsanalyse als Möglichkeit der Selbsterkenntnis?

1. b) Was sehen Sie für einen Sinn der Handlungsanalyse für Ihre Zukunft?

2. Analytisches Protokoll zur "kritischen Ereignissituation" ('KES"):

Beschreiben Sie eine Situation (in Stichworten):

Was hat sich ereignet?

A1 Was haben Sie getan (gemacht)? Wie haben Sie es getan (gemacht)?
A2 Was wollten Sie erreichen? Was ist aus Ihrer Handlung erfolgt?
A3 Wie ist der Wert der Handlung für Sie?

B1 Wie war die Situation?
B2 Was hat auf das Handeln aus dem Umfeld eingewirkt?
B3 Welches waren die Auswirkungen auf die Teile/Personen im Umsystem?

C1 Wie Sind Sie mit Ihnen selbst umgegangen?
C2 Welche Wirkungen hat das Handeln auf Sie gehabt?
C3 Welche psychischen Kräfte waren aktiv?

D1 Ist ein solches Ereignis schon früher vorgekommen? (Wann? Wo? Wie?)
D2 Wie ist die Zukunft bei unveränderter Handlungsweise?
D3 Welche Handlung sehen Sie konstruktiv/positiv in Zukunft?

3. Formulieren Sie ein Bildungsziel zu Ihrer Handlungsanalyse:

4. a) Imaginieren Sie über den Gewinn einer Handlungsanalyse für Sie:

4. b) Ihre Folgerung in einem Satz:

1. a) Wie erleben Sie Ihren Lernbedarf in Sachen Verhaltensänderung?
1. b) Erweitern Sie Ihre Lernmöglichkeiten mit einigen Ideen:
2. a) Bearbeiten Sie die nachfolgende Liste. Notieren Sie, was für Sie gilt:

3 = überwiegend; 2 = mässig; 3 = eher wenig

☐ Ich denke umfassend
☐ Ich mag Entschlossenheit für neue Aufgaben
☐ Ich habe ein hohes Ausmass an Energie
☐ Ich habe eine realistische Sicht
☐ Ich verwende Zeit für Problemanalysen
☐ Ich denke wenig ideologisch
☐ Ich bin weitsichtig im Entscheiden
☐ Ich habe keine Angst, Fehler zu machen
☐ Ich bin im täglichen Leben lernoffen
☐ Ungelöstheiten kann ich annehmen
☐ Ich bin konzentriert, aber locker in der Selbstkontrolle
☐ Ich bin frei von kleinlichen Beschränkungen
☐ Ich fühle mich frei von dogmatischem Denken
☐ Ich bin nicht sonderlich angepasst
☐ Es muss nicht alles berechenbar sein
☐ Ich bin in Traditionen flexibel
☐ Ich entwickle gerne neue Ideen für meinen Alltag
☐ Eine Sache kann mich fesseln
☐ Ich kann Frustrationen ertragen
☐ Ich habe auch Sinn für Humor
☐ Irrationales verunsichert mich nicht so schnell
☐ Ich schaue auf das Ganze, ohne die Details zu verlieren

2. b) Gesamtpunktzahl: .... Interpretieren Sie Ihre Gesamtpunktzahl:
3. Formulieren Sie ein Bildungsziel zu möglichen Verhaltensänderungen (Lernbedarf):
4. a) Imaginieren Sie über Ihr kreatives Lernen:
4. b) Ihre Folgerung in einem Satz:

1.2.7. Arbeitseinheit – 7

Schreiben Sie eine Kurzgeschichte: "Endlich haben die Menschen begriffen, dass sie ihr Handeln ändern müssen. Überall lernen Sie jetzt Verhaltensänderung...

Multiple Choice Test

Wählen Sie die vier richtigen Antworten aus: ☒ a) Fun

2.1. Kernelemente von Handlungen sind:
☐ a) Ziel
☐ b) Handlung
☐ c) Gefühl
☐ d) Wert
☐ e) Vorwegnahme der Erwartung (Wirkung)
☐ f) Pflichterleben

2.2. "Kritisch" meint im Kontext mit den Handlungen:
☐ a) schwierig
☐ b) kritisiert worden sein
☐ c) problematisch
☐ d) konfliktär
☐ e) emotional belastend
☐ f) falsch

2.3. Handlungen sind vernetzt mit:
☐ a) Lebenssystemen
☐ b) psychischem System
☐ c) Trieben
☐ d) anderen Menschen
☐ e) Qualität der Handlung
☐ f) Vitalenergie

2.4. Folgende psychische Subsysteme wirken auf das Handeln:
☐ a) Ich-Funktionen
☐ b) Aggressionen
☐ c) Unbewusstes
☐ d) Liebe
☐ e) Psychodynamik
☐ f) Können

2.5. "Kritische Ereignissituationen" enthalten als Hauptsysteme:
☐ a) Oekologie   ☐ b) Handlung
☐ c) Handelnde Person   ☐ d) Prospektive
☐ e) Denken   ☐ f) Retrospektive

2.6. Lernprozesse im Bereich Verhaltensänderung beinhalten:
☐ a) Belohnung   ☐ b) Analysieren
☐ c) Werte setzen   ☐ d) Erproben
☐ e) Verstehen   ☐ f) Einsicht in Gehorchen-müssen

2. Kontrollfunktionen des Ich (Ego)

Essentielle Thesen

❏ Das Ich wird von vielen inneren und äusseren Kräften bedrängt und ist darin vielfach überfordert.

❏ Abwehr, Gewohnheiten und 'unbewusst' Leben ersetzen die bewusste Ich-Steuerung.

❏ Jeder Mensch hat seine eigene Art, Wirklichkeiten aufzunehmen oder abzuwehren mit den Hilfsfunktionen:

● Abwehr   ● Integration   ● Wille   ● Steuerung

❏ Das Ich kann nur kompetent steuern, was ins Bewusstsein aufgenommen ist. Für den Menschen ist nur das Wirklichkeit, was er im Bewusstsein hat in jedem Zeitpunkt.

❏ Der Mensch kann ganz unterschiedliche Wirklichkeiten in sein Bewusstsein aufnehmen:

● innerpsychische Wirklichkeit
● äussere Wirklichkeit
● geistige Wirklichkeit
● andere Menschen

❏ Jeder Mensch hat seine eigenen aufgenommenen Wirklichkeiten, die sich oft mit den tatsächlichen Wirklichkeiten nicht oder nur teilweise decken.

2.1. Funktionen zur Meisterung des Lebens

2.1.1. Der bedrängte Mensch

Stellen wir uns einen ganz gewöhnlichen Alltag eines Abteilungsleiters in einem Betrieb vor: Herr X, tätig in der Finanzabteilung, 40 Jahre alt, verheiratet, drei Kinder, zur Zeit in angespannter Ehesituation, finanziell stark belastet durch den Kauf eines Hauses, leidet an chronischer Schlaflosigkeit, raucht viel und fühlt sich in seiner Tätigkeit überfordert.

So beginnt der Tag: Drei Kinder wollen frühstücken und müssen zur Schule; seine Frau hat den Haushalt innerlich "gekündigt"; die Schlafmittel haben erst gegen 02 Uhr gewirkt und zum Zahnarzt sollte er auch noch nach der Geschäftssitzung. Die Schuhe sind nicht geputzt. Das Frühstück ist nicht bereit. Die Morgenzeitung bringt eine Schlagzeile über zunehmende Rezession. Die Kinder haben Prüfungen, aber dennoch bis spät in die Nacht ferngesehen. Der Jüngste muss zum Schulleiter wegen eines Streites.

Zeit hat Herr X für all diese Sachen nicht. Sein "Bildschirm" ist schon voll von der bevorstehenden Sitzung, der gespannten Atmosphäre mit seiner Frau und einem geplanten Nachtessen.

Kaum im Auto, schon im Stau und die siebte Zigarette ist angezündet. Er sieht fremde Leute, die alle schlecht Auto fahren und Fussgänger, die blind über die Strasse eilen. Im Büro ist "der Teufel los". Der Direktor ist verärgert, die Tagespost problemreich. Seine Familie existiert kaum mehr im "Bildschirm". Lohnabbau und Teilzeitarbeit sind zu besprechen. Die Auftragseingänge sind zurückgegangen. Seine Sekretärin hat Migräne.

Dann geht's zum Mittagessen mit einem Kollegen. Viele Leute drängen sich um kleine Tische: der übliche Gestank von Küche, Rauch und Parfüms. Die beiden reden über Geld, Autos, Ferien, Frauen und Fussball.

Dann wird hart gearbeitet bis nach 20 Uhr. Seine Sekretärin musste zuhause Verspätung wegen eines Kunden anmelden. Um 21 Uhr hat er das Rendezvous, über das er nie spricht. Erst nach Mitternacht kommt er nach Hause.

Tagesbilanz: 35 Telefone, dreissig Briefe, zehn Fax, drei Besprechungen und die Geschäftssitzung, Sehnsucht nach einer "problemlosen" Beziehung, Weltgeschehen im Kopf zusammen mit Sport und Geld, 45 Zigaretten geraucht und auch noch Zahnweh.

So kommt er heim, "erwischt" noch einen Action-Film auf Kanal 9, dann eine Werbung über Südseeferien. Schliesslich fällt er ins Bett und nimmt noch Schlafmittel ein.

- Mit 20 denken die meisten: So etwas geschieht mir nie.
- Mit 30 erleben die ersten Nachwuchsleute Ansätze eines solchen Alltags.
- Mit 40 sind manche mitten drin und kämpfen sich durch, einige mit Stil, andere weniger.

Mancher Krug bricht. Sie haben die Liebe nicht gelebt und nicht gefunden. Sie wissen nicht, dass Träume wichtig sind und ihr Unbewusstes bleibt eine "Dunkelkammer".

Reflexionen und Diskussion

■ Das Systemmodell über das psychische Leben und das Modell des Lebensraumes lassen erkennen, dass das Ich als Steuerungsinstanz des psychischen Systems viel zu tun hat.

Viele Kräfte wirken täglich auf den Menschen:

- von innen
- von aussen
- von anderen Menschen

■ Wenn der Mensch sein psychisches Leben und das äussere Leben nicht umfassend integriert und bearbeitet sowie mit Intelligenz, Geist und Liebe lebt, dann muss er auf vereinfachende Lösungsmuster zurückgreifen:

- Verzicht auf Liebe (bzw. Reduktion auf Eigeninteressen) und Geist
- Reduktion des Denkens, Urteilens und Folgerns auf ein Minimum
- Unterdrückung und Entwertung der Gefühle (der eigenen und der andern)
- Sinn- und Wertorientierung am Masstab des "geringsten Aufwandes"
- Reduktion der Verantwortung auf das Nötigste und Persönliche
- Solidarität nur noch da, wo es den eigenen Existenzinteressen dient
- Verstärkte Projektionen: Die andern sind die bedrohenden Minderwertigen
- Klammerung an Vorurteile und an dogmatische bzw. ideologische Lehren
- Ersatzbefriedigung und Orientierung an Äusserem (Materiellem)

■ Die Folgen solcher vereinfachender und reduzierender Lösungsmuster sind:

▪ Angst	▪ Isolation	▪ Lähmung der Kreativität
▪ Schuldgefühle	▪ Innere Leere	▪ Selbstentfremdung
▪ Aggression	▪ Sinnlosigkeit	▪ Ersatzverhalten

■ Daraus ergeben sich vier Grundprobleme bzw. Grundfragen:

▪ Wie kann das Ich alle diese Kräfte verarbeiten und nach erfolgter Beurteilung noch vernünftig handeln?

▪ Welchen Entscheidungsfreiraum hat der Mensch bei dieser Fülle an Einflüssen?

▪ Welchen Gestaltungsfreiraum im Sinne der Selbstverwirklichung hat der Einzelne in diesem Kräftegefüge?

▪ Welche Steuerungsmöglichkeiten stehen dem Menschen unter dem Druck dieser Kräfte noch zur Verfügung?

Diagramm 2.1.1: Kräfte, die das Ich bedrängen

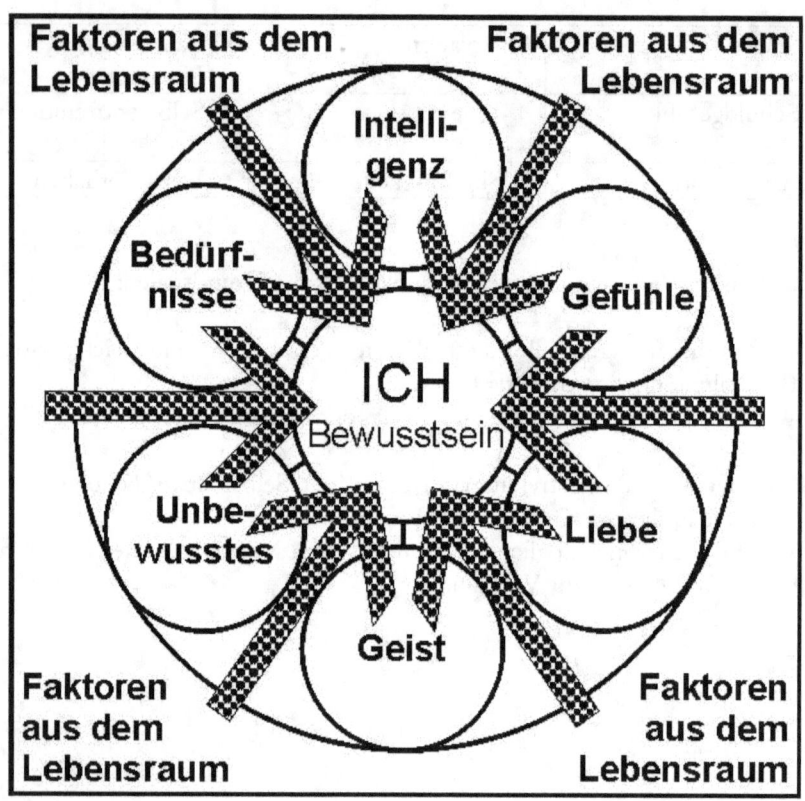

Soziologische Fragen zur Freizeit

Unsere Kernfrage heisst: Wie wirken die Freizeitbeschäftigungen auf den psychischen Organismus des einzelnen? Die Beantwortung verlangt, zuerst sich ein Bild über die eigenen Freizeitbeschäftigungen zu machen. Die nachfolgende Liste verhilft zu einer systematischen Übersicht.

Markieren Sie, was Ihnen wichtig ist. Geben Sie je ein Stichwort, wie diese Freizeitaktivität auf Sie wirkt.

- ☐ Ins Kino gehen.
- ☐ Zu Sportveranstaltungen gehen.
- ☐ Waldlauf, Jogging.
- ☐ Spazieren im Grünen.
- ☐ Radfahren.
- ☐ Schaufenster anschauen.
- ☐ Mit dem Auto durch die Gegend fahren.
- ☐ Jemanden besuchen.
- ☐ Besuche zu Hause empfangen.
- ☐ Sich mit andern treffen.
- ☐ Zum Essen ausgehen.
- ☐ Tanzveranstaltungen besuchen.
- ☐ Im Bücherladen rumschauen.
- ☐ Ausstellungen und Galerien besuchen.
- ☐ In ein Nachtlokal gehen.
- ☐ Wandern.
- ☐ In Kneipe/Wirtshaus gehen.
- ☐ über's Wochenende verreisen.
- ☐ In ein Café gehen.
- ☐ Einkaufsbummel unternehmen.
- ☐ Telefonieren.
- ☐ Tageszeitung lesen.
- ☐ Illustrierte lesen.
- ☐ Romane, Unterhaltungsliteratur lesen.
- ☐ Bücher mit Sachwissen lesen/studieren.
- ☐ Klassische Musik hören.
- ☐ Unterhaltungsmusik hören.
- ☐ Mit Automaten spielen.
- ☐ Computerspiele spielen.
- ☐ Tagebuch schreiben.
- ☐ Briefe an Freunde/Bekannte schreiben.
- ☐ Kurse zur Allgemeinbildung besuchen.

- [ ] An beruflicher Fortbildung teilnehmen.
- [ ] In Wohnung Erneuerungen vornehmen.
- [ ] Kurse zur Selbstbildung besuchen.
- [ ] Sich sportlich betätigen.
- [ ] Ein Instrument spielen.
- [ ] In eine Disko gehen.
- [ ] Basteln, handarbeiten, stricken.
- [ ] Eisenbahn spielen.
- [ ] Sammeln.
- [ ] In einem Verein mitmachen.
- [ ] Malen, töpfern.
- [ ] Video anschauen.
- [ ] Porno (Filme, Hefte) anschauen.
- [ ] Fernsehen, Reportagen.
- [ ] Fernsehen, leichte Unterhaltung.
- [ ] Fernsehen, Sport.
- [ ] In die Kirche gehen.
- [ ] Ins Theater gehen.
- [ ] Heimatromane lesen.
- [ ] Moderne Literatur lesen.
- [ ] Psychologische Literatur lesen.
- [ ] Philosophische Literatur lesen.
- [ ] Politischen Veranstaltungen besuchen.
- [ ] Sichten von Werbung.
- [ ] Feste veranstalten oder an welche gehen.
- [ ] Entspannungstraining üben.
- [ ] Meditieren.
- [ ] In der Bibel lesen.
- [ ] Etwas Gutes/Besonderes kochen.
- [ ] Aufräumen.
- [ ] Faulenzen, nichtstun, rumhängen.
- [ ] Gartenarbeit, Blumen pflegen.
- [ ] Sich mit Haustier (-en) beschäftgen.
- [ ] Mit Lebenspartner/Freund(-in) diskutieren.
- [ ] Sich mit den Träumen beschäftigen.
- [ ] Die eigene Biographie aufarbeiten.
- [ ] In eine Analyse/Therapie gehen.
- [ ] Mit Nachbarn plaudern.
- [ ] Radio hören.
- [ ] Wohnung schön machen.
- [ ] Warten, bis etwas geschieht.

➔ Was bewirken Ihre Freizeitbeschäftigungen bei Ihnen im Gesamtüberblick?

Der Europäer heute und in Zukunft verfügt über folgende Freizeit (als Lebenszeit):

- 6 Std. pro Tag
- 2,5 Tage pro Woche
- 6 Wochen pro Jahr
- 15 Jahre pro Leben
- 8 Std. pro Tag
- 3 Tage pro Woche
- 12 Wochen pro Jahr
- 25 Jahre pro Leben

Entwickeln Sie eine Vision Ihres Lebensprojektes für Ihre Freizeit.

Notizen und Perspektiven

Wozu dient eine klare Erfassung der vielen Kräfte, die auf den Menschen täglich einwirken?

Notieren Sie die zentralen Schlüsselbegriffe dieses Unterkapitels:

Was bewirken die generell üblichen Freizeitbeschäftigungen für den Menschen?

Reflektieren über den "bedrängten Alltag" ist wesentlich, denn:...

Was haben Sie in Elternhaus, Schule und Kirche über die Bedeutung der Freizeit gelernt?

Welche Bedeutung im Zusammenleben hat das Gespräch über Freizeit?

Wie wird der Entscheidungsraum der Menschen in Politik und Wirtschaft reflektiert?

Was vermittelt die Werbung über Lösungen für den bedrängten Menschen?

Formulieren Sie eine Ihnen wichtige Frage zum Umgang mit den vielen Einflussfaktoren:

2.1.2. Das Ich und seine Steuerungskräfte

Was in der Lebenswelt Wirklichkeit ist, wird für den Menschen erst durch Bewusstsein zur Wirklichkeit. Das setzt Wahrnehmung voraus, führt zu Denkprozessen und zur sprachlichen Konstruktion der Erfahrung. In diesen Prozess hinein wirkt das Ich: "Ich will ... Ich wünsche".

Der Mensch setzt sich Ziele und stellt sich Wege (Pläne) vor. Schon bevor sich die Willensfrage stellt, kann das Ich abwehren: "Das will ich nicht sehen, nicht hören, nicht fühlen, nicht denken, nicht tun". Oder die Wahrnehmung wird entstellt.

Im Bewusstsein wird die eigentliche Wirklichkeit so konstruiert, dass sie dem Ich angenehmer ist und seinen Interessen näher liegt. Die Sachverhalte können verdreht und entwertet werden.

Manchmal ist es zu spät, um das Wahrgenommene zu verändern. Dann kann das Ich negieren oder verdrängen. Es wird eine Sperre gebaut: Die wirkliche Wirklichkeit kann nicht mehr zurück ins Bewusstsein.

Der entgegengesetzte Prozess ist die Integration. Das Ich ist offen für echte Wahrnehmung und bejaht grundsätzlich die Wirklichkeit, wie sie ist. Es wird zur Wirklichkeit eine echte Beziehung hergestellt.

Immer kann das Ich entscheiden, welche innere und äussere Wirklichkeit aufgenommen wird. So trifft das Ich bewusst immer wieder Entscheidungen, was ins Bewusstsein kommen darf. "Dies will ich nicht sehen und nicht wissen" muss nicht bedeuten, dass es sich um Abwehr handelt. Denn es geht dabei nicht immer um Negierung der Wirklichkeit, sondern oftmals um die Selbststeuerung in Abwägung der Verantwortung und Pflicht.

Ist der Wille zur Integration und Beschäftigung mit einer bestimmten Wirklichkeit geformt, dann kann das Ich seine psychischen Prozesse dazu steuern: Wahrnehmen, Denken und Handeln. Dazu gehört Aufmerksamkeit und Konzentration, Lenkung und Führung der Ablaufprozesse. Was bewirkt das Ich? Das Ergebnis wird wiederum Gegenstand des Bewusstseins. Dies ist Rückkoppelung.

In diesem gesamten Prozess wirken zwei Ebenen:

Die Wirklichkeit, wie sie ist; und die Wirklichkeit, wie sie das Ich gerne haben möchte. Beide Aspekte können auf das Ich drängend einwirken. Die Wirklichkeit stellt Herausforderungen.

Es ist oft anstrengend und belastend, die verschiedenen eigenen und fremden Wirklichkeiten so zu sehen und ernst zu nehmen, wie sie sind. Zur Entlastung vermischt das Ich gerne die Realität mit einem Wunschbild. Mit der Zeit ist kaum mehr zu unterscheiden, was im Bewusstsein echte oder korrigierte Wirklichkeit ist.

Dabei ist zu bedenken, dass das Verdrängte und Negierte immer in einer anderen Form sich aufdrängt, z.B.: Was man an sich selbst nicht sehen will, sieht man an andern; was man nicht integriert, drängt sich gewaltsam auf.

Reflexionen und Diskussion

■ Das Ich ist gewissermassen der Kapitän des eigenen psychischen Lebensschiffes. Seine zentralen Funktionen sind:

▪ Die Abwehrmechanismen	▪ Der Wille bzw. das Wollen
▪ Die Integrationskraft	▪ Die Steuerung

■ Das Ich kann Wirklichkeiten fernhalten durch Abwehr, Verdrängung und Regression:

▪ Leugnung	▪ Projektion	▪ Rückzug
▪ Ablehnung	▪ Entstellung	▪ Fixierung
▪ Entwertung	▪ Verschiebung	▪ Vereinfachung

■ Die Funktion der Integration besteht aus:

▪ Bejahung	▪ Berücksichtigung	▪ Vermittlung
▪ Zuwendung	▪ Beziehung herstellen	

■ Aspekte des Willens sind:

▪ Wollen	▪ Streben	▪ Absicht	▪ Pläne
▪ Wünschen	▪ Interesse	▪ Ziele	

■ Der Mensch erlebt das Ich auch als das, was er ist bzw. meint zu sein. Er hat ein Erleben über sich selbst und Informationen darüber, was alles Teil von ihm ist: "Das bin ich"; und erweitert: "Das möchte ich sein".

■ Dem Bewusstsein über sich selbst steht das Bewusstsein über andere Menschen gegenüber: "Das sind die andern"; und: "Das sollten die andern sein".

■ Das Bewusstsein über sich und andere ist eingerahmt in das Bewusstsein über alles Äussere des Lebensraumes und über "Geistiges" (Religiöses, Ethisches, Philosophisches).

■ Die Steuerung ist die Funktion, die für die Ausführung sorgt:

Regulierung	Führung	Konzentration	Rückkoppelung
Lenkung	Durchsetzung	Aufmerksamkeit	

Diagramm 2.1.2: Das Ich und seine Steuerungsmechanismen

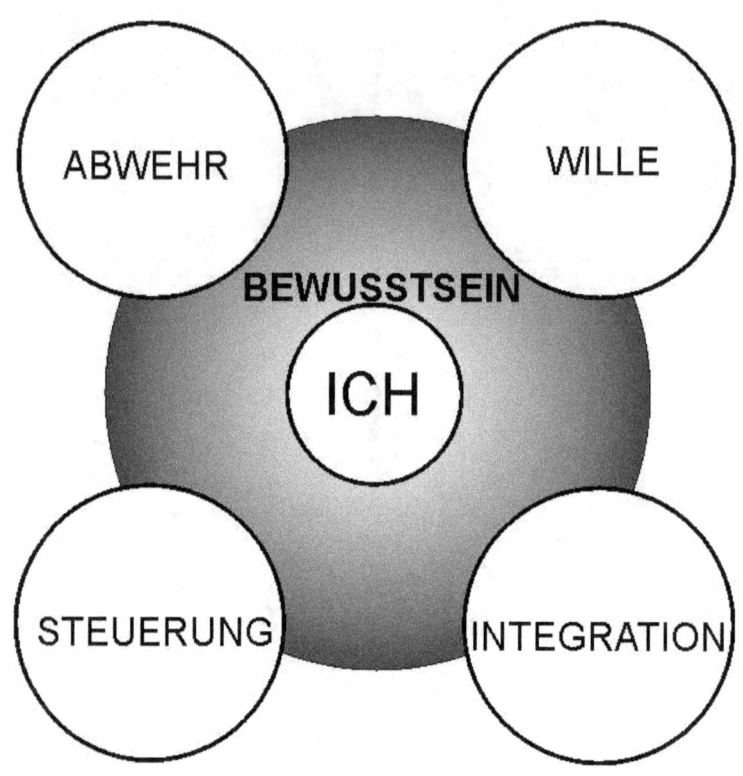

Auf der Suche nach dem "Ich"

"Wer bin ich?" eröffnet ganz unterschiedliche Betrachtungen, je nachdem wie "Ich" definiert wird. Wir wollen deshalb nachfolgend einige Fragmente zum Begriff "Ich" darlegen, damit die Selbstreflexion in diesen Horizonten erweitert werden kann.

Schon alltagssprachlich lässt sich leicht erkennen, dass "Ich" nicht einfach "Ich" meint:

- Ich denke, ich fühle, ich entscheide, ich will, ich handle, ich liebe, ich suche
- Ich bin krank, ich bin anders (als du/er), ich werde älter, ich schlafe, ich bin frei
- Ich weiss nicht, wer ich bin ... Ich bin auf Reisen, ich gehe in die Ferien

Psychologische Sichtweise:
Das "Ich" macht den bewusstseinswachen Menschen aus, der um sich selbst weiss, sich als gestimmt, gerichtet, wahrnehmend, wünschend, bedürftig, getrieben, verlangend, fühlend, denkend, handelnd in der Kontinuität seiner Lebensgeschichte erfährt.

Psychoanalytische Sichtweise:
Das Ich kann auch unbewusst sein. Ein Individuum ist nun für uns ein psychisches Es, unerkannt und unbewusst, diesem sitzt das Ich oberflächlich auf, aus dem Wahrnehmungssystem als Kern entwickelt.

Das Ich repräsentiert, was man Vernunft und Besonnenheit nennen kann, im Gegensatz zum Es, welches die Leidenschaften enthält. Das Ich gleicht im Verhältnis zum Es dem Reiter, der die überlegene Kraft des Pferdes zügeln soll.

Innerhalb des Ich ist zu differenzieren zwischen Ich-Ideal und Über-Ich.
Das Ich hat die Aufgabe, eine Beziehung zur Aussenwelt, zum Es und zum Über-Ich herzustellen, zu vermitteln und Ansprüche wie Gefahren zu bewältigen.

Philosophische Sichtweise:
Das Ich ist der Pol, an dem sich alle Bewusstseinszustände orientieren.
Damit Ich werden kann, ist Du notwendige Bedingung. Die Auslöschung des Ich ist das Höchste. Das Ich ist einheitlicher Beziehungspunkt, letzter Träger, aktiver Quellengrund.

Ich-Ideal:

Das Ich-Ideal ist das Vorbild, das man in seinem Innern aufrichtet, um daran alle seine Handlungen und Eigenschaften zu messen. Dieses Ich-Ideal übernimmt die wichtigsten Funktionen der Realitätsprüfung, des moralischen Gewissens, der Selbstbeobachtung und der Traumzensur; es ist auch die Macht, die bei der Schaffung des für die Neurosenbildung so bedeutsamen 'Unbewusst-Verdrängten' am Werke ist.

Der Identifizierungsprozess des Ichs:

Objekte der Assenwelt werden bildhaft 'einverleibt', mit andern Worten "introjiziert", d.h. ihre Eigenschaften werden annektiert, dem eigenen Ich zugeschrieben.

Das Selbst ist nicht = das Ich:

Intellektuell ist das Selbst nichts als ein psychologischer Begriff, eine Konstruktion, die wir als solche nicht erfassen können. Das "Selbst" (reflexiv) ist das, was der Mensch als sich selbst zugehörend erlebt. Doch das "Selbst" könnte ebensowohl als 'der Gott in uns' bezeichnet werden.

Der falsche Prinz – Oder: Das Ich, das gerne ein anderes Ich sein möchte (stark gekürzt; entnommen aus: W.Hauff. Märchen. München 1994, Seite 130-160).

Es war einmal:

Es war einmal ein ehrsamer Schneidergeselle, Labakan. Er konnte recht feine Arbeit machen. Oft sass er tief versunken, in Gesicht und Wesen etwas so Eigenes: "Labakan hat wieder sein vornehmes Gesicht" sprach sein Meister, und: "An Dir ist ein Prinz verlorengegangen". Labakan freute sich: "Habt Ihr das auch bemerkt? Ich hab es schon lange gedacht." Labakan war ein guter Mensch.

Eines Tages schickte Selim, der Bruder des Sultans ein Kleid zum Ändern. Im Geheimen zog Labakan dieses an; es passte vortrefflich. "Bin ich nicht so gut ein Prinz als einer?", fragte er sich. Er konnte nicht anders als denken, er selbst sei ein unbekannter Königssohn. Als solcher beschloss er mit dem Kleid durch die Welt zu reisen. Auf der Reise lernte er den jungen Omar kennen, der ihn begleitete.

Von Omar erfuhr er: Der Fürstensohn wird gesucht; sein Beweis sei der Dolch. Und Omar besass den besagten Dolch.
Erzürnt darüber, dass der andere ein echter Prinz ist, plante Labakan, ihm den Dolch, das Erkennungszeichen des heimkehrenden Prinzen, zu stehlen. Ihn

zu töten, wagte er aber nicht.

So stahl er den Dolch und machte sich eiligst auf den Weg, um als der wahre Prinz aufgenommen zu werden. Der Würfel war geworfen, er konnte nicht mehr ungeschehen machen, was geschehen war, und seine Eigenliebe flüsterte ihm zu, dass er stattlich genug aussehe, um sich dem mächtigsten König als Sohn vorzustellen.

Auf dem Hügel standen sechs Männer um einen Greis, mit prachtvollem Kleid und blitzenden Edelsteinen geschmückt; ein Mann von Reichtum und Würde. Auf ihn ging Labakan zu, reichte den Dolch mit den Worten: "Hier bin ich, den   Ihr sucht". Und der König sprach mit Freudentränen: "Gelobt sei der Prophet, der dich erhielt; umarme deinen alten Vater, mein geliebter Sohn Omar."

Dann erscheint auf dem Hügel ein Reiter mit Pferd. Der echte Prinz Omar kommt. Der böse Geist der Lüge war nun mal in Labakan gefahren, so beschloss er, mit eiserner Stirn seine angemassten Rechte zu behaupten. Doch Omar rief: "Haltet ein! Lasset Euch nicht von dem schändlichen Betrüger täuschen; ich heisse Omar."

Tiefes Erstaunen bewegte die Runde. Der Greis schien sehr getroffen. Labakan sprach mit mühsam errungener Ruhe: "Gnädigster Herr und Vater, lasst Euch nicht irremachen durch diesen Menschen da. Es ist, soviel ich weiss, ein wahnsinniger Schneidergeselle aus Alexandria, Labakan geheissen, der mehr unser Mitleid als unsern Zorn verdient."

Der echte Prinz schäumte vor Wut. Und der König sprach: "Wahrhaftig mein Sohn, der arme Mensch ist verrückt. Prinz Omar: "Mein Herz sagt mir, dass Ihr mein Vater seid; bei dem Andenken meiner Mutter beschwöre ich Euch, hört mich an!"

Der unglückliche Prinz wird gefesselt. Der Sultan ist ausserordentlich zufrieden mit der Gestalt und dem würdevollen Benehmen seines "Sohnes". Alle Leute jubeln ihm zu, preisen Gott, der ihnen einen so schönen Prinzen gesandt hat. Omar, der echte Prinz, war in stiller Verzweiflung.

Zuhause angekommen erwartete sie die Sultanin, die den Sohn seit der Geburt auch nicht mehr gesehen hatte. Sie hatte aber bedeutsame Träume, die ihr den langersehnten Prinzen gezeigt, dass sie ihn aus tausend Gesichtern erkennen konnte. Den Prinzen ihr vorgestellt, rief sie aus:

"Das ist mein Sohn nicht! Das sind nicht die Züge, die mir der Prophet im

Traume gezeigt hat." Dann stürzte Omar herein, warf sich atemlos vor dem Throne nieder: "Hier will ich sterben! Denn diese Schmach dulde ich nicht länger."

Die Sultanin rief, als die Wächter ihn wegführen wollten: "Haltet ein! Dieser und kein anderer ist der Rechte; dieser ist's, den meine Augen nie gesehen und den mein Herz doch gekannt hat!"

Der Sultan, ganz wütend: "Ich habe hier zu entscheiden, und hier richtet man nicht nach den Träumen der Weiber, sondern nach gewissen, untrüglichen Zeichen! Dies ist mein Sohn, denn er hat mir den Dolch gebracht." "Gestohlen hat er ihn", schrie Omar, "mein argloses Vertrauen hat er zum Verrat missbraucht!" Doch er wird abgeführt.

Die Sultanin beriet sich mit ihren vertrauten Sklavinnen. Die alte kluge Melechsalah fand ein herrliches Mittel, den Betrüger zu fassen, und sie flüsterte ihrer Herrin das Geheimnis ins Ohr. Der Sultan billigte zu.

Wetteifern sollten beide, wer den besten Kaftan macht. Sie erhielten Seidenzeug, Schere, Nadel und Faden. - Ein Meisterstück legte Labakan vor, ganz stolz. Omar, unfähig dazu, weil er das nie gelernt, konnte nichts vorlegen. Und so war er erkannt: "O du echter Sohn!", rief die Sultanin.

Im zweiten Test wählte Labakan die Kiste mit der Aufschrift "Glück und Reichtum". Der echte Prinz wählte jene mit der Inschrift "Ehre und Ruhm".

In Labakan's Kiste war Zwirn und Nadel; in Omar's: Krone und Szepter. Der Sultan krönte seinen echten Sohn und sprach zu Labakan: "Schuster bleib bei Deinen Leisten!" Und er schenkte ihm sein armseliges Leben.

Notizen und Perspektiven

Was ist der Gewinn einer guten, effizienten Steuerungsfähigkeit?

Notieren Sie die zentralen Schlüsselbegriffe dieses Unterkapitels:

Was bewirkt ein schwaches Ich?

Reflektieren über das, was das Ich aufnimmt (Integration), ist wesentlich, denn:...

Was haben Sie in Elternhaus, Schule und Kirche über die Abwehrfunktionen gelernt?

Welche Bedeutung im Zusammenleben hat das Gespräch über die Selbsteinschätzung des eigenen Ichs?

Welche Ich-Ideale gibt es in Politik und Wirtschaft?

Was vermittelt die Werbung über Ich-Ideale?

Formulieren Sie eine Ihnen wichtige Frage zur Ich-Steuerung:

2.1.3. Das Bewusstsein und die Wirklichkeit

Der Mensch bewältigt sein Leben in Ausrichtung auf die Wirklichkeit in seinem Bewusstsein. Sieht er sein Unbewusstes nicht, dann richtet er auch selten sein Augenmerk auf das Unbewusste der andern.

Achtet der Mann seine Gefühle nicht, dann kann er diese bei seiner Frau kaum hinreichend erfassen.

Nimmt eine Person ihre Träume nicht wahr und misst diesen somit keine Bedeutung zu, dann entgeht ihm eine Wirklichkeit, für die es Ersatz gibt: Ideologie, Philosophie, Religion.

Hat der Mensch in seinem Bewusstsein nur die Fassade der äusseren Wirklichkeit, dann denkt er darüber in dieser vordergründigen Weise.

Alles, was der Mensch im Laufe des Lebens in sein Bewusstsein aufnimmt, ist gewissermassen das Netz, mit dem er alle weiteren Wirklichkeiten einfängt. Was da nicht hineinpasst, wird nicht wahrgenommen, verdrängt oder entstellt.

Wirklich ist, was im Bewusstsein ist. Wer prüft schon, ob das, was er sieht und hört, auch wirklich der Realität entspricht?

Die äusseren Wirklichkeiten werden vielfach mit Masken oder Fassaden präsentiert. Ein Bekannter mag als Frohnatur bekannt sein, obwohl er sich in der Grundstimmung hoffnungslos erlebt.

Der Lebenspartner spricht nie über innen erlebte Probleme. Also hat er keine. Bedürfnisse sind ins Bewusstsein nur soweit zugelassen, wie sie gesellschaftlich akzeptiert sind.

So reagieren manche Menschen: "Ich habe keine Probleme". Denn eine problembeladene Wirklichkeit darf es nicht geben. Was darf es im sozialen Netz eines Menschen alles nicht geben?

Je weiter der Mensch von den erwünschten Vorstellungen der andern entfernt ist, desto mehr ist er geneigt, sich so zu präsentieren, wie es verlangt wird. Dies geschieht mit Kleidern, Gütern, Auto, Karriere, Geld und mit der Anpassung der eigenen Einstellungen.

Was Wirklichkeit im Bewusstsein ist, bestimmt der soziale Druck mit.

So entstehen "Lebenslügen". Die Hilfsfunktion der Abwehr hat viel zu tun: negieren, verdrehen, beschönigen, unterdrücken.

Der Mensch hat wenig Bewusstsein über das psychische Leben. Die meisten Menschen wollen nicht so genau hinschauen, wie ihr Ich das Leben bewältigt.

Die Tendenz zu äusseren Harmonisierungsversuchen ("das ist doch alles nicht so wichtig und nicht so schlimm") entspannt vielleicht im Moment die Lage.

Konstruktive Lösungen können darauf aufbauend nicht geschaffen werden. Denn die nicht wahrgenommene Wirklichkeit ist da und wirkt: von innen und von aussen, von sich selbst und von andern.

Wie eine Flut überschwemmt die nicht wahrgenommene Wirklichkeit den einzelnen und das Kollektiv: in Leiden, in sozialen Konflikten, in der Kriminalität, in der Umweltzerstörung und in Kriegen.

Reflexionen und Diskussion

■ Die Wirklichkeit, die die Menschen täglich in Ihrem Bewusstsein haben, enthält einige hervorstechende Charakteristiken:

- Grossen Raum nimmt die eigene äussere Lebenswirklichkeit ein.
- Die äusseren Erscheinungen nehmen mehr Raum ein als das psychische Leben.
- Der Bewegungsraum des eigenen Alltags kommt vor grösseren Lebensräumen.
- Der Moment, die Stunde und der Tag sind überwiegender Zeitrahmen.
- Die aufgenommene Wirklichkeit ist tendenziell "grobförmig".
- Lust-orientierte Werte haben Vorrang vor "höheren" Werten.

■ Stellen wir uns das Bewusstsein als "Bildschirm" vor und nehmen wir an, dass dieser Bildschirm immer gleich gross bleibt, dann ergibt sich daraus:

Die wahrgenommene Wirklichkeit wird als die eigentliche Wirklichkeit erlebt, egal wie sehr diese im Bildschirm in Raum- und Zeitdimension eingefangen ist.

■ Es gibt viele Wirklichkeiten, die allesamt im Bewusstsein der Menschen in ihrer Differenziertheit unterschiedlich eingefangen sind:

Das eigene äussere Leben	Der eigene erweiterte Lebensraum
Das fremde äussere Leben	Der weltweite Lebensraum
Das eigene innere Leben	Die Wirklichkeit von Sinn und Werten
Das fremde innere Leben	Die religiöse Wirklichkeit

■ Das Ich orientiert sich überwiegend an den in das Bewusstsein aufgenommenen Wirklichkeiten.

Die nicht wahrgenommene Wirklichkeit kann nicht in die Lebensführung integriert werden.

Dies ergibt verschiedene Probleme in allen Formen der Handlung:

• Kommunikation	• Konfliktbewältigung	• Politisches Leben
• Problemlösungen	• Beziehungsleben	• Wirtschaftsleben

■ Die psychisch-geistigen Wirklichkeiten des Menschen, d.h. der psychische Organismus, nehmen die Menschen nur sehr beschränkt ins Bewusstsein auf.

■ Der Mensch ist viel mehr als er allgemein über sich und andere wahrnimmt.

Diagramm 2.1.3: Die Wirklichkeiten im Bewusstsein

Die wahrgenommene Wirklichkeit ist:

oberflächlich, grobförmig
einseitig, emotional, subjektiv
wertend erlebt und interpretiert
sprachlich vage und mehrdeutig

Die wahrgenommene Wirklichkeit ist:

gründlich, detailliert, vielseitig,
ausgewogen, emotional relativiert,
sachlich wertend interpretiert,
sprachlich klar und eindeutig

Zuerst wird wahrgenommen:

die eigene äussere Wirklichkeit
die äusseren Erscheinungen
der eigene Lebensraum
die eigenen Interessen
die Stunde, der Tag
die Werte der Lust
der Moment

Sekundär wird wahrgenommen:

die fremde äussere Wirklichkeit
die psychische Wirklichkeit
die fremden Lebensräume
die Werte des Geistigen
die fremden Interessen
die Vergangenheit
die Zukunft

Transpersonale und Grenzpsychische Wirklichkeiten

Was der Mensch nicht als Wirklichkeiten im Bewusstsein hat, steht ihm für die Selbststeuerung auch nicht zur Verfügung. Er lebt ausserhalb der ihm nicht bekannten Wirklichkeiten. Was reine Phantasie, also innerlich konstruiertes Bild ist, oder eine transzendentale Wirklichkeit, das sei hier dahingestellt.

Im Sektor der Parapsychologie, der Astrologie, der Geistheilung und der Esoterik generell gibt es zuhauf Betrügereien. Auch das sei hier ausser acht gelassen, zumal es kaum einen Berufsbereich gibt, wo nicht Betrug einen Raum einnimmt. Die LSD-Forschung steht erst am Anfang. Zu schwierig sind die Fragen noch, ob das, was sich als innere Wirklichkeiten zeigt, auch als transzendentale Wirklichkeit bezeichnet werden kann. Dennoch können wir stichwortartig darauf hinweisen, dass es wohl viel mehr Wirklichkeiten gibt, als im allgemeinen wahrgenommen wird. Wirklichkeiten sind:

- Embrionale und fötale Erfahrungen
- Ahnen-Erfahrungen
- Kollektive und rassische Erfahrungen
- Evolutionäre Erfahrungen
- Erfahrungen früherer Inkarnationen
- Hellsehen, Hellhören, Telepathie, Präkognition
- Zeitreisen, Rückführungen
- Erfahrung der dualen Einheit (in Beziehungen)
- Identifikation mit andern Personen und mit Gruppen
- Identifikation mit Tieren und mit Pflanzen
- Einssein mit dem Leben und mit der Schöpfung
- Bewusstsein anorganischer Materie
- Planetarisches Bewusstsein, extraplanetarisches Bewusstsein
- Körperaustritt, Astralreisen
- Organ-, Gewebe- und Zellen-Bewusstsein
- Spiritistische und mediale Erfahrungen
- Erfahrungen der Begegnung mit übermenschlichen spirituellen Wesenheiten
- Erfahrungen anderer Universen und Begegnung mit ihren Bewohnern
- Archetypische Erfahrungen, archetypische mythologische Erlebnisse
- Erfahrungen der Begegnung mit Gottheiten
- Intuitives Verstehen universaler Symbole
- Aktivierung der Chakras und Erweckung der Schlangenmacht (Kundalini)
- Bewusstsein des universalen Geistes
- Suprakosmische und metakosmische Leere

Grenzpsychische (parapsychologische) Phänomene sprengen erheblich das allgemeine, 'gewöhnliche' Wirklichkeitsverständnis des Alltagsbewusstseins. Wir nennen dazu einige Stichworte: Stigmatisation, paranormales Heilen, Levitationen, Lichterscheinungen, Leben ohne Nahrung, Telekinese u.s.w.

Fazit: Wir meinen, dass für die Persönlichkeitsbildung und für die Individuation die meisten dieser Wirklichkeiten bzw. Fähigkeiten unerheblich sind. Anderseits: Die Erfahrungen der psychischen Energie, der Träume und der Imagination (Meditation) eröffnen Tore zu Wirklichkeiten, die ein neues Menschenbild und ein neues Verständnis für das Leben auf der Erde ermöglichen, ja unumgänglich machen. Die "Aufklärung" über die Wirklichkeiten des psychischen Lebens hat kaum erst begonnen!

Fakten und Deutungsmuster

Der Mensch hat in seinem Bewusstsein nicht einfach "Fakten". Im Bewusstsein ist überwiegend gedeutete Wirklichkeit. Man spricht hier von "Deutungsmustern".

"Deutungsmuster" bedeutet:

- stereotype Sichtweisen und stereotype Interpretationen
- die Interpretation erfolgt durch Auseinandersetzung mit Erfahrungen
- im Kern inhaltlich konkrete Denkergebnisse (sprachlich formulierte Welt)
- diese sind: mehr oder weniger zeitstabil (Muster, die sich wiederholen)
- lebensgeschichtlich (auch gesellschaftlich) entwickelt und angewöhnt
- über: Alltagsangelegenheiten, Situationen, Beziehungen, sich selbst
- diese charakterisieren: die eigene Identität und Handlungsfähigkeit

Deutungsmuster haben weitreichende Bedeutung, zum Beispiel:

- Menschen handeln aufgrund der Bedeutungen, die sie den Fakten geben.
- Das Kriterium für das, was Menschen für wahr halten, ist im Menschen.
- Deutungsmuster sind erlernbar, revidierbar, reflektierbar, optimierbar.
- Vertrauen auf die Kraft der eigenen Deutungsmuster kann gebildet werden.
- Deutungsmuster sind Teil des alltäglichen Routinewissens.
- Deutungsmuster enthalten eine subjektive Plausibilität, die Gewissheit verschafft.
- Das aktuell und von früher Bekannte wirkt auf nachfolgende Deutungsmuster.
- Jeder hat seine eigenen 'Gefühle', wie sich die 'Dinge' entwickeln.
- Die gedeutete Welt im Bewusstsein ist tendenziell 'vereinfachte' Welt.
- In die Deutungen fliessen subjektive Alltagstheorien ein.

- Einmaligkeit wird oft durch Abstraktion verallgemeinert.
- Deutungsmuster sind meist auch ein Abbild gesellschaftlichen Bewusstseins.
- Hinter der Oberfläche formulierter Wirklichkeit liegt tief verwurzelt die Biographie.
- Biographisch bedeutsame Erlebnisse formen die Deutungsmuster mit.
- Im Deuten muss Komplexität reduziert werden, um Handlungen leichter zu machen.
- Vorurteile und zufällige Meinungen fliessen in Interpretationen mit ein.
- Deutungsmuster filtrieren die Wirklichkeit.
- Deutungsmuster haben eine gewisse Kontinuität und Stabilität.
- Umschreiben, umkomponieren ist schwierig, da jeder seine Biographie "retouchiert".
- Deutungsmuster selektieren und akzentuieren.
- Diskontinuität von Deutungsmustern bedroht die Selbstidentität.
- Früh im Leben erworbene Deutungsmuster erhalten sich sehr nachhaltig.
- Die Korrektur von Weltanschauungen und normativen Orientierungen ist schwierig.
- Die Reorganisation gedeuteter innerer Wirklichkeiten ist aufwendig und nicht einfach.
- In der Deutung vermeidet der Mensch innere Dissonanzen, korrigiert so Wirklichkeit.
- Deutungsmuster sind zwar individuell, doch mitgeformt vom Lebensumfeld.
- Es gibt "gruppentypische" (Sozialschicht-spezifische) Deutungsmuster.
- Deutungsmuster haben auch eine Schutzfunktion (Kontinuität der Identität).
- Deutungsmuster bilden sich oft durch Anpassungsdruck.
- Deutungsmuster entstehen auch aus der Erfahrung mit dem eigenen Handeln.
- Grundlegende Sinnkrisen fordern zur Korrektur der Deutungsmuster heraus.

Deutungsmuster:

1) "Ich bin in meinem Leben immer wieder gescheitert."

2) "Meine Herkunft hat mir keine berufliche und private Entwicklung erlaubt."

Notizen und Perspektiven

Was ist der Nutzen, über die eigenen Bewusstseinsinhalte nachzudenken?

Notieren Sie die zentralen Schlüsselbegriffe dieses Unterkapitels:

Was bewirkt eine oberflächlich, einseitig und emotional wahrgenommene Wirklichkeit?

Reflektieren über Deutungsmuster ist wesentlich, denn:...

Was haben Sie in Elternhaus, Schule und Kirche über das Verhältnis von Wirklichkeit und dem, was dazu im Bewusstsein ist, gelernt?

Welche Bedeutung im Zusammenleben hat das Gespräch über die Art und Weise, wie die Menschen Fakten und Erlebnisse deuten?

Welche Fakten haben besonderes Gewicht in Politik und Wirtschaft?

Was vermittelt die Werbung über die kollektive Wirklichkeit?

2.1.4. Übungen

1. Wie erleben Sie Ihre psychischen Kräfte im Wechselspiel mit den Ausseneinflüssen?

2. Wie managen Sie das Zusammenspiel der psychischen Kräfte und Umfeldfaktoren?

3. Welche Aspekte von Ihnen und vom Lebensraum erleben Sie als angenehm?

4. Was nehmen Sie von anderen Menschen in Ihr Bewusstsein auf?

5. Was von Ihnen, von andern und aus dem Lebensraum wehren Sie tendenziell ab?

6. In welchen Bereichen erleben Sie Ihren Willen stark? Und schwach?

7. Wenn Sie etwas Geistiges (Religiöses) in Ihrem Bewusstsein haben, was ist das?

8. Welche äusseren Realitäten nehmen markanten Raum ein in Ihrem Bewusstsein?

9.a) Beschreiben Sie Ihre Willenskraft:

Meine Stärken sind:

Meine Schwächen sind:

9.b) Beschtreiben Sie Ihre typischen Abwehrmuster:

Meine Stärken sind:

Meine Schwächen sind:

9.c) Beschreiben Sie Ihre Integrationsfähigkeit:

Meine Stärken sind:

Meine Schwächen sind:

9.d) Beschreiben Sie Ihre Ich-Steuerung:

Meine Stärken sind:

Meine Schwächen sind:

10. Empowerment = Strukturelle und vernetzte Stärkung in Zielrichtung einer Leistung.

Suchen Sie Ihre Defizite an Empowerment ☐ am Arbeitsplatz ☐ beim Zusammenleben mit dem Lebenspartner/Freund (-in). (Kreuzen Sie an, was Sie nachfolgend bearbeiten).

Angaben:
3 = ausgeprägt positiv/stark
2 = mässig positiv/ausgeprägt
1 = schwach positiv / ausgeprägt

☐ Arbeitsbedingungen
☐ Betriebsklima
☐ Unterstützungspläne
☐ Erneuerungsfreudigkeit
☐ Optimismus
☐ Partizipation (Mitsprache)
☐ Firmenprofil (Identifikation)
☐ Führung und Einfügung, Führungspotential
☐ Weiterbildung
☐ Beratung/Coaching
☐ Sinn, Beitrag zur Lebensqualität
☐ Motivierung, Empathie und Optimismus, Ziel-Anitzipation
☐ Abwechslung, Vielseitigkeit
☐ Information
☐ Herausforderung
☐ Selbständigkeit
☐ Ideen, Ziele und Visionen
☐ Lohn und Nebenleistungen
☐ Unternehmenserfolg, persönlicher Erfolg
☐ Teamwork, Partnerschaftlichkeit
☐ Partnerschaftlichkeit
☐ Anerkennungsleistungen
☐ Mitbestimmung, Kooperation
☐ Klares Einsatzfeld
☐ Flexible Firmenziele, flexible Arbeitsziele
☐ Loyalität
☐ Persönliche Wertschätzung
☐ Geschäftsphilosophie, Lebensphilosophie
☐ Wohnverhältnisse
☐ Freizeitbeschäftigungen

☐ Sexuelle Erfüllung, Sublimierungsformen
☐ Körperliche Verfassung
☐ Lebensstil (Essen, Schlafen, Entspannung, Rhythmus etc.)
☐ Transparenz (Sache, Ablauf, Ziele etc.)

Skizzieren Sie drei zentrale Charakteristiken für ein gutes Empowerment bei:

10.a) Zusammenleben mit Partner:

10.b) Berufliche Arbeiten:

Multiple Choice Test

Wählen Sie die vier richtigen Antworten aus: ☒ a) Fun

4.1. Der bedrängte Mensch. Folgende Aussagen zum Thema sind zutreffend:

☐ a) Der Mensch ist täglich von innen und aussen beeinflusst.
☐ b) Je mehr der Mensch innere Kräfte abwehrt, desto mehr projiziert er.
☐ c) Unterdrückungen haben oft zu tun mit Verarbeitungsunfähigkeit.
☐ d) Je mehr man bedrängt ist, desto mehr neigt man zu Vereinfachungen.
☐ e) Der Mensch hat trotz eigener Biographie eine hohe innere Freiheit.
☐ f) Je mehr der Mensch den Lebenspflichten ausweicht, desto mehr kann er sich selbst verwirklichen.

4.2. Das Ich und seine Steuerungskräfte. Die zentralen direkten Steuerungsmechanismen des Ichs sind:

☐ a) Wille
☐ b) Integration
☐ c) Glaube
☐ d) Abwehr
☐ e) Steuerungskontrolle
☐ f) Kühnheit

4.3. Das Bewusstsein und die Wirklichkeit: Charakteristisch für das tägliche Bewusstsein der meisten Menschen ist:

☐ a) grobes Abbild der Realität
☐ b) entstellt im Bewusstsein
☐ c) emotional
☐ d) subjektiv wertend erlebt
☐ e) Weitsichtigkeit
☐ f) Klarheit

2.2. Das Ich und seine Hilfsfunktionen

2.2.1. Das Bewusstsein und seine Inhalte

Was der Mensch nie in sein Bewusstsein aufgenommen hat, kann er nicht wissen. Der Inhalt des Bewusstseins ist Wissen, das jede Art von Information und Erleben einschliesst.

Vier Wege führen zum Bewusstsein. Die Sinne, als erster Weg, "beschaffen" die Informationen von aussen: Wir sehen, hören, fühlen u.s.w. Der zweite Weg ist die "innere Wahrnehmung": phantasieren, meditieren (d.h. imaginieren und kontemplieren), träumen, nach innen horchen, gefühlsmässiges erspüren von inneren Regungen. Der dritte Weg ist der Rückgriff auf das Gedächtnis und der vierte Weg ist die gedankliche Verarbeitung, die zu einer neuen "Information" bzw. zu einer verändert aufgenommenen Wirklichkeit führt.

Diese Makroeinteilung ergibt vier Hauptgruppen von "Wirklichkeiten" in unserem Bewusstsein. Wir nehmen die äussere dingliche Realität wahr, teils direkt mit den Sinnen, teils technisch erweitert mit Apparaten. Hierzu zählen wir auch die geschaffenen Kulturgüter, einschliesslich jeder Art Institutionen.

Dann nehmen wir die menschliche Realität auf mit allen möglichen Formen der Interaktionen und Strukturierungen. Diese Realität können wir rein äusserlich, oberflächlich psychisch oder umfassend und gründlich bis ins Detail des innerpsychischen Lebens, soweit von Aussenstehenden erkennbar, ins Bewusstsein aufnehmen.

Dann haben wir die eigenen psychischen Subsysteme, die als innere Realität Erfahrungen sind. So sind Träume eine ebenso erfahrene Realität wie Gefühle und Bedürfnisse. Ein Teil dieser Erfahrungen ist "transzendental", d.h. sie enthalten "Inhalte" einer Realität, die ausserhalb des psychischen Systems anzusiedeln sind.

Hier stellt sich die Frage, ob es sich um eigentliche innere Erfahrungen einer solchen transzendentalen Realität handelt, oder um Phantasien, also spielerisch kreative gedankliche Vorstellungen beliebiger Art. Auch die inneren Erfahrungen können wir gedanklich verarbeiten und so zu einer veränderten inneren Wirklichkeit im Bewusstsein werden lassen.

Alle äusseren und inneren Wirklichkeiten im Bewusstsein haben die Form von Sprache und Bildern, gekoppelt mit dem gefühlsmässigen Erleben von Sinn, Wert und Bedeutung.

Was im Bewusstsein ist, muss nicht Wirklichkeit sein.

Reflexionen und Diskussion

■ Die Wirklichkeit im Bewusstsein ist die Lebensorientierung des Menschen. Was immer der Mensch tut, hat eine Rückkoppelung an die Wirklichkeit im Bewusstsein.

■ Die Wirklichkeit im Bewusstsein kann unterschiedliche Qualitäten haben:

* Undifferenziert oder differenziert (Tisch: Es gibt 100 Arten von Tischen)
* Makro- oder mikrodimensioniert (fokussiert)
* Über- oder unterdimensioniert, räumlich zutreffend oder abweichend
* Zeitlich zutreffend oder verzerrt/überlagerte Wirklichkeit
* Entsprechend der eigentlichen Realität oder abweichend davon (entstellt)
* Eine "gehörte" und/oder von andern "interpretierte" Wirklichkeit
* Eine phantasierte, nicht erlebte (nicht wirkliche) Realität
* Eine gedanklich verarbeitete und neu strukturierte Wirklichkeit
* Sprachlich und bildhaft differenzierte oder vereinfachte Wirklichkeit
* Eine durch Gefühle "gefärbte" Wirklichkeit
* Eine subjektive Interpretation von Sinn/Wert/Bedeutung
* Vermischung oder Aufteilung von Wunsch und Realität, Sein und Soll

■ Jeder Mensch hat im Bewusstseins diese unterschiedlichen Qualitäten, d.h. über:

* sich selbst als psychisch-geistiger Mensch
* den Lebensraum mit allen Dingen und Gegebenheiten in den Systemen
* andere Menschen mit ihrem psychischen Organismus und den Interaktionen
* Transzendenz als Innenerfahrung oder als verinnerlichte Erfahrung

■ Leben ist auch: "Wirklichkeiten erkennen, bewältigen und gestalten". Je mehr die innere Wirklichkeit im Bewusstsein von der tatsächlichen inneren und äusseren Wirklichkeit abweicht, desto grösser sind die Störungen, Konflikte und Schwierigkeiten beim Individuum und zwischen den Menschen/-gruppen.

Diskussion: Wählen Sie aus jedem Wirklichkeitsbereich ein Element und diskutieren Sie die Qualitätsvarianten in der Gruppe. Welche Elemente kommen überwiegend in das Bewusstsein?

Wie werden diese erlebt und interpretiert? Welche potentiellen Konflikte sind dadurch gegeben, dass diese Bewusstseinsrealität von der eigentlichen Wirklichkeit abweicht?

Zu den vier Wirklichkeitsbereichen:

a) Die eigene psychische Wirklichkeit

b) Andere Menschen mit ihrer psychischen Wirklichkeit

c) Äussere Lebenswirklichkeiten

d) Lehren/Berichte über Transzendenz

Diagramm 2.2.1: Von der äusseren zur verinnerlichten Wirklichkeit

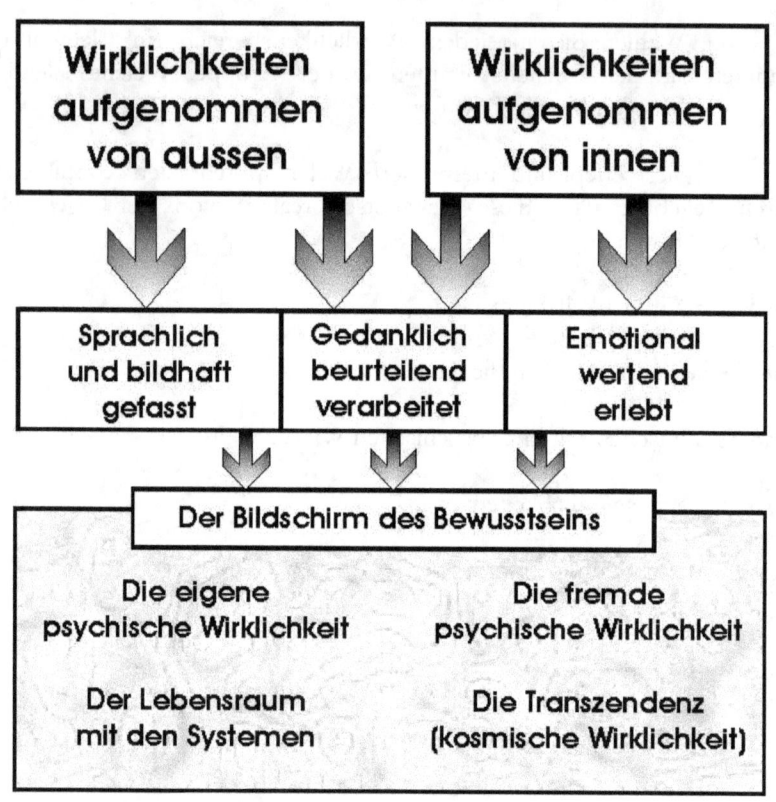

2.2.2. Das Selbsterleben und seine Wertaspekte

Von den vier Hauptwirklichkeiten im Bewusstsein wählen wir den Bereich aus, den der Mensch über sich selbst hat: das Selbst-Bewusstsein. Denn der Mensch ist sich selbst am nächsten und das ist sein Standort für die Begegnung mit allen andern Wirklichkeiten.

"Selbstbewusstsein" meint nicht die "Grösse" oder "Stärke", die ein Mensch zu haben glaubt, sondern genau dem Sinn des Wortes entsprechend: das, was der Mensch über sich im Bewusstsein hat bzw. weiss.

Dieses Selbstbewusstsein ist immer auch ein Erleben, das täglich und oft stündlich variieren kann.

Wir heben hervor:

Der Mensch erlebt sein Dasein: "Ich bin da und bin mir selbst meine Chance". So erlebt sich der Mensch einmalig mit seinem leibhaften und irdischen Dasein. Dieses Erleben ist der Ausgangspunkt für die Formung der eigenen Möglichkeiten.

Der Mensch erlebt sich auch als Individualität: "Das bin ich". Dies beinhaltet das Erleben einer gewissen Einmaligkeit und Unverwechselbarkeit. Alles, was der Mensch über sich weiss, ist Teil dieses Aspektes. Als Individuum erlebt sich der Mensch Du- und Welt-abgegrenzt: "Das bin ich und dies bist Du und da ist die Welt".

Und schliesslich erlebt sich der Mensch mit Sinn und Wert: "Ich bin wertvoll und mein Dasein hat Sinn". Dieses Erleben kann verschiedene Qualitäten haben und auch im Umfang unterschiedlich sein.

Wer sich selbst als wertlos erlebt, oder als unnütz, der nimmt alle andern Wirklichkeiten aus diesem Standort wahr. Wer seinem Dasein keinen Sinn und keine Individualität geben kann, schafft sich schlechte Lebensfundamente. Je weniger der Mensch über sich selbst und sein psychisches Leben weiss, desto mehr sieht er das Leben ausserhalb des Psychisch-Geistigen.

Wer das Dasein nicht als Herausforderung erlebt mit Möglichkeiten des Wachstums und Varianten der Weltgestaltung, der wird krank oder verkümmert.

Je schwächer der Mensch sich erlebt und je weniger er seine Ganzheit erfasst, desto mehr sucht er Erfüllung in Kompensation oder Illusionen.

Je vielseitiger und differenzierter der Mensch ein Bewusstsein über sich hat, desto mehr kann er Interesse, Verantwortung, Lebenszuwendung und Lebensachtung leben.

Schlechte Ich-Fundamente bewirken Stagnation und Regression, fördern Destruktivität und nie erfüllbare Ideale.

Daraus sucht sich der Mensch ein Ersatzleben in extremen Äusserungen.

Reflexionen und Diskussion

■ Das Selbsterleben formt:

- Interesse und Desinteresse
- Mass und Masslosigkeit
- Integration und Abwehr
- Sachlichkeit und Unsachlichkeit
- Pflege und Verwahrlosung
- Zuwendung und Abwendung
- Rücksicht und Rücksichtslosigkeit
- Beziehung und Beziehungslosigkeit
- Offenheit und Verschlossenheit
- Ernsthaftigkeit und Gleichgültigkeit

■ Je weniger das Selbsterleben in Qualität und Quantität entwickelt ist, desto mehr formen sich:

- Ersatzleben
- Kompensationen
- Illusionen
- Jenseitsfixierungen
- Materialismus
- Ego-Zentrismus
- Skruppellosigkeit
- Extremismus
- Dogmatismus
- Verwahrlosung
- Sinnleere
- Rassismus

- Nationalismus
- Menschenhass
- Sadismus

■ Reflektieren Sie Ihr Selbsterleben nach folgenden Muster:

Ich erlebe mich: "Ich bin da"		Ich erlebe mich: "Das bin ich"	
umfassend	partikulär	umfassend	partikulär
differenziert	undifferenziert	differenziert	differenziert
tiefgehend	oberflächlich	tiefgehend	oberflächlich
intensiv	schwach	intensiv	schwach
klar	unklar	klar	unklar
häufig	eher selten	häufig	eher selten

"Ich erlebe mich":

Ich erlebe mich: "Du-/Welt-abgegrenzt"		Ich erlebe mich: "Mit Wert und Sinn"	
umfassend	partikulär	umfassend	partikulär
differenziert	undifferenziert	differenziert	differenziert
tiefgehend	oberflächlich	tiefgehend	oberflächlich
intensiv	schwach	intensiv	schwach
klar	unklar	klar	unklar
häufig	eher selten	häufig	eher selten

Diskutieren Sie das Selbsterleben mit andern.

Diagramm 2.2.2: Aufbau und Konsequenzen des Selbsterlebens

> ### Zur Selbstbeziehung gehören:
> Interesse, Zuwendung, Wahrnehmung, Offenheit,
> Ansprechbarkeit, Verantwortung, Denken, Werterleben,
> Verstehen, Berücksichtigung, Achtung, Sachlichkeit,
> Integration, Konstruktivität, Handlungen, Mass

> ### Je weniger Selbstbeziehung, desto mehr:
> Abwehr, Lügen, Glauben, Herrschsucht, Ersatzverhalten,
> Illusionen, Projektionen, Widerstände, Unterwerfung,
> Masken, Kompensationen, Fassaden

> ### Dies hat immer Folgen:
> Leiden, Krankheiten, psychische Störungen,
> Unfälle, Aggressionen, Gewalt, Kriege

> ### Die Lösungswege setzen bei den Wurzeln an:
> Selbstbild erweitern, Abgewehrtes anschauen, Entwicklung wollen,
> Selbstbildung, Sinn und Werte finden, Zuwendung nach innen,
> Bewusstsein erweitern, alles Psychische differenziert erfassen

2.2.3. Die Abwehrfunktionen und ihr Ausdruck

Es gibt Wirklichkeiten, die will der Mensch nicht anschauen, nicht bei sich, nicht bei andern, nicht im Lebensraum und nicht in der Transzendenz. Manchmal gelingt das Wegschauen.

Oft muss der Mensch einen Mechanismus konstruieren, um nicht hinzuschauen. Dazu gibt es verschiedene Möglichkeiten. Am einfachsten ist es, wenn man etwas davor stellt, z.b. eine Fassade, eine Lehre, ein Dogma, eine unantastbare Theorie.

Diese Ersatzwirklichkeit muss emotional und normativ so stark geformt sein, dass es dem Menschen nicht mehr in den Sinn kommt, dahinter zu schauen.

Etwas schwieriger wird es, wenn man eine Wirklichkeit gesehen hat, diese aber für immer aus dem Bewusstsein wegschieben will.

Mit "Vergessen" gelingt dies manchmal. Darüber hinwegreden, rationalisieren also, die Dinge etwas entstellen, vielleicht gar ins Gegenteil umkehren oder das Wahrgenommene einfach entwerten, das sind die Mechanismen, die hier zur Verdrängung verhelfen.

Ein anderer Weg ist, wenn man die Wirklichkeit zwar so stehen lässt, dieser aber ausweicht, indem man "nicht kann", Verantwortung delegiert, sich davon distanziert oder mit Intoleranz die Gegebenheit ablehnt.

Das Verdrängte lagert sich im Unbewussten.

Je mehr eine Wirklichkeit Angst, Schuld oder Frustration auslöst, desto mehr ist der Mensch geneigt, diese abzuwehren.

Eine Realität kann als "Problem" erscheinen, als eine Aufforderung oder Gefahr für einen schon vorhandenen Inhalt im Bewusstsein.

Je mehr die Realität Unlust und Anspannung erzeugt, desto mehr tendieren die Menschen dazu, sich von solchen Wirklichkeiten abzuwenden.

Dazu dienen die verschiedenen Abwehrmechanismen.

Manchmal gelingt diese Abwehr ohne Schaden. Oft führt sie zu Projektionen, die neue Probleme schaffen. Vielfach sind Symptome die Folge. Dies ist dann eine neue Realität, die wiederum abgewiesen wird.

Das erzeugt Frustration und Aggression gegen sich und andere.

Die Wirklichkeiten werden immer mehr entstellt im Bewusstsein und die Lösungsversuche scheitern logischerweise mehr und mehr.

Die unangemessene Wirklichkeitsbewältigung führt zu einem destruktiven Kreislauf.

Reflexionen und Diskussion

■ Was im Bewusstsein ist, hängt wesentlich von der Aktivität des Abwehrmechanismus ab. Entscheidend sind dabei:

- Gefühlsauslösende Wirkung der Wirklichkeit
- Aufforderungscharakter der Wirklichkeit
- Anspruch an Leistungen an das Individuum durch die Wirklichkeit
- Fehlendes starkes Ich-Fundament
- Verzichtleistung auf sofortige Lusterfüllung
- Verantwortung und Pflicht
- Sozialer Druck, Zeitgeist und gesellschaftliche Normen
- Fehlendes Wissen über die Funktionsweise des Bewusstseins und der Abwehr

■ Abwehr und Verdrängung 'erledigen' die abgewehrte Wirklichkeit nie:

- Das Abgewehrte zeigt sich in Projektionen.
- Ideenlehren sind vielfach das Resultat der abgewehrten Realität.
- Kompensationen und Ersatzverhalten sind symbolisch dieselben Realitäten.
- Psychische und psycho-somatische Leiden sind die Folgen.
- Soziale Konflikte im kleinen und im grossen sind Folgen davon.

■ Beispiele die Abwehr bzw. Verdrängung zum Ausdruck bringen, sind:

- Problemen/Schwierigkeiten ausweichen
- Verantwortung von sich weisen
- Im Kleinen schon sich ständig anpassen
- Gegen aussen leben, was innen nicht ist
- Etwas entwerten um auf Distanz zu gehen

- Unabrückbar an Prinzipien festhalten
- Im Trotz verharren
- Unangenehme Gefühle "vergessen"
- Bedeutung reduzieren: "Ist nicht schlimm"
- Agieren, so die Wirklichkeit verwischen
- Konsum als Ersatzverhalten
- Ablehnung des Schwachen/Hilflosen
- Auf Dogmen fixiert sein
- Sich gegen Lustgefühle absichern
- Äussere Leistungen als höchsten Lebenswert sehen
- Ideologien für unveränderbare Gesetze halten

■ Diskutieren Sie weitere Abwehr- und Verdrängungsformen mit konkreten Beispielen:

Diagramm 2.2.3: Ungeeignete Reaktionen auf die Wirklichkeit

> ## Innere und äussere Wirklichkeiten bewirken:
> Angst, Schuld, Frustration, Ohnmacht, Hilflosigkeit
> Diese Reaktionen bedeuten:
> Probleme, Gefahren, Bedrohungen, Aufforderungen

> Der unangemessene Umgang mit der Aufnahme
> und Verarbeitung der Wirklichkeit zeigt sich in:
> 1. Regressionen:
> Selbstbestrafung, Selbstentwertung, Rückzug, Reduktion,
> Imponiergehabe, Vernachlässigung, Isolation, Intoleranz
> 2. Verschiebungen:
> Projektion, Identifikation, Kompensation, Umkehrung,
> Agieren, ungeschehen machen, zersetzen, Symptombildung
> 3. Abwehrverhalten:
> Abwenden, leugnen, ablehnen, entstellen, wegschieben,
> vergessen, aussondern, rationalisieren

> ## Die Rückwirkungen:
> Frustration, Angst, Schuld
> Aggression gegen sich und andere

2.2.4. Die Integrationsfunktionen (Wirklichkeitsaufnahme)

Integration bedeutet: "Aufnahme ins Bewusstsein und Zulassung zur Bearbeitung dieser Wirklichkeit". Integration basiert auf Bejahung, Interesse und Zuwendung zu den verschiedenen Wirklichkeiten.

Statt Abwehr stellt der Mensch eine Beziehung zur Wirklichkeit her, entwickelt immer mehr Erkenntnisinteresse, will mit diesen und in diesen Wirklichkeiten handeln.

In diesem Sinne ist Integration gleich Lebenszuwendung und Abwehr gleich Lebensabwendung. Die Integration erfasst die Vergangenheit, die Gegenwart und schliesst die Zukunft in der Gegenwart mit ein.

Lebenszuwendung ist offen gegenüber dem Schwachen, dem Hilflosen, dem Unentwickelten und dem Unangenehmen. Die Integrationskraft kann sich dem Peinlichen und Beängstigenden stellen.

Integration ergibt sich aus einer Haltung, die versöhnlich, verständnisvoll und akzeptierend ist.

Integration nimmt in dem Masse zu, wie ein Interesse besteht an den inneren Wirklichkeiten, an den tatsächlichen äusseren Gegebenheiten und an den Menschen, wie sie in ihrer psychischen Innenwelt sind.

Integration lässt zu, dass die Wirklichkeiten bearbeitet und sachlich umfassend bewältigt werden. Integration vermittelt zwischen dem Ich und den Wirklichkeiten.

Daraus ergibt sich, dass diese Regulierungskraft viel mit der Liebe zu tun hat. Je mehr die Kraft der Liebe aufgebaut ist, desto leistungsfähiger wird die Integration.

Umgekehrt sind Abwehr und Verdrängung überwiegend auf Lebensabwendung und Hass aufgebaut.

Das Ich kann natürlich nicht zulassen, dass das Bewusstsein von Inhalten überflutet wird. Wie könnte das psychische System eine solche Menge noch bearbeiten?

Eine gewisse Regulierung der Menge ist nötig. Ebenso besteht guter Grund, dass das Ich nicht jede beliebige Wirklichkeit in das Bewusstsein aufnimmt.

Was ist der Gewinn für den Menschen, in jede Stube hineinzuschauen, jede chaotische und destruktive Wirklichkeit anschauen?

Reflektierte Abwehr und gesteuerte Integration regeln Art und Menge des Aufnahmeprozesses.

Das Kriterium ist nicht Verweigerung oder Leugnung, sondern Selbstschutz und bewusste Ich-Steuerung für Differenzierung und Wachstum.

Reflexionen und Diskussion

■ Lebenszuwendung basiert auf:

- Erkenntnisinteresse
- Handlungsinteresse
- Bejahung
- Aktive Zuwendung
- Herstellen einer Beziehung
- Bereitschaft zur Auseinandersetzung
- Akzeptieren des Schwachen
- Mut zur Begegnung mit Realitäten
- Verantwortung wahrnehmen
- Verständnis
- Realismus

■ Je mehr die Kraft der Liebe entwickelt ist, desto mehr kann der Mechanismus der Integration konstruktiv wirken. Dazu gehören u.a.:

- Geduld
- Fähigkeit zu verstehen
- Interesse an Werten
- schützen, pflegen wollen
- Interesse an innerem Sinn

■ Die Integration dosiert Menge und Qualität nicht von selbst, sondern in Anlehnung an die Kraft der Liebe und an die Interessen des eigenen Wachstums.

Dies verlangt allerdings eine bewusste Ich-Steuerung. Wird die Integrationskraft nicht bewusst gebildet, dann dient die Flut der aufgenommenen Informationen der Flucht vor sich selbst und der Lustorientierung.

■ Abwehr bzw. Integration geschehen von selbst. Beide können und müssen bewusst gebildet werden. Beide haben für viele Lebenssituationen eine unerlässliche lebenswichtige Funktion:

Die Abwehr kann dosieren und fernhalten, was im Moment nicht verkraftbar (verarbeitbar) oder nicht erwünscht ist, oder als schädlich erlebt wird.

Die Integration kann selektionieren, was für die psychisch-geistige Evolution und für das alltägliche Leben förderlich ist.

Erstellen Sie in der Diskussion mit andern eine Liste, was die Menschen aus den Wirklichkeiten täglich überwiegend in ihr Bewusstsein aufnehmen:

Eigene Wirklichkeit	Andere Menschen	Lebensräume	Transzendenz

Diagramm 2.2.4: Bewusstsein als Schaltstelle für Handlungen

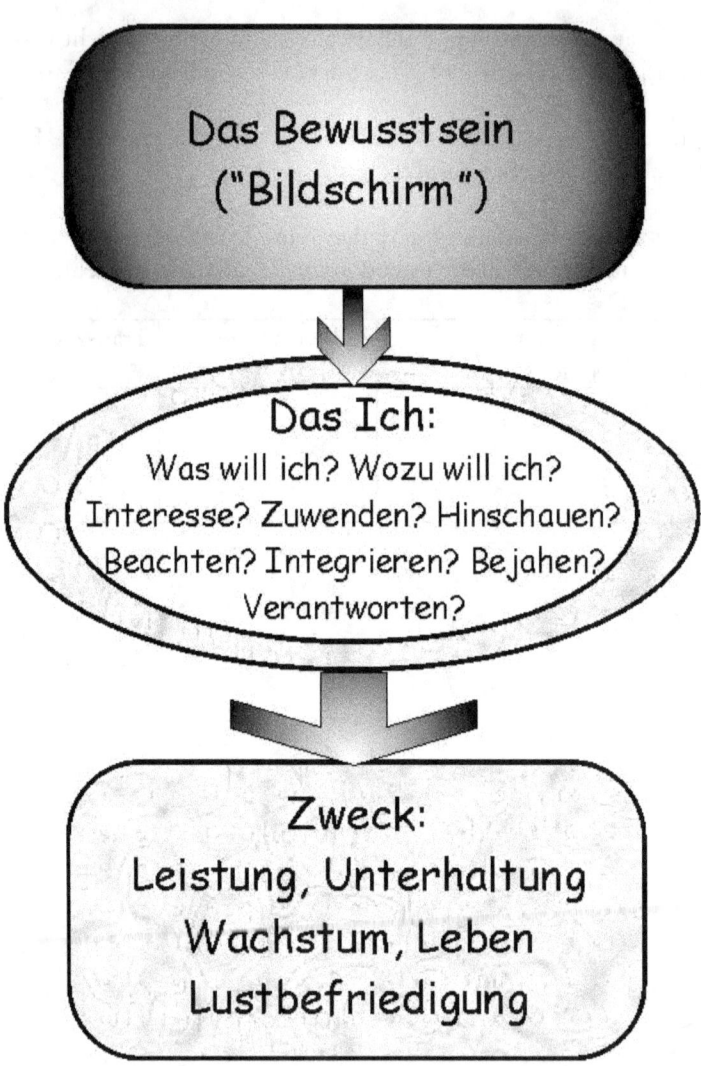

Das Bewusstsein
("Bildschirm")

Das Ich:
Was will ich? Wozu will ich?
Interesse? Zuwenden? Hinschauen?
Beachten? Integrieren? Bejahen?
Verantworten?

Zweck:
Leistung, Unterhaltung
Wachstum, Leben
Lustbefriedigung

2.2.5. Der Wille / Das Wollen

Die Lebensbewältigung, angefangen von der Bereitschaft zur Integration der Wirklichkeiten, setzt einen Willen, ein Wollen, voraus. Das Wollen ist eine zentrale Hilfsfunktion des Ich's. Ohne Wille würde der Mensch nur nach dem Instinkt, nach Gewohnheiten und Fremdeinflüssen funktionieren.

Der Wille ist ein Grundbaustein der individuellen Freiheit. Je mehr der Mensch unbewusst lebt, d.h. die Wirklichkeiten nicht aufnimmt und lenkt, desto mehr unterliegt er den Triebkräften.

Die Freiheit des Menschen ist nie grösser als seine Willensfähigkeit. Das nicht ins Bewusstsein integrierte Leben ist vielfach stärker als der vorhandene Wille.

Der Wille kann geformt, geschult und gebildet werden. Wille besteht aus einzelnen Komponenten: Wille setzt Ziele, Wünsche und Inhalte voraus. Diese ergeben sich aus dem Interesse und dem Begehren. Die daraus resultierende Handlung unterliegt einer Entscheidung. Dies setzt die Konfrontation mit Alternativen voraus. Danach ist das Handeln gezielt zu aktivieren.

Verschiedene weitere Faktoren tragen zur Willensbildung bei, z.B.: Durchsetzungskraft, Vorbilder, positives Selbstbewusstsein, Aufmerksamkeit und Konzentration.

Nicht alles im täglichen Leben kann immer einen bewussten Willensakt voraussetzen. Eine gewisse Automatisierung ist unerlässlich. Gewohnheiten sind lebenswichtig. Doch sie bergen auch Gefahren: Gewohnheiten können Lernprozesse hemmen, unflexibel machen und Kreativität einengen. Gewohnheiten machen häufig intolerant, fördern die Abwehr und rigides Verhalten.

Auch das Denken und die Verantwortung können durch Gewohnheiten vernachlässigt werden. Basieren die Gewohnheiten auf bewusst gebildetem Willen, dann sind sie förderlich und der Erneuerung zugänglich, wenn sie sich nicht mehr bewähren.

Je mehr der Mensch egozentrisch ist und ein enges Bewusstein über die Wirklichkeiten hat, desto mehr ist die Willensfähigkeit zur Lebensbewältigung reduziert.

Reflexionen und Diskussion

■ Wille kommt zustande durch:

Konzentration	Anpassungsfähigkeit	Denken
Aufmerksamkeit	Selbstbewusstsein	Ehrgeiz
Flexibilität	Verstärker	Interesse
Alternativen zum Vergleich	Vorbild	Motivation

■ Je weniger der Mensch seinen Willen bewusst bildet, desto mehr lenken Gewohnheiten, Lustimpulse und Ausseneinflüsse das tägliche Leben.

■ Gewohnheiten bergen Gefahren:

• Unfreiheit	• Schemenzwang
• Gleichgültigkeit	• Fixierungen
• Unbewusste Lebensführung	• Eingeschliffene Muster
• Abwehr	• Selbstgerechtigkeit
• Rigidität	• Machtstreben
• Lernhemmungen	• Trägheit

■ Die Fähigkeit zur Willensbildung ist so wichtig wie Lesen und Schreiben, will man Individualität und Freiheit entfalten.

■ Es ist leicht gesagt "Ich will..." und schnell sind dann Gegensatzspannungen da, wo viele verschiedene Einflüsse und Interessen aufeinanderprallen.

Die "Lösung" im Sinne von "Wille auslöschen" ist gegen das Leben und deshalb keine Lösung. Wichtig ist die Übereinstimmung mit all den verschiedenen psychischen Subsystemen, insbesondere auch mit der Liebe und dem Geist sowie anderseits die Anpassung an das real Mögliche.

Zerlegen Sie ein Beispiel aus Ihrem Alltag und diskutieren Sie mit andern:

Wille	Ziel	Interesse	Alternative	Entscheidung

Diagramm 2.2.5: Wille kommt zustande durch

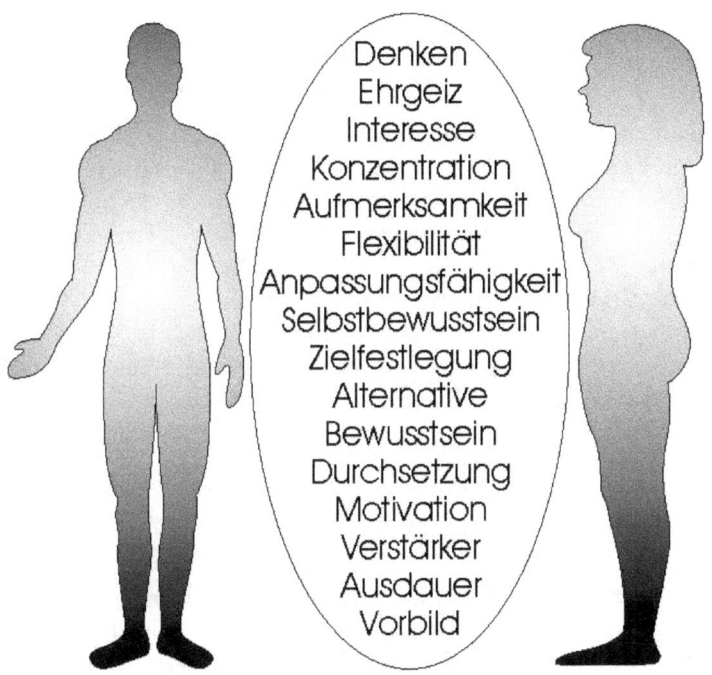

Denken
Ehrgeiz
Interesse
Konzentration
Aufmerksamkeit
Flexibilität
Anpassungsfähigkeit
Selbstbewusstsein
Zielfestlegung
Alternative
Bewusstsein
Durchsetzung
Motivation
Verstärker
Ausdauer
Vorbild

Grundsatz: Die Lösung eines Willensproblems liegt nicht im "ich will", sondern in diesen 16 Aspekten, die den Willen formen und grundlegen. Die Realisierung eines Wollens kann nicht besser sein als die psychichen Grundlagen. Die Kompromisse liegen immer im Fundament.

2.2.6. Die Ich-Steuerung

Der Wille ist zielgerichtet und die Entscheidung ist gefällt. Doch damit ist das Ziel noch nicht erreicht. Vielfach im Leben bleibt es beim Willen stehen. Die Ausführung der festgelegten Handlung benötigt Ich-Steuerung.

Wer ein festgelegtes Ziel auch wirklich erreichen will, muss dies in die Tat umsetzen. Handlungen sind zu regulieren und zu koordinieren, zu planen und zu organisieren. Eine gewisse Konzentration auf den Ablauf der Handlung kann nur von Vorteil sein für eine wirkungsvolle Aktion. Die Handlung selbst ist zu lenken und allenfalls durchzusetzen. Manchmal ist es förderlich, wenn die Schritte in die Zielrichtung überprüft werden. Die Wirkungen des Ablaufes sind bis zum Ziel mit der Ich-Führung rückzukoppeln.

In diesem Prozess der Ich-Steuerung sind verschiedene zusätzliche Aspekte zu berücksichtigen. Der Lebensraum setzt Bedingungen und oft Grenzen. Gegebenheiten und Interessen anderer Menschen stehen vielleicht der Zielerreichung entgegen.

Dann sind die eigenen psychischen Kräfte mitzuberücksichtigen. Die Ich-Führung verlangt das Denken, die Berücksichtigung der Gefühle, die Abstimmung mit dem inneren Geist. Die Psychodynamik setzt vielleicht Kräftegrenzen: nicht immer kann der Kapitän mit "voller Fahrt" dem Ziel entgegensteuern. Es ist mit "Stürmen" und "Wellen" zu rechnen.

So hat das Ich hier die Funktion, zwischen diesen Kräften zu vermitteln und vielseitig ausgewogen den Willen durchzusetzen und Kompromisse einzugehen. Im Prozess der Realisierung sind vielleicht neue Ziele festzulegen und andere Wege einzuschlagen. Dies alles hat die Selbstverantwortung in der Ich-Steuerung miteinzubeziehen.

Die Selbststeuerung beginnt schon beim Erwachen. Durch den ganzen Tag hindurch kann der Mensch sein Lebenssteuer fest in den Händen halten. Viele lassen schnell das Steuerrad los und lassen sich treiben. Manche vergessen die Ich-Steuerung im Gespräch, beim Essen oder spätestens am Abend vor dem Fernseher.

Ich-Führung heisst vor allem "bewusst leben" und immer mit Denken den Ablauf des Geschehens mitbestimmen. Die bewusste Selbststeuerung ist auch ein Ziel und verlangt einen Willensakt.

Reflexionen und Diskussion

■ Die Hauptkomponenten der Ich-Steuerung sind:

Ziele setzen	Regulierung	Organisation
Lenkung	Koordination	Entscheidung
Inhalt geben	Planung	Konzentration
Durchsetzung	Kontrolle	Rückkoppelung

■ Der geformte Wille ist wichtig für eine Zielerreichung, jedoch gilt zu berücksichtigen:

Interessen anderer	Grenzen der Psychodynamik
Lebensraumbedingungen	Die andern Subsysteme
Unerwartete Ereignisse	Veränderte neue Lage

■ Zu einer wirkungsvollen Selbststeuerung gehören:

* Kooperationsfähigkeit
* Abgrenzung gegen aussen
* Eigenständigkeit
* Verwurzelung in der Liebe
* Rückkoppelung mit dem Geist
* Selektionieren und gewichten
* Sachlichkeit (Kompetenz)
* Angemessener Umgang mit Situationen
* Wachsen lassen von Entwicklungen
* Ausgewogenheit zwischen Wille und Lage

■ Die Durchsetzung einer Handlung verlangt die Verantwortung auch über:

Einleitung	Verlauf	Zeitpunkt
Abschluss	Varianten	Menge

■ Suchen Sie einige Situationen aus dem Alltag zur Selbststeuerung:

Situation	Wirkungsvolle Steuerung	Schwache Steuerung

Diagramm 2.2.6: Die Ich-Steuerung und ihre Teilfunktionen

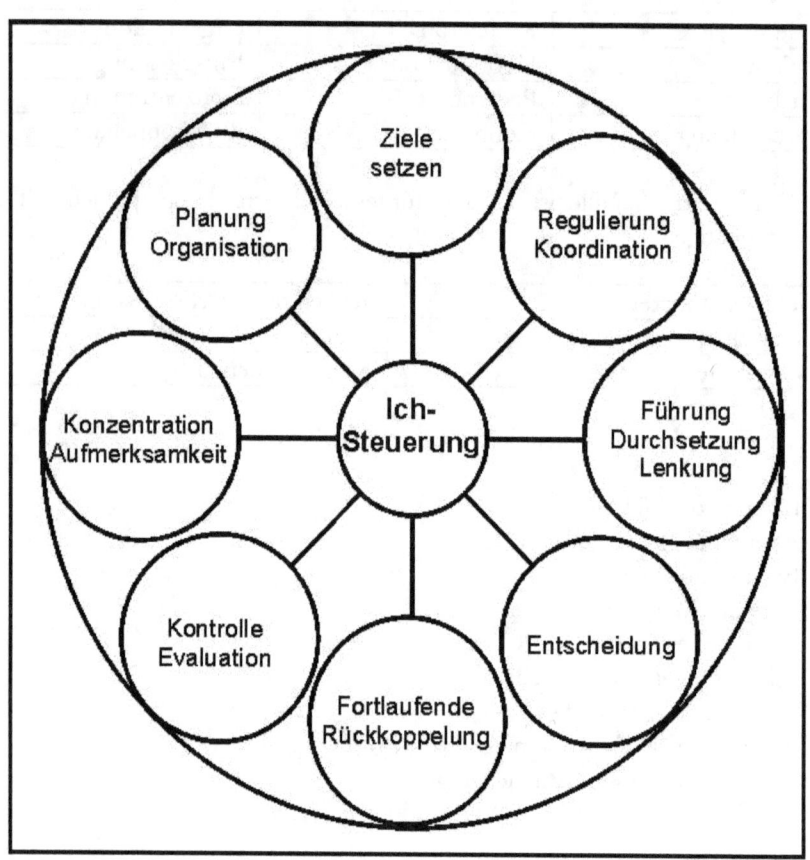

2.2.7. Arbeitseinheiten

2.2.7. Arbeitseinheit – 1

1. a) Welches sind die täglichen dominanten Inhalte in Ihrem Bewusstsein?

1. b) Welche Orientierungen geben Ihnen Ihre eigenen Bewusstseinsinhalte?

---

2. Wählen Sie nachfolgend aus jedem Wirklichkeitsbereich ein Element und beschreiben Sie die Qualitätsvarianten für das tägliche Leben. Fragen dazu sind z.B.: Welche Elemente kommen überwiegend in das Bewusstsein? Wie werden diese erlebt und interpretiert? Welche potentiellen Konflikte sind dadurch gegeben, dass diese Bewusstseinsrealität von der eigentlichen Wirklichkeit abweicht? Die vier Wirklichkeitsbereiche:

1) Die eigene psychische Wirklichkeit:

....

2) Andere Menschen mit ihrer psychischen Wirklichkeit:

....

3) Äussere Lebenswirklichkeiten:

....

4) Lehren/Berichte über Transzendenz:

....

---

2. b) Was folgern Sie aus Ihren Angaben für die zwischenmenschliche Kommunikation?

3. Formulieren Sie ein Bildungsziel über die Qualitäten Ihres Bewusstseins:

4. a) Imaginieren Sie über die Tendenz Ihrer durchschnittlichen Bewusstseinsinhalte:

4. b) Ihre Folgerung in einem Satz:

1. a) Wie erleben Sie die Frage nach dem eigenen Selbstbewusstsein?

1. b) Erweitern Sie die Risiken des schwachen und eingeengten Selbstbildes:

2. a) Reflektieren Sie Ihr Selbsterleben nach folgendem Muster:

Kreuzen Sie an, was für Sie zutrifft:

Ich erlebe mich: "Ich bin da"		Ich erlebe mich: "Das bin ich"	
umfassend	partikulär	umfassend	partikulär
differenziert	undifferenziert	differenziert	differenziert
tiefgehend	oberflächlich	tiefgehend	oberflächlich
intensiv	schwach	intensiv	schwach
klar	unklar	klar	unklar
häufig	eher selten	häufig	eher selten

Ich erlebe mich: "Du-/Welt-abgegrenzt"		Ich erlebe mich: "Mit Wert und Sinn"	
umfassend	partikulär	umfassend	partikulär
differenziert	undifferenziert	differenziert	differenziert
tiefgehend	oberflächlich	tiefgehend	oberflächlich
intensiv	schwach	intensiv	schwach
klar	unklar	klar	unklar
häufig	eher selten	häufig	eher selten

2. b) Interpretieren Sie Ihr Gesamtbild:

3. Formulieren Sie ein Bildungsziel für Sie über Ihr Selbsterleben:

4. a) Imaginieren Sie über Ihr ideales, gewünschtes Selbstbild:

4. b) Ihre Folgerung in einem Satz:

1. a) Wie erleben Sie die Mechanismen der Abwehr bei den Menschen?

1. b) Erweitern Sie die möglichen Auswirkungen zunehmender Verdrängung:

2. Präsentieren und interpretieren Sie weitere (eigene) Abwehr- und Verdrängungs-formen mit konkreten Beispielen:
a)
b)
c)
d)

3. Formulieren Sie ein Bildungsziel zur Steuerung Ihrer Abwehrformen:

4. a) Imaginieren Sie über Ihre tendenzielle Abwehrdynamik:

4. b) Ihre Folgerung in einem Satz:

<u>2.2.7. Arbeitseinheit – 4</u>

1. a) Wie erleben Sie den Mechanismus der Integration bei Ihnen?

1. b) Erweitern Sie die Betrachtung über Zweck und Sinn der Integration:

2. Erstellen Sie eine Liste mit Einzelelementen, was die Menschen aus den Wirklichkeiten täglich überwiegend in ihr Bewusstsein aufnehmen:

Eigene Wirklichkeit	Andere Menschen	Lebensräume	Transzendenz

3. Formulieren Sie ein Bildungsziel zur Steuerung der Integration:

4. a) Imaginieren Sie über Ihre Integrationsdynamik:

4. b) Ihre Folgerung in einem Satz:

2.2.7. Arbeitseinheit – 5

1. a) Wie erleben Sie Ihre Willenskraft? Beschreiben Sie:

1. b) Erweitern Sie das Thema Wille mit einigen Lebenserfahrungen über andere:

2. Zerlegen Sie 2 Beispiele "Ich will...ich kann nicht/ich konnte nicht" aus Ihrem Alltag:

a) 1. Beispiel:

Wille	Ziel	Interesse	Alternative	Entscheidung

b) 2. Beispiel:

Wille	Ziel	Interesse	Alternative	Entscheidung

3. Formulieren Sie ein Bildungsziel für Sie zur Stärkung des Willens:

4. a) Imaginieren Sie über Ihre Willenskraft:

4. b) Ihre Folgerung in einem Satz:

2.2.7. Arbeitseinheit – 6

1. a) Wie erleben Sie Ihre Selbststeuerung in Ihrem Leben?

1. b) Erweitern Sie dieses Thema mit einigen kurzen kritischen Reflexionen:

2. a) Beschreiben Sie eine Situation aus dem Alltag zur Selbststeuerung:

Situation	Wirkungsvolle Steuerung	Schwache Steuerung

Interpretieren Sie die verschiedenen Aspekte/Elemente der Steuerung:

2. b) Beschreiben Sie eine weitere Situation aus dem Alltag zur Selbststeuerung:

Situation	Wirkungsvolle Steuerung	Schwache Steuerung

Interpretieren Sie die verschiedenen Aspekte/Elemente der Steuerung:

3. Formulieren Sie ein Bildungsziel im Kontext der Teilfunktionen der Selbststeuerung:

4. a) Imaginieren Sie über Ihre Selbststeuerung:

4. b) Ihre Folgerung in einem Satz:

2.2.7. Arbeitseinheit – 7

Begründen Sie die These: Die meisten Menschen haben kaum mehr als 5% Bewusstsein über das, was sie sind und leben. Das wirkt sich entsprechend kritisch auf die Selbststeuerung aus.

Begründen Sie die These: Die meisten Menschen haben kaum mehr als 5% Bewusstsein über das, was sie sind und leben. Das wirkt sich entsprechend kritisch auf die Selbststeuerung aus.

Multiple Choice Test

Wählen Sie die vier richtigen Antworten aus: ☒ a) Fun

4.1. Die folgenden Sätze sind zutreffend:
☐ a) Das Selbstbild ist nur ein Teil des Bewusstseinsinhaltes.
☐ b) Höchstes Bewusstsein ist die "Bewusstseinsleere".
☐ c) Jeder hat ein Bewusstsein über die Welt (Tiere, Natur, Umwelt etc.).
☐ d) Nicht alles im Bewusstsein ist tatsächlich eine Realität.
☐ e) Bewusstseinsinhalte sind fast immer einfacher als die Realität.
☐ f) "Höchstes Bewusstsein" führt zu Gott und weg vom psychischen Organismus.

4.2. Das Selbsterleben formt Grundeinstellungen zu:
☐ a) Mass   ☐ b) Interesse
☐ c) Rücksicht   ☐ d) Wahrnehmung
☐ e) Pflege   ☐ f) logischem Denken

4.3. Abwehrfunktionen sind u.a.:
☐ a) kompensieren
☐ b) agieren
☐ c) lügen/negieren
☐ d) kritisch Distanz halten
☐ e) entstellen
☐ f) zerlegen/minutiös analysieren

4.4. Aspekte der Integration sind:
☐ a) Beziehung herstellen   ☐ b) Verantwortung wahrnehmen
☐ c) alles ernst nehmen   ☐ d) Handlungsinteresse
☐ e) Auseinandersetzung   ☐ f) Symbiosebildung/Identifikationen

4.5. Elemente des Willens (-aktes) sind:
☐ a) Instinktkraft   ☐ b) Erwartung
☐ c) Entscheidung   ☐ d) Handlung einleiten
☐ e) Aufmerksamkeit   ☐ f) Intuition

4.6. In der Ich-Steuerung wirken (theoretisch) mit:
☐ a) Planung   ☐ b) Kontrolle
☐ c) Gefühle reduzieren   ☐ d) Durchsetzung
☐ e) Evaluation   ☐ f) Loslassen

3. Kognitive Funktionen

Essentielle Thesen

❑ Die Intelligenz ist ein komplexes System von Funktionen und Aktivitäten, bestehend aus:

- Wahrnehmung
- Sprache
- Denkoperationen
- Denkerisches Lernen

❑ Die Wahrnehmung ist bei den Menschen sehr unterschiedlich in Differenziertheit, Quantität, Arten von Wirklichkeiten, Zeit und Wertdimension.

❑ Was der Mensch bewusst wahrnimmt, dem gibt er sprachliche Etiketten, d.h. Worte und Zeichen. Die Subjektivität (Bedeutungsvielfalt) ist gross.

❑ Das Denken hat vielfältige Operationen und kann von sehr unterschiedlicher Qualität sein.

❑ Denkerisches Lernen ist ein bewusster beabsichtigter Arbeitsprozess.

❑ Je mehr der Mensch denkerisch lernt, desto bessere Bedingungen schafft er sich für weiteres Lernen und für seine Lebensgestaltung.

❑ Denken und Lernen mit Integration der psychischen Wirklichkeit bewirkt eine individuelle vertiefte Lebensqualität: Sinn und Werte für das Menschsein.

3.1. Die komplexen Funktionen der Intelligenz

3.1.1. Intelligente Prozesse

"Intelligenz" ist mehr als der "Intelligenzquotient" und das, was ein Test misst. Wir erfassen das komplexe System von der Wahrnehmung bis zu den denkerischen Lernprozessen als ein intelligentes System: die bewusst gesteuerte und reflektierte Wahrnehmung, die sprachliche Zuordnung, die Denkprozesse und das darin enthaltene Lernen.

Das Ergebnis einer Intelligenztätigkeit ist eine neu organisierte Wirklichkeit im Bewusstsein, die die wahrgenommene Wirklichkeit differenzierter strukturiert. Der Mensch versteht besser und handelt angemessener.

Die wahrgenommene Wirklichkeit wird durch die intelligenten Prozesse zu einer bearbeiteten Wirklichkeit im Bewusstsein.

In der denkerischen Strukturierung ergeben sich verschiedene Ebenen: Sachinformation, Werturteil, Sinn-Interpretation, Erklärung, Theorie, Klassifizierung, systemische Erfassung, Erlebensbeschreibung, Anweisung, Wunsch, Prognose, Drohung, Handlungsvorschlag, Entscheidungen.

Das Ergebnis ist die Ausgangslage für das Ich um zu handeln: Kommunikation, Tätigkeit. Die Handlung als Ergebnis ist das Produkt dieses komplexen intelligenten Prozesses. Jede Form von Wirklichkeitsbewältigung geht durch diesen Prozess hindurch.

Bei allen Schritten dieses intelligenten Prozesses wirken verschiedene andere psychische Kräfte mit. Die Bedürfnisse steuern unbewusst die Wahrnehmung. Abwehrkräfte lenken die Wahrnehmung. Manche wahrgenommene Wirklichkeit erhält durch "eilige" Entstellung ein anderes Bild im Bewusstsein.

Die gelebte Vergangenheit wirkt anziehend oder abstossend, immer regulierend auf die Wahrnehmung und die denkerische Verarbeitung. Die Gefühle beeinflussen erheblich den Denkprozess. Durch differenziertes Denken zeigt sich die Wirklichkeit genauer.

Doch wiederum wirkt die Abwehr. Die Konsequenzen einer Beurteilung will das Ich nicht sehen. So entwickeln sich andere Denkergebnisse. Auch ein sozialer Druck wirkt auf die Denkoperationen ein, wenn das Ergebnis eine vorhandene positiv erlebte Gruppenzugehörigkeit in Gefahr bringt.

Die Menschen haben die Tendenz, in ihrem Umfeld nur solche Menschen bejahend zuzulassen und mit ihnen zu kooperieren, die gleich denken und zu gleichen Ergebnissen kommen.

Denken kann viele Folgen haben. Immer hat es Auswirkungen auf die Person: Gedanken, Einstellungen, Handlungsmuster können in Frage gestellt sein. Neu lernen oder umlernen ist gefordert. Dies kann Unsicherheit und Angst bewirken, Beziehungen "stören" und zu Konflikten mit andern führen.

Deshalb denken viele Menschen wenig. Auch Nichtdenken oder Falschdenken hat Folgen.

Reflexionen und Diskussion

■ Der Mensch nimmt mit der inneren und/oder äusseren Wahrnehmung "Dinge" d.h. Realitäten ins Bewusstsein auf. Wir nehmen mit verschiedenen Sinnen ganz unterschiedliche Wirklichkeiten wahr:

☐ Sehen
☐ Hören
☐ Fühlen/Empfinden
☐ Schmecken/Riechen
☐ Tasten
☐ Inneres Sehen/Intuition
☐ Bewegungswahrnehmung

■ Wahrnehmung erfolgt "systemisch" (ganzheitlich), identifiziert und organisiert nach früheren Wahrnehmungen (Mustern), schon bevor Denkprozesse einsetzen.

■ Der Mensch gibt dem, was er wahrnimmt, Worte und Zeichen, d.h. Sprache. Denkerisches Verarbeiten setzt die Zuordnung von Begriffen und Zeichen voraus. Denken vollzieht sich in Sprache: Worte und Zeichen werden nach bestimmten Regeln miteinander kombiniert, gebunden an Kultur und "Milieu".

Die Frage "Was ist Wahrheit?" ist vor allem auch ein Sprachproblem: Wir können denselben Sachverhalt mit verschiedenen Worten und Zeichen gleich "gut" erfassen. Und zudem: Die Sprache bleibt immer nur Sprache, ist nie die Wirklichkeit selbst, die sie meint.

■ Der Prozess von Sprachzuordnung und Denken geschieht immer in Rückkoppelung mit dem Gedächtnis. Wir können nicht ohne diesen Rückbezug intelligente Operationen vollziehen. So ordnet der Mensch seine wahrgenommene Wirklichkeit dem sprachlichen Netz zu, über das er bereits verfügt.

Die Erweiterung dieses Netzes ist eine Denk- und Lernleistung. Je offener diese Leistungsfähigkeit geübt wird, desto mehr erweitert der Mensch immer wieder seine Wirklichkeit in Richtung und Ausweitung zur tatsächlichen Wirklichkeit. Es gibt verschiedene Denkprozesse, u.a.:

- Ähnlichkeiten/Analogien herstellen
- Abstrahieren von Raum und Zeit
- In Teile zerlegen/neu zusammensetzen
- Kombinieren und vergleichen
- Zusammenhänge begreifen
- Ursachen erfassen
- Bedeutungen erfassen
- Werte zuordnen
- Zielgerichtetes verarbeiten
- Folgern
- Einordnen, klassifizieren

■ Die Art, wie die intelligenten Denkoperationen genutzt werden, kann zu Lernergebnissen führen:

→ neue Erkenntnisse
→ neue Ziele
→ neue Werte
→ neue Handlungen
→ neue Pläne

Diagramm 3.1.1: Die intelligenten Hauptfunktionen

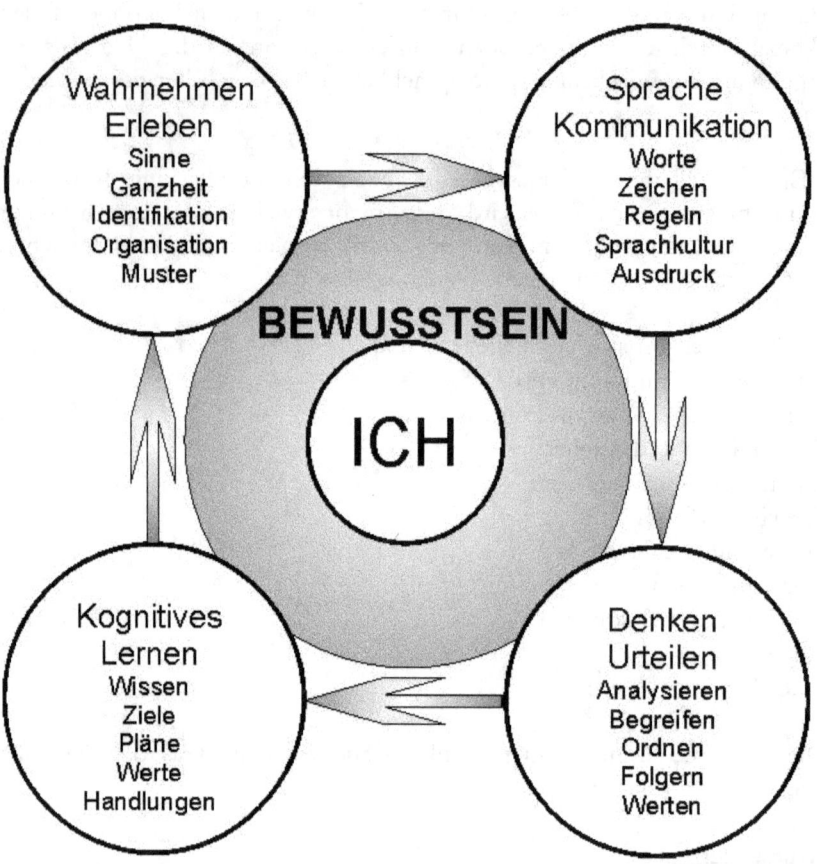

Einige Lerntechniken zum Textstudium

Drei Leitideen:

1. Lernen planen: Zeitfaktor, Lernmaterial, Hilfsmittel, Ziele, Aufgaben, Interesse
2. Das Lernen steuern: Prioritäten setzen, Bekanntes nicht wiederholt bearbeiten
3. Das Lernen kontrollieren: Ergebnis identifizieren, Erinnern durch Zusammenfassen

Sieben Lerntechniken beim Studium von Texten:

1. Inhalte (Themen) organisieren, in Bereiche gruppieren, Übersicht herstellen

- Erstlektüre: grobes Überfliegen und Hauptelemente/-struktur erkennen
- Skizzen, Modelle entwerfen (Kreise, Quadrate, Verbindungen etc.)
- Stichwort-Netz (Mind-Mapping) nach erster grober Lektüre erstellen
- Kartei erstellen und Wissenselemente auf Karten organisieren

2. Inhalte (Themen) in Untergruppen aufteilen

- Modelle von Punkt 1 unterteilen
- Nebenlinien im Mind-Mapping schaffen

3. Präzises Lesen und Herausfiltrieren von:

- Fakten
- Unterscheidung von Wichtigem und hinzugefügtem "Beigemüse"
- Schwierigen Wörtern (Fremdwörter, Fachwörter)
- Interpretationen
- Wertungen
- Gefühlsbetontem Erlebensausdruck
- Erklärungen
- Ziele, Absichten und Begründungen
- Folgerungen
- Verknüpfungen

4. Zusammenfassen der Kerngedanken nach Punkt 1-3

- Zuerst in Stichworten
- Eigene Formulierung der Kernaussagen in Kurzsätzen

5. Eigene Anknüpfungspunkte zu den Themen, Thesen bzw. Gedanken finden.

- Praktische Beispiele
- Erfahrungen
- Vorhandenes Faktenwissen
- Praktische Anwendungsbereiche identifizieren
- Erweitern mit bekanntem Wissen, anfügen an vorhandene Modelle

6. Ablaufsystem der Gedankengänge in einem Ablaufdiagramm festhalten.

- a) Ebene: die präsentierte Sache auf abstrakter Ebene
- b) Ebene: die dargelegten Überlegungen auf konkreter Ebene
7. Einwände zu einzelnen Gedanken schriftlich formulieren (Stichworte festhalten).

Lernschwierigkeiten

Zusammengestellt aus diverser klassischer pädagogischer Literatur zur Didaktik.)

☐ Lernunlust, kaum belebende bzw. durch das Thema belebbare Kräfte
☐ Fehlende Lernmotivation
☐ Gleichgültigkeit, keine innere Anteilnahme am Thema
☐ Interesse stark an persönlich ansprechende Sätze/Gedanken gebunden
☐ wenig durchdachte Lernbegründung: Warum dies? Gerade jetzt? Und so?
☐ kaum Entdeckungslust, wenig Neugier an Neuem zu einer Sache
☐ intellektuell wenig ansprechbar (es muss konkret und spannend sein)
☐ Zweifel am Sinn des Lernens
☐ zu lernen begonnen durch Druck von dritter Seite
☐ schnell verflogenes Interesse, starke Kurzlebigkeit der Aufmerksamkeit
☐ irgendwie blockiert gegenüber Neuem
☐ ablehnende Gefühle gegenüber wissenschaftlichen, abstrakten Texten
☐ Vertrauen ins eigene Lernvermögen (Denken)
☐ Vertrauen in die eigenen Urteilsfähigkeiten
☐ Widerstand gegen Anstrengung und Disziplin
☐ Angst, sich eigene Meinungen und theoretische Hypothesen zu bilden
☐ wenig Erfahrung, was es heisst, Verantwortung im Lernen zu übernehmen
☐ Schwierigkeiten, sich auf neue Lernsituationen (neues Wissen) einzustellen
☐ Stress im Lernen/durch Lernen
☐ Schwierigkeiten mit der Konzentration
☐ starke kognitiv-emotionale Orientierung an Dogmen

- ☐ ideologisch fixiertes Denken
- ☐ strenges, rigides Über-Ich (engt Kreativität und Originalität ein)
- ☐ kein Durchhaltevermögen im abstrakten Denken
- ☐ ständiges Harmoniebedürfnis (kann Widersprüche nicht ertragen)
- ☐ zu starkes nachreden, statt mit eigenen Worten denken
- ☐ wissenschaftsfeindliche Haltung
- ☐ keine kritische Distanz zum wissenschaftlichen Arbeiten
- ☐ Fehlen von Anknüpfungspunkten für das eigene Handeln
- ☐ zu sehr beladen mit Problemen und Konflikten privat und im Beruf
- ☐ belastende Erfahrungen aus der eigenen Schulzeit
- ☐ regressive Reaktionsmuster gegenüber Lehrenden (und Autoren)
- ☐ zu wenig bedenken, dass viele Autoren auch unklar und diffus schreiben
- ☐ Verharmlosung einerseits und Übertreibung anderseits von Problemen
- ☐ eigene Kompetenzmängel nicht akzeptieren können
- ☐ abwerten der Notwendigkeit des lebenslangen und lebensbreiten Lernens
- ☐ geringe Frustrationstoleranz
- ☐ nie zur Welt der Sachbücher geführt worden sein
- ☐ die Idee, dass sachbezogenes Lernen nur für "Intellektuelle" sei
- ☐ zu sehr konsumverwöhnt
- ☐ keine Leidensfähigkeit im Ringen um Verstehen und sprachliches Fassen
- ☐ innerlich bedrängt von allgemeiner Unzufriedenheit und Unlust
- ☐ ständiges Zurückhalten der eigenen Lebenskraft
- ☐ kein geplanter Umgang mit Pausen und Abwechslung
- ☐ Unentschlossenheit in der eigenen Ziel- und Wegbestimmung
- ☐ starkes Vorherrschen des Nützlichkeitsdenkens
- ☐ wenig Einfühlungsvermögen in die andersartigen Sprachformen des Textes
- ☐ die Bedeutung des Wissens/Lebenswissens nicht ernst nehmen
- ☐ wenig bereit, über Sachgebiete sich neue Einstellungen anzueignen

➔ Lernen ist Arbeit, anstrengende Tätigkeit, persönliche Herausforderung!

➔ Lernen hört nie auf, ist in der Lebensbreite und Lebenszeit unbegrenzt!

Notizen und Perspektiven

Wie erlebt der Mensch (im Durchschnitt) seine intelligenten Hauptfunktionen?

Notieren Sie die zentralen Schlüsselbegriffe dieses Unterkapitels:

Was bewirken mangelhaft gebildete Funktionen der Intelligenz?

Reflektieren über Lernschwierigkeiten ist wesentlich, denn:...

Was haben Sie in Elternhaus, Schule und Kirche über Lerntechniken gelernt?

Welche Bedeutung im Zusammenleben hat das Gespräch über Denken und Urteilen?

Wie steht es um das Lernen für neue Ziele und neue Werte in Politik und Wirtschaft?

Was vermittelt die Werbung über Denken und Urteilen?

Formulieren Sie eine Ihnen wichtige Frage zu Lernschwierigkeiten:

3.1.2. Die Qualitäts- und Leistungsdifferenzen

Wenn Menschen miteinander reden, vergegenwärtigen sie selten, dass jeder eine eigene Wirklichkeit im Bewusstsein hat. Sie ahnen auch kaum, dass jeder viele Worte auf eigene Weise erlebt und Dinge damit verknüpft, die kaum ausgesprochen werden.

Es ist auch nicht üblich, dass einer die Denkvorgänge des andern gründlich anschaut. Wer beachtet bei einer Diskussion, welche inneren psychischen Kräfte unerkannt das Reden und Zuhören mitsteuern?

Der Mensch hat kaum ein klares Bewusstsein über den Unterschied zwischen den eigentlichen Wirklichkeiten und den mit Worten weitergegebenen und dann aufgenommenen Wirklichkeiten, die wiederum neu sprachlich und denkerisch umgestaltet werden.

Denken ist Arbeit. Denken ist auch ein bewusster willentlich durchgeführter Akt. Die Qualität der Leistung des Denkens ist bei den Menschen sehr unterschiedlich.

Viele Menschen denken selten, zu wenig oder falsch. Sie verknüpfen ihre Worte unreflektiert mit Gefühlen, mit Werten und mit ihren positiven oder negativen Lebenserfahrungen.

Schlagworte und schöne Etiketten machen den Umgang mit der Wirklichkeit einfacher und übersichtlicher. Vorurteile ersparen das differenzierte anstrengende Denken.

Stellen wir uns vor: Mensch 0. kann weder schreiben, noch lesen, noch rechnen. Er kann grün von rot nicht unterscheiden, kennt den Unterschied nicht zwischen Wasser und Benzin. Jedesmal, wenn der Staubsauger läuft, hat er Herzklopfen, weil er denkt, da sitze ein Geist in diesem Ding. Er kann auch Waschpulver von anderem Pulver nicht unterscheiden. Geld ist nur Papier für 0. Er kann die Uhrzeit nicht lesen, das Telefon nicht bedienen und Gott schmettert die Blitze auf die Erde. Mensch 0. hätte kaum Chancen, in unserer industrialisierten Welt seinen Alltag schadlos zu überleben.

Etwa so wie Mensch 0. leben die meisten Menschen in Bezug auf ihr psychisches Leben und in Bezug auf das psychische Leben der Mitmenschen.

Was sie nicht verstehen, kommt von Gott oder vom Teufel. Was sie nicht erfassen, ist unwichtig und belanglos. Was sie nicht handhaben können, ist unbrauchbar und unnütz.

Man lebt mit dem, was man kennt: im eigenen Leben, im politischen Leben, in Sachen Religion und Glaube. Der Rest wird delegiert: abgeschoben ins Lächerliche oder Böse, in Dogmen oder in eine Ideologie.

Noch immer ist es bei vielen "Gottes Wille", wenn eine "Seele heimgeholt" wird anlässlich eines Verkehrsunfalls, obwohl die Ursachen beim Menschen liegen.

Mit seinem psychischen Organismus richtig und verantwortungsbewusst "fahren" verlangt Bildungsleistung, d.h. Lernen.

Reflexionen und Diskussion

■ Die Wahrnehmung hat verschiedene Qualitäten:

* Raumdimension
* Zeitdimension
* Fokussierung und Differenziertheit (Makro-Mikro-Sicht)
* Innere und äussere Wirklichkeiten
* Werterfassen
* Beweglichkeit/Fixierung/Zentrierung

■ Die Sprache hat vielfältige Aspekte mit subjektiver Dynamik:

Gefühle	Sachlichkeit	Assoziationen
Werte	Bedeutungsvielfalt	Abstraktionsebenen

■ Wenn zwei Personen dieselben Worte benutzen, so bedeutet dies noch nicht, dass sie auch dasselbe meinen. Vielfach haben Menschen über einfache Worte diffuse Vorstellungen, die an ihre Lebenserfahrungen gebunden sind. Viele Worte sind eine Interpretation der Wahrnehmung, z.B.:

ernsthaft	unsympathisch	freundlich	überheblich
tolerant	fleissig	aufgeschlossen	notwendig
spirituell	ehrlich	religiös	gut

■ Denkoperationen sind sehr unterschiedlich in der Art und in der Qualität. Das Denkergebnis ist so gut, wie die möglichen Operationen sinnvoll und optimal genutzt werden. Fehlerquellen setzen an bei:

- Wahrnehmung
- Zuordnung von Worten
- Denkoperationen
- Gefühlserleben
- Werterleben
- Handlungsfolgerungen

■ Kognitives Lernen setzt Interesse und zielgerichtetes willentliches Denken voraus. Wer nicht lernt, reproduziert die früher gespeicherten Muster.

■ Alle Teilsysteme der Intelligenz funktionieren mit erheblicher Variabilität, unterschiedlicher Qualität und beachtlicher Subjektivität.

Diagramm 3.1.2 Teilsysteme intelligenter Leistungen

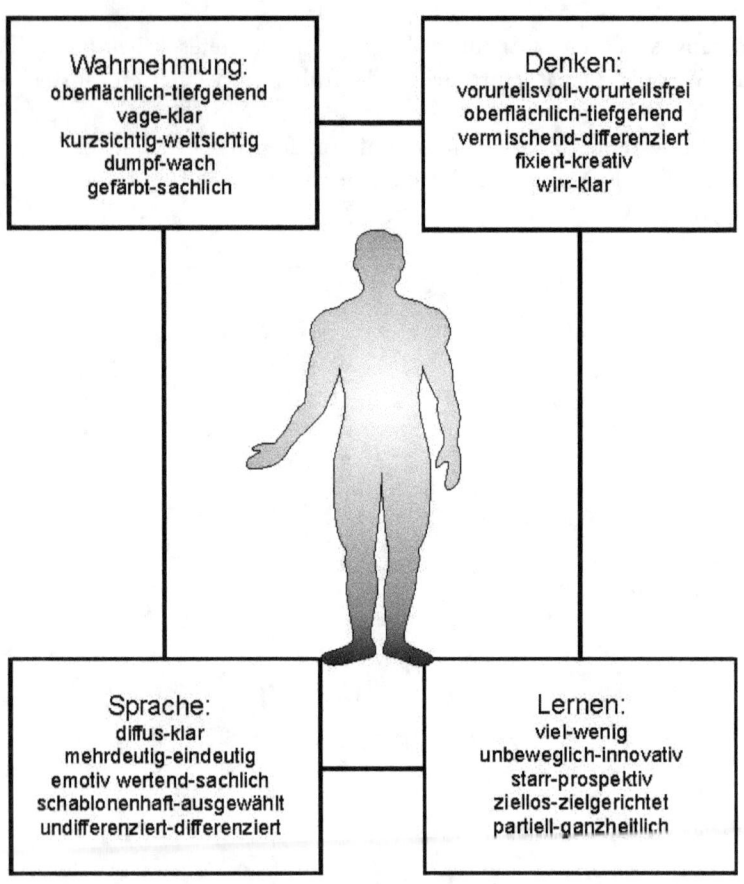

Wahrnehmung:
oberflächlich-tiefgehend
vage-klar
kurzsichtig-weitsichtig
dumpf-wach
gefärbt-sachlich

Denken:
vorurteilsvoll-vorurteilsfrei
oberflächlich-tiefgehend
vermischend-differenziert
fixiert-kreativ
wirr-klar

Sprache:
diffus-klar
mehrdeutig-eindeutig
emotiv wertend-sachlich
schablonenhaft-ausgewählt
undifferenziert-differenziert

Lernen:
viel-wenig
unbeweglich-innovativ
starr-prospektiv
ziellos-zielgerichtet
partiell-ganzheitlich

Intelligente Interaktionsgestaltung

Einige Regeln zur Gestaltung der Interaktion mit Wahrnehmung, Denken, Sprache und Lernfähigkeit:

- Trotz Interesse kein Erfolg bei schlechtem Klima.
- Kein Erfolg ohne parallellaufendes Erfolgsinteresse.
- Orientierung erleichtert Entscheidung.
- Widerstände abbauen durch Transparenz, Information, positive Einstellung etc.
- Emotional stark positive Aspekte ("Anker") kanalisieren Entscheidung.
- Gegenüber da abholen, wo er/sie steht (Information, Motivation).
- Stildissonanz (im Verhalten) bremst.
- Sachdissonanz erwürgt, erschlägt (z.B. zu hohe Ziele, Anforderungen).
- Ein falsch gewählter Zeitpunkt blockiert.
- Raum-Dissonanz hemmt (Das Richtige am richtigen Ort tun!).
- Unerledigte Probleme mit dem Gegenüber lenken zu stark ab.
- Qualität der Beziehung bestimmt die Wahrnehmung.
- Interessen- und Zielfindung flexibel vorbereiten.
- Ich-Botschaften (Selbstdarstellung) fördern die Interaktion.

„Agogisch" = Menschen-gezielt und intelligent führen, lenken, bilden

Anpassungsmöglichkeiten:

1) Körperhaltung:

Offen, abwehrend, locker, formell; Atmen: entspannt, angespannt; Bauch: locker; Sprechweise: Ton, Geschwindigkeit, Rhythmus, Weichheit; Sprache: Schlüsselworte, Worte aus der Lebenswelt des Gesprächspartners.

2) Interesse am Du zeigen (Lage, Denken, Bedürfnisse, Möglichkeiten):

Fragen, zuhören, verstehen signalisieren; Repetieren und die Stufen des Gedächtnisses beachten (Kurzzeitspeicher: 10 sec., ein paar Wörter, kurze Sätze; Beachten: Kurzzeitgedächtnis: 1-2 Tage, 7-9 Wörter; Langzeitspeicher: Monate, aber nur durch Repetition und/oder emotionalen Anker.

3) Visionen bauen:

Leicht emotionale (nicht zu starke!) farbige Bilder verwenden; Zukunft des Sachthemas vorwegnehmen; mentalen Film mit DU-Elementen konstruieren; Bild als Erlebnis präsentieren; Bilder: klar, farbig, positiv, zukunftsorientiert, hell, formenklar.

4) Information gestalten:

Sinne ansprechen mit Worten und Bildern; Sinne: schmecken, sehen, hören, riechen; Wärme empfinden, Tastempfindung, Muskellage, Schwerkraft; vernetzt und abgestuft gestalten, Repetition ermöglichen.

5) Dienen, Erklären, Orientierung geben:

Konstruktive Einstellungen vermitteln; Entscheidungshilfen geben; emotional stützen; appellativ: etwas tun, damit etwas geschieht.

Kritisch zu beurteilen sind:

- Andere mit lieben und netten Worten einseifen.
- Mit Pseudofakten und Übertreibungen Druck erzeugen.
- Illusionen schaffen: Glück, Erfolg, Reichtum, Heilung sind leicht zu erreichen.
- Vertrautheit schaffen mit privaten Fragen und Bemerkungen.
- Mit erfundenen Rahmengeschichten eine Lüge verdecken.
- Den andern in seinen narzisstischen Gefühlen verstärken

Flexibeles und Intelligentes Gestalten

- Die Lebenskultur (Kreation, Organisation, Führung) des andern erkennen.
- Sprache des andern verstehen (Schlüsselworte, Mimik, Gestik, Tonfall etc).
- "Spiel" (Maske, Fassade, Manipulationen) des andern durchschauen.
- Schwächen des andern erkennen und abbauen: Power-talking.
- Entscheidungsprozess inhaltlich und Abwehr bezogen aufbauen
- Sicherheit und Halt schaffen, da wo nötig (Information und Fähigkeiten vermitteln).
- Widerstände in der Person und in ihren Vernetzungen erkennen und angehen.
- Leben fördern bewirkt positives Beziehungsklima: Erleben, Effizienz, Nutzen.
- Anker (*) identifizieren ermöglicht Ausbau des Entscheidungsprozesses.
- Lebensberater sein: dienen, helfen, raten, stützen, fördern.
- Bewusste und unbewusste Motive respektive Bedürfnisse erkennen und fördern.
- Instinkte identifizieren, die ein Bedürfnis oder ein Motiv schaffen.
- Verhalten interpretieren auf Abwehr, Offenheit, Phase des Entschlusses.
- Einstellung zur Sache/Angelegenheit erkennen und positiv verstärken bzw.

formen.

- Hemmende Gewohnheiten (Verhalten, Gefühl, Wahrnehmung, Denken) abbauen.
- Positive Zukunftsorientierung zeichnen und identifizieren lassen.
- Selbstwertgefühl (Ich-Stärke) fördern.
- Den andern als eigenständige Persönlichkeit akzeptieren.
- Argumente achten (nicht alles ist argumentierbar, rational logisch lösbar!)
- Den andern am Gespräch beteiligen und mitbestimmen lassen.
- Gefühl (Seinserleben) und Instinkt stehen vor dem Argument.
- Sympathieträger suchen und stimulieren.
- Das WIE: höflich, freundlich, gerecht, abgegrenzt; manchmal auch ernst und streng.
- Eigene Ziele, Ideen und Vorschläge flexibel halten.
- "Konfort" schaffen: Atmosphäre, Stimmung, Entspannung, waches Interesse.
- Optionen (Alternativen) ausloten.
- Wichtige Interaktionen (Gespräche) vorbereiten (durchdenken).
- Schrittweise vorgehen; Stufen und Tempo beachten.

(*) Anker = Ein Bild, ein Thema, ein Wort, das beim Gegenüber eine positive Identifikation auslöst.

Die Vernachlässigung dieser "intelligenten Leistungen" reduziert im Berufsleben die Leistungen und hemmt die vorhandenen Ressourcen.

Die Vernachlässigung dieser "intelligenten Leistungen" im Privatleben und in der persönlichen Beziehung schafft Missverständnisse, Spannungen, Misserfolge und Entfremdung.

Die Vernachlässigung dieser "intelligenten Leistungen" reduziert generell das Potential des Selbstmanagements und der Ich-Stärke.

Notizen und Perspektiven

Wie erlebt der Mensch (im Durchschnitt) seine intelligenten Leistungsfähigkeiten?

Notieren Sie die zentralen Schlüsselbegriffe dieses Unterkapitels:

Was bewirkt kollektiv ein allgemeines Desinteresse am Lernen durch Lesen?

Regelmässig Sachbücher lesen ist wesentlich, denn:...

Was haben Sie in Elternhaus, Schule und Kirche über den Wert des kognitiven Lernens gelernt?

Welche Bedeutung im Zusammenleben hat das Gespräch über die Verwendung von Worten?

Welches Lerninteresse überwiegt in Politik und Wirtschaft?

Was vermittelt die Werbung über das Lernen?

Formulieren Sie eine Ihnen wichtige Frage zu Leistungsdifferenzen im Denken:

3.1.3. Das Denken und seine psychische Rückkoppelung

"Permanente Bildung" heisst die Leitidee der Erwachsenenbildung. Lernen dauert das ganze Leben.

Der Beruf verlangt immer wieder neu zu lernen. Der junge Mensch "emanzipiert" sich vom Elternhaus, wirft seine Schulbücher in eine Ecke und denkt an sein Glück: "Jetzt kann gelebt werden." Je anspruchsvoller ein Karriereziel und der Beruf, desto selbstverständlicher wird regelmässig gelernt: Sprachen, Technisches, Wirtschaft und Management, Forschung und Innovation.

Ein Teil der Menschen lernt kaum noch viel nach der Schulzeit, ein anderer Teil dagegen stetig viel, vorallem berufsorientiert. Was lernen die Menschen über sich selbst? Wie nehmen sie sich wahr? Wie denken sie über ihr Denken? Wie reflektieren sie ihr Reden? Wie erleben und analysieren sie die Verbindung der intelligenten Funktionen mit ihren Handlungen?

Zwei Tatsachen sind anzuschauen:

Die Menschen lernen weder im Elternhaus noch in der Schule vieles über das psychische Leben. Es gehört nirgendwo zum Lehrplan, dass die Traumdeutung und Meditation oder die Kraft der Liebe und das Unbewusste ein Leben lang bewusst und denkerisch tiefgehend in die Lebensgestaltung integriert werden sollte.

Die andere Tatsache ist: Die jungen Menschen haben kaum Gelegenheit, im Rahmen der schulisch-beruflichen Bildung Lebenskompetenzen zu erwerben, zum Beispiel: Reden mit dem Partner, das Einfühlen in den Partner, Sexualität und die Kraft der Liebe, die Suche nach Sinn und Werten aus dem psychischen Innenleben, die Verantwortung und Pflicht aus der Selbstliebe und dem Geist, das Gestalten der äusseren individuellen und kollektiven Lebensräume für den Menschen (mit seiner Psyche) und manches mehr.

Die Integration der psychischen Wirklichkeit in die Ich-Führung und damit in die Denkprozesse ist eine Lebensforderung. Das folgern wir aus dem Schaden und dem Leid, das die unbewusste Lebensweise weltweit anrichtet.

Lernen in diesem Bereich ermöglicht, das eigene Schicksal zu verstehen und an die Hand zu nehmen. Sprachen lernen kann grundsätzlich jeder. Auch Technisches ist als sachlicher Lernprozess gewissermassen wertneutral.

Doch über das psychische Leben lernen, verlangt Ehrlichkeit, Selbstliebe und Demut.

Je mehr der Mensch das psychische Leben umfassend und differenziert in sein Bewusstsein aufnimmt und denkerisch verarbeitet, desto aufbauender werden die Kräfte des psychischen Organismus im täglichen Handeln.

Der "Gewinn" liegt in der menschlichen Lebensqualität und in der äusseren Lebensqualität. Die sachbezogenen Denkprozesse erhalten eine andere Grundlage und eine tiefere Verankerung. Das Innenpotential wird so zu einer konstruktiven Lebenskraft.

Reflexionen und Diskussion

■ Lernt der Mensch wenig über seine psychischen Kräfte, dann verfügt er über wenig Fähigkeiten, sein psychisches Leben in die Ich-Führung zu integrieren.

■ Über das psychische Leben denken, setzt voraus, dass da hingeschaut wird. Die Wahrnehmung ist dabei überwiegend innen-orientiert:

- In sich einfühlen
- Hineinhorchen
- Imaginieren
- Die Träume anschauen
- Die Gefühle erlebend verstehen
- Psycho-physische Reaktionen beachten

■ Günstige Dispositionen zum Lernen über das psychische Leben sind:

- Offenheit
- Interesse
- Positive Grundhaltung zur Psyche
- Bereitschaft zur Innenorientierung
- Hingabe an Werte wie Liebe
- Nicht fixiert-sein an Materielles
- Frei von Dogmatismus
- Frei von ideologischen "Gesetzen"
- Neugier an der Innenerfahrung
- Geduld und Ausdauer

■ Der Mensch kann über sein psychisches Leben vieles lernen und das Erlernte im Leben nützlich anwenden:

- Die Bedürfnisse erkennen, berücksichtigen und angemessen erfüllen.
- Die Gefühle erkennen, verstehen, klären und damit konstruktiv leben.
- Die Kraft der Liebe in allen Lebensbereichen erkennen und aufbauen.
- Den inneren Geist in Traum und Meditation für das tägliche Leben nutzen.
- Das Ich und seine Hilfsfunktionen erkennen und aufbauend nutzen.
- Die Möglichkeiten der intelligenten Funktionen fördern und einsetzen.
- Die Zusammenhänge zwischen Psyche und Lebensraum verstehen.
- Die Handlungen innen-orientiert verstehen und konstruktiv verwurzeln.

■ Es ist bedeutungsvoll, auch die problematische Realität zu reflektieren: Der Mensch integriert sein psychisches Leben wenig in die intelligenten Prozesse.

Der Mensch erkennt seine Bedürfnisse einseitig, versteht die Gefühle nur vage, integriert die Liebe ohne besonders tiefes Wachstum, kennt seinen Geist aus den Träumen nicht, sieht die Subjektivität der Ich-Funktionen und der Intelligenzfunktionen wenig, handelt kaum bewusst in Bezug auf sein gesamtes psychisches Leben und erkennt das äussere Leben nur oberflächlich im Kontext mit dem psychischen Organismus der Menschen.

Diagramm 3.1.3: Denkprozesse und Lebensrückkoppelung

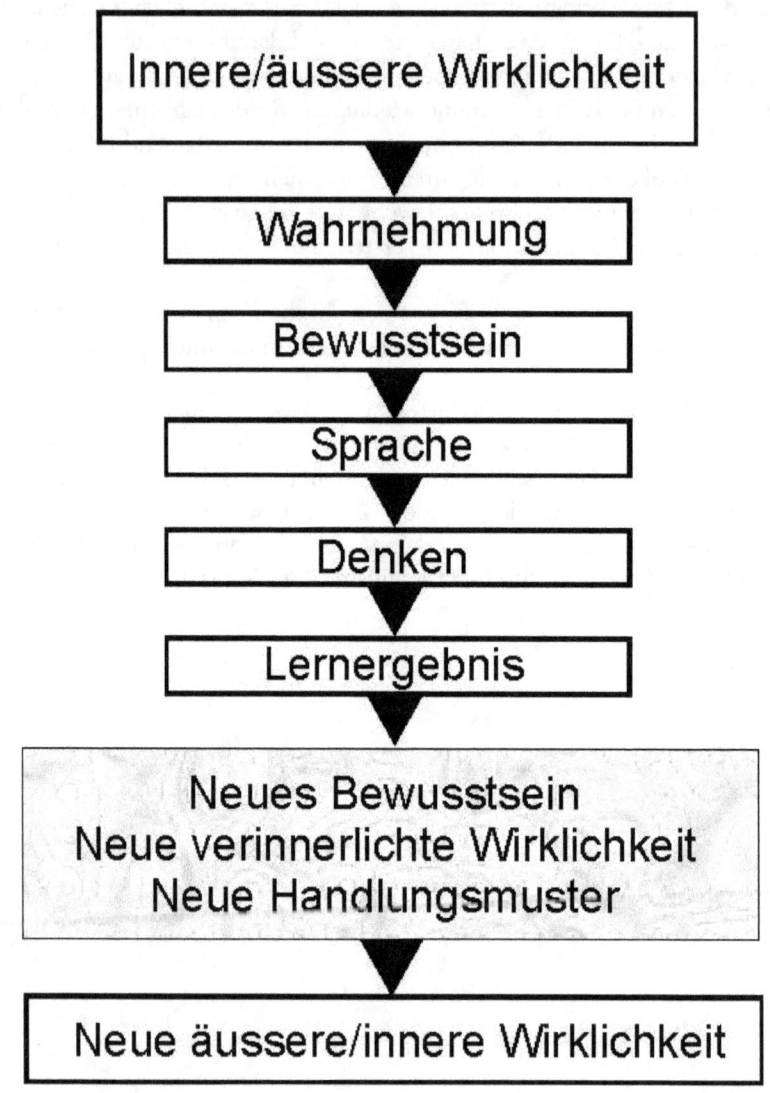

Einige Wirklichkeitsauffassungen

Gewisse Aussagen sind klar, wie z.B.: "Dieses Haus hat 16 Fenster". Das kann jeder sehen, nachzählen und ggf. korrigieren. Etwas schwieriger wird es, wenn jemand sagt: "Ich habe Kopfschmerzen." Das kann eine andere Person nicht 'sehen'. Es könnte zudem sein, dass dies vorgetäuscht ist, um eine bestimmte Arbeit nicht ausführen zu müssen. Sagt der Psychoanalytiker "diese Störung ist durch einen geheimen Triebwunsch verursacht", so wird es noch schwieriger: Wie kann dies 'bewiesen' werden? Meint ein Philosoph "jedem Leiden könne ein Sinn abgerungen werden", so dürfte dies zu erheblichem Protest Anlass geben. Denn Zweifel kann man da wohl vorbringen, ob dies so stimmt. In stark vereinfachter Form wollen wir dazu nachfolgend einige klassische Positionen zum Verständnis von "Wirklichkeit" darlegen.

Materialistische Wirklichkeitsschau:
Diese Position führt die Wirklichkeit restlos auf die Materie zurück und auf Kräfte, die ganz der Materie unterworfen sind. Die Wirklichkeit sei ganz nach Mass und Zahlen erfassbar. Die Seele als eine Realität wird geleugnet. Seelische Funktionen sind materiell. Es ist sinnlos, 'höheren' Werten nachzustreben; es gibt nur materielle Werte.

Positivistische Wirklichkeitsschau:
Der Positivismus verlangt, dass sich die Wissenschaft auf wahrnehmbare Tatsachen und ihre gesetzmässigen Verknüpfungen beschränke. Nach dem Neu-Positivismus gilt nur das als 'wahr', was "verifizierbar" (bzw. "falsifizierbar") ist, d.h. durch sinnliche Erfahrung nachprüfbar. Bewertungen sind nur Ausdruck von Gefühlen. Notwendigkeit gibt es nur im Bereich der Logik. Die Sprache könne aufzeigen, dass metaphysische (übersinnliche, geistige) Aussagen sinnlos seien. Nur das positiv Gegebene ist erkennbar.

Phänomenologische Wirklichkeitsauffassung:
Diese Position befasst sich mit den Wirklichkeiten im Bewusstsein. Denn die Erscheinungen offenbaren sich dem Menschen nur im Bewusstsein. Nicht die (materiellen) Gegenstände an sich werden betrachtet, sondern deren Wesen im inneren Bild. Dieses wiederum ist geschichtlich und zeitlich. M.a.W. nicht die realen Tatsachen sind Gegenstand der wissenschaftlichen Reflexion, sondern ihre 'Wesenheit', ihren Sinn.

Psychologismus:
Die psychisch-geistige Wirklichkeit ist seelisch-geistiger Natur. Alles Gegebene ist als Erlebnis gegeben.
Seelische Ursachen bewirken das Zustandekommen eines Urteils; diese sind

die Norm der Wahrheit. Entscheidend sind die Denkfunktionen.

Geisteswissenschaftliche Wirklichkeitsschau:

Sie betrachtet polar zum naturwissenschaftlichen Weltverständnis das Geistige und ihre Objektivationen, z.B. die Kultur, die Religion, die Sprachen. Geistiges Leben entfaltet sich geschichtlich. So geht es in erster Linie darum, das Geschaffene im geschichtlich Gewordenen zu verstehen. Die Ausrichtung ist das Einzelne, das Besondere.

Rationalismus:

Der Rationalismus betont die Vernunft. Diese wiederum wird oft in den Gegensatz zum Offenbarungsglauben und zu irrationalen Seelenkräften gesetzt. Vernunft ist Erkenntnisquelle und Begründungsinstanz für Erkenntnisansprüche. Diese haben Priorität gegenüber sinnlich vermittelter Erfahrung. Entscheidend ist somit 'richtiges Denken'.

Behaviorismus:

Diese Position vertritt die Ansicht, dass nur das objektiv messbare und beobachtbare Verhalten Gegenstand der Wissenschaft sein kann. Auf die Beschreibung von Bewusstseinsinhalten soll vollständig verzichtet werden. Denken, Fühlen und Wahrnehmen werden nur als physiologische (physikalische) Prozesse erfasst.

Oekologische Fakten in den Denkprozessen

Wir nehmen aus einschlägiger Presse und Literatur einige Fakten aus dem Katalog der Umweltprobleme, in knappen Worten hingestellt. Die Kernfrage dazu lautet: Wie verarbeitet der Mensch diese "Wirklichkeiten"? Dazu hat der Studierende die Möglichkeit seine eigenen Erfahrungen über Denk- und Verarbeitungsprozesse zu formulieren:

1. Faktum: In Spanien gibt es rund 4,6-4,8 Mio Arbeitslose und 12-15 Mio. direkt Betroffene (2012).
2. Faktum: Die Kluft zwischen Armut und Reichtum wird auch in Europa immer grösser.
3. Faktum: Psychisch verursachte Leiden haben in Europa "Megadimensionen" erreicht.
4. Faktum: Millionen Menschen leiden an Einsamkeit, Sinnleere, Verzweiflung und Ängsten.
5. Faktum: Die Umweltschäden sind gewaltig und führen zu ungeahnten Langzeitwirkungen.

Wahrnehmung: Wie nehmen Sie diese Fakten wahr?	
Bewusstsein: Was für ein Bewusstsein haben Sie zu diesen Fakten?	
Sprache: Wie fassen Sie diese Fakten in Worten?	
Denken: Was denken Sie zu diesen Fakten? Wie beurteilen Sie diese Fakten?	
Lernergebnis: Was haben Sie in letzter Zeit Neues dazu gelernt?	
Neues Bewusstsein: Wie hat sich durch Lernen Ihr Bewusstsein dazu verändert?	
Handlung: Wie handeln Sie neu durch Ihr neues Bewusstsein über diese Fakten?	
Neue äussere Wirklichkeit: In welcher Weise ändert sich die äussere Wirklichkeit durch Ihr Handeln?	

Empfehlung: Sammeln Sie zu diese Fakten Informationen. Beantworten Sie die Fragen.

Notizen und Perspektiven

Wie erlebt der Mensch (im Durchschnitt) die Rückwirkungen seines Denkens?

Notieren Sie die zentralen Schlüsselbegriffe dieses Unterkapitels:

Was bewirken mangelhafte Denkprozesse über das psychische Leben?

Reflektieren über günstige Dispositionen zum Lernen ist wesentlich, denn:...

Was haben Sie in Elternhaus, Schule und Kirche über Wirklichkeitsauffassungen gelernt?

Welche Bedeutung im Zusammenleben hat das Gespräch über Denkergebnisse und Lebensrückkoppelung?

Welche ökologischen Fakten werden in Politik und Wirtschaft zu wenig durchdacht?

Was vermittelt die Werbung über ökologische Fakten?

Formulieren Sie eine Ihnen wichtige Frage zur Wahrnehmung des psychischen Lebens:

3.1.4. Übungen

1. Wenn Sie in die Welt schauen, fernsehen, andere Menschen sehen, wie bewusst reflektieren und steuern Sie Ihre Wahrnehmung?

2. Wie differenziert und nach welchen Qualitätsaspekten nehmen Sie das engere und das weitere persönliche Lebensumfeld wahr?

3. Wenn Sie denken und/oder reden, wie gehen Sie mit der Bedeutungsvielfalt vieler Worte um?

4. Wenn Sie etwas lesen, jemandem zuhören oder fernsehen, wie interpretieren Sie die "Botschaften"?

5. Wie denken Sie über Ihr Denken nach und was bedeutet Ihnen Ihre Denkfähigkeit?

6. Wie denken Sie über Ihr innerpsychisches Leben und über Ihr äusseres Leben?

7. Wie erleben Sie Ihr denkerisches Lernen (Zunahme, Stagnation, Schwierigkeiten, Freude)?

8. Auf welche Weise suchen Sie auf Lebensfragen neue (erweiterte) Antworten und Lösungen?

9.a) Beurteilen Sie Ihre Wahrnehmung:

- oberflächlich-tiefgehend:
- vage-klar:
- kurzsichtig-weitsichtig:
- dumpf-wach:
- gefärbt-sachlich:

Kommentar:

9.b) Beurteilen Sie Ihr Denken:

- vorurteilsvoll-vorurteilsfrei:
- oberflächlich-tiefgehend:
- vermischend-differenziert:
- fixiert-kreativ:
- wirr-klar:

Kommentar:

9.c) Beurteilen Sie Ihren Sprachgebrauch:

- diffus-klar:
- mehrdeutig-eindeutig:
- emotiv wertend-sachlich:
- schablonenhaft-ausgewählt:
- undifferenziert-differenziert:

Kommentar:

9.d) Beurteilen Sie Ihr Lernen:

- wenig-viel:
- unbeweglich-innovativ:
- starr-prospektiv:
- ziellos-zielgerichtet
- partiell-ganzheitlich:

Kommentar:

10. Nehmen Sie "permanentes Lernen" als Lebensforderung an? Suchen Sie Ihre Lernhemmungen und Lernschwierigkeiten!

Kreuzen Sie an, was für Sie zutrifft:

☐ Ich habe wenig Lust, Neues zu lernen.
☐ Mir fehlt meist die Motivation, etwas zu lernen.
☐ Ich lerne Neues, wenn es für mich von besonderem Interesse ist.
☐ Ich weiss gar nicht, wozu ich was lernen soll.
☐ Ich habe kaum Entdeckungslust und wenig Neugier.
☐ Ich bin intellektuell wenig ansprechbar.
☐ Wenn ich lerne, dann sollte es konkret und spannend sein.
☐ Ich zweifle, ob viel Lernen heute noch Sinn hat.
☐ Mein Interesse ist meist kurzlebig und schnell verflogen.
☐ Ich bin irgendwie blockiert gegenüber Neuem.
☐ Ich habe wenig Vertrauen in mein Lernvermögen.
☐ Ich habe wenig Vertrauen in meine Urteilsfähigkeit.
☐ Anstrengung und Disziplin machen mir besonders Mühe.
☐ Ich habe Angst, eigene Meinungen und theoretische Hypothesen zu bilden.
☐ Ich habe wenig Erfahrung, Verantwortung im Lernen zu übernehmen.
☐ Ich erlebe im Lernen/durch Lernen meist Stress.
☐ Es fällt mir schwer, mich beim lernen zu konzentrieren.
☐ Ich habe kein Durchhaltevermögen im abstrakten Denken.
☐ Ich kann Widersprüche schlecht ertragen.
☐ Ich bin zu sehr beladen mit Problemen und Konflikten.
☐ Belastende Erfahrungen aus der eigenen Schulzeit hemmen mich zu lernen.
☐ Ich kann meinen Mangel an Wissen und Können wenig akzeptieren.
☐ Ich sehe die Notwendigkeit des lebenslangen und lebensbreiten Lernens nicht.
☐ Ich habe eine geringe Frustrationstoleranz.
☐ Man hat mich nie zur Welt der Sachbücher geführt.
☐ Ich meine, dass sachbezogenes Lernen nur für "Intellektuelle" sei.
☐ Ich bin zu sehr konsumverwöhnt, um noch anstrengend zu lernen.
☐ Ich habe keine Geduld im Ringen um Verstehen und sprachliches Fassen.
☐ Ich bin innerlich bedrängt von Unzufriedenheit und Unlust.
☐ Ich fühle oft ein ständiges Zurückhalten meiner Lebenskraft.
☐ Ich habe keinen geplanten Umgang mit Pausen und Abwechslung.
☐ Ich bin unentschlossen in der eigenen Ziel- und Wegbestimmung.
☐ Ich will bei allem Neuen immer zuerst wissen, ob es mir auch wirklich nützt.

☐ Mir fehlt das Einfühlungsvermögen in andersartige Sprachformen von Texten.

☐ Ich nehme die Bedeutung des Wissens/Lebenswissens nicht so ernst.

☐ Ich bin wenig bereit, mir über Sachgebiete neue Einstellungen anzueignen.

Anzahl Ankreuzungen:.....

Wie beurteilen und erklären Sie Ihre Lage?

Und jetzt als Folgerung "die guten Vorsätze":

Multiple Choice Test

Wählen Sie die vier richtigen Antworten aus: ☒ a) Fun

5.1. Die Intelligenzfunktionen als komplexes System. Die intelligenten Hauptfunktionen sind:

☐ a) Denken
☐ b) Wahrnehmung
☐ c) Sprache/Sprechen
☐ d) Klugheit
☐ e) Kognitives Lernen
☐ f) Intuitive Einfälle

5.2. Die Qualitäts- und Leistungsdifferenzen. Zentrale Aussagen dazu sind:

☐ a) Die Wahrnehmung hat verschiedene Qualitäten.
☐ b) Physische (materielle) Gegebenheiten nehmen die Menschen gleich wahr.
☐ c) Die Sprache hat verschiedene subjektive Aspekte.
☐ d) Denkoperationen funktionieren von selbst
☐ e) Wenn zwei Personen dieselben Worte benutzen, so kann das Verschiedenes bedeuten.
☐ f) Kognitives Lernen setzt Interesse, Bereitschaft und bewusstes zielgerichtetes Handeln voraus, abgesehen von Ausnahmen.

5.3. Das Denken und seine psychische Rückkoppelung. Günstige Dispositionen zum kognitiven Lernen sind:

☐ a) Offenheit gegenüber Werten
☐ b) Interesse
☐ c) Integrität
☐ d) Frei von ideologischem Denken
☐ e) Leiden
☐ f) Innenorientierung

3.2. Vernetzte Intelligenz

3.2.1. Die Wahrnehmung und ihre Subjektivität

Die Wirklichkeit für den Menschen ist das Resultat seiner Wahrnehmung. Wir konzentrieren uns hier auf die visuelle Wahrnehmung.

Vieles darüber gilt grundsätzlich auch für das Hören, Riechen, Fühlen und für die innere Wahrnehmung. Träume, Imaginationen und Intuition sind innere Wahrnehmung.

Alle Formen der Wahrnehmung haben verschiede Qualitäten und Variationen in der Quantität: viel-wenig, differenziert-undifferenziert, komplex-einfach, stark-schwach sowie einen relativen Zeit-/Raumbezug.

Damit steht fest, dass die Menschen unterschiedliche Wahrnehmungsleistungen haben, und dass ihre verinnerlichte Wirklichkeit ebenfalls interindividuell verschieden ist.

Mehrere Menschen sehen dieselbe Wirklichkeit fast immer unterschiedlich: Der eine sieht nur grobe Umrisse, ein anderer die Ganzheit und ihre Teile. Der andere erlebt die ergänzenden sinnlichen Wahrnehmungen klar und intensiv, während ein anderer auf Ton, Duft und Bewegung/Berührung nur undeutlich reagiert.

Die Wahrnehmung unterliegt dem Abwehr- und Integrationsmechanimus. Die Projektion spielt hier eine besonders wichtige Rolle: vom Unbewussten wird mitbeeinflusst, was der Mensch sieht und wie er dies erlebt bzw. interpretiert.

Gefühle, Erwartungshaltungen, Wünsche und Vorerfahrungen bestimmen die Leistung der Wahrnehmung mit.

Auch Gewohnheiten steuern die Wahrnehmung. Wahrnehmung ist in vielen

Fällen gleichzeitig ein Erleben.

Gefühle werden aktiviert, während das Wahrgenommene nach Sinn, Bedeutung und Wert interpretiert wird. Solche Prozesse laufen oft sehr schnell und "vorbewusst" ab.

Verschiedene Wirklichkeiten sind nur mit der inneren Wahrnehmung zu erschliessen: das psychische Leben und die Transzendenz. Hier spielt die Interpretation grundlegend mit.

Die Wirklichkeit ist dann das interpretierte Erleben.

Insgesamt gesehen ist die Wahrnehmung ein vielfältig subjektiver Vorgang.

Je komplexer eine Wirklichkeit ist, desto verschiedener wird diese wahrgenommen und zu einer differierenden "Wirklichkeit" im Bewusstsein.

Reflexionen und Diskussion

■ Die Qualitäten der Wahrnehmung sind:

viel-wenig	präzise-vage	ganzheitlich-partikulär
differenziert-undifferenziert	einseitig-vielseitig	tiefgehend-oberflächlich

■ Wahrnehmung enthält immer auch:

- Eine Raum- und Zeitperspektive
- Eine Interpretation über Bedeutung und Sinn
- Ein Werterleben
- Eine Bindung an bereits verinnerlichte Muster über die Wirklichkeiten
- Eigene "Theorien" über die Wirklichkeiten
- Projektionen, soweit solche nicht abgebaut sind

■ Wahrnehmung ist Teil des intelligenten Prozesses:

- Mit der Wahrnehmung erfolgt eine sprachliche Umgestaltung.
- Sprachliche Umgestaltung ist von Wortschatz und Denkoperationen abhängig.
- Die Fähigkeit innere Bilder zu konstruieren unterliegt Lernprozessen.

■ Die Wahrnehmung: Reflektieren Sie, wie Sie im allgemeinen andere

Menschen wahrnehmen und diskutieren Sie in kleinem Kreis die Folgen davon:

■ So kann man die eigene/fremde Wahrnehmung kritisch reflektieren:

vage, diffus, nebelig	klar, präzise, wach
undifferenziert	differenziert
vordergründig, oberflächlich	tiefgründig, tiefgehend
einseitig, partiell	vielseitig, umfassend
im Durcheinander	in klarer Ordnung
grobmaschig, pauschal	feingegliedert
starr, fixiert	flexibel, beweglich
kurzsichtig	weitsichtig
gefühlsbetont	sachlich
unüberlegt	überlegt
gleichgültig	verantwortungsvoll
mit diffusem Werterleben	mit eindeutigem Werterleben
gewohnheitsmässig	willentlich, absichtlich
mit Mutmassungen	mit Sachkompetenz
abwehrend, verdrängend	aufnehmend, integrierend
im engen Ich-Bereich	im erweiterten Sachbereich
verdeckend, verschleiernd	offenlegend
mit Vorurteilen	frei von Vorurteilen
ohne Zeitperspektive	mit Zeitperspektive
vermischend	zerlegend

Diskutieren Sie in der Gruppe über die "subjektive Wahrnehmung".

Diagramm 3.2.1: Das Sichtweisen des Menschen

1. Raum-Distanz-Erleben:
Wohnbereich - Quartier - Region - Landesteil - Staat - Kontinent - Erde - Kosmos

2. Erfassen der Zukunft:
Stunde - Tag - Woche - Monat - Jahr - Jahre - 10 Jahre - 25 Jahre - 50 bis 100 Jahre

3. Erfassen der Vergangenheit:
Stunde - Tag - Woche - Monat - Jahr - Jahre - 10 Jahre - 25 Jahre - 50 bis 100 Jahre

4. Differenziertheit:

vage Oberfläche	Konturen der	Vielschichtigkeit	mikroskopisch
grobe Gesamt-	Oberfläche	Komplexität von	minutiöse
eindrücke		Ursache/Wirkung	Einheiten

5. Privater Erlebnisraum:

eigene Alltagsrealität	breite	Zusammenwirken	Vernetzungen
soziales Umfeld	Oeffentlichkeit	Tradition-Kultur-	Erde und
		Religion-Leben	Menschheit

6. Aeussere und innere Wirklichkeiten:
Aeussere Erscheinungen (Hülle, Schale, Maske, Fassade) in zunehmender Menge
Inneres Wahrnehmen des psychischen Lebens in zunehmender Tiefe/Präzision

7. Erfassen von Werten:

eigene Werte	Werte anderer	Sachwerte	Umwelt-Werte	Werte des
	Menschen	Güter-Werte	Natur-Werte	Psychisch-
				Geistigen

8. Beweglichkeit:

Das eigene	Zeitgeist vom	Historische Bindung	Bindung an
Erleben	Lebensumfeld	an Tradition/Kultur	Transzendenz

3.2.2. Worte, ihre Bedeutungen und Assoziationen

Die Alltagssprache ist in wesentlichen Belangen diffus, vage, mehrdeutig und ungenau. Viele Begriffsverwendungen haben mehrheitlich unterschiedlichen Gültigkeitsbereich, ohne genau geklärten Rahmen. Manche Worte sind sachlich, emotional, wertend und interpretativ zugleich.

So reden viele Menschen mit denselben Worten und meinen doch Unterschiedliches. Sie haben eine Wirklichkeit im Bewusstsein in unterschiedliche Worte gefasst. Dieselben Worte können zudem bei verschiedenen Menschen verschiedene Gefühle auslösen.

Oft kann ein Wort bei derselben Person je nach Kontext und Moment verschiedene Bedeutungen und variables gefühlsmässiges Erleben haben. Worte enthalten oft verschiedene Aussagenarten: Sachinformation, Werturteil, Erklärung, Anweisung, Wunsch, Befehl, Drohung u.s.w.

Ein kleiner Teil der Sprache bezieht sich auf die konkrete empirische Wirklichkeit. Ein viel grösserer Teil erfasst ein Erleben, ein Werten, einen individuellen Bedeutungsbezug.

Hinter manchem Wort steht eine persönliche "Theorie" entstanden aus einem lebensgeschichtlichen Zusammenhang. Über fast alles hat der Mensch deshalb auch eigene Assoziationen.

Das Wort "Lehrer" mag für alle im Kontext mit der Volksschule eindeutig sein. Doch da wird mancher verschiedene Bilder verknüpfen, die mit seinen Erfahrungen zusammenhängen. Wenn von "Liebe" die Rede ist, so denkt einer beispielsweise an Elternliebe, ein anderer an seine Mutter, ein dritter an Sexualität, ein vierter an die Ausgestossenen der Gesellschaft. Was für den einen "angenehm" bedeutet, wird von einem andern als "unangenehm" interpretiert. Worte wie "Vertrauen", "Selbstverwirklichung", "Glück", "Erfolg", "Freude" und viele mehr lösen bei jedem erfahrungsbezogene Erinnerungen aus.

Jeder verknüpft eigene Bilder und Interessen mit solchen Worten. Was "Kooperation" enthalten soll, wie "schöne Ferien" konkret aussehen und welche Gefühle ein "Auto" auslöst, hängt von der Person ab, nicht von einem Wörterbuch.

Je einfacher die Worte, die "Theorien" und Assoziationen des Menschen sind, desto einfacher ist "seine" Wirklichkeit.

Fragen und Ergänzungen:

a) Wie erleben Sie die Bedeutungsvielfalt Ihrer persönliche Sprache?

b) Sammeln Sie einige Kommunikationsprobleme, die auf der Subjektivität der Sprache basieren:

Reflexionen und Diskussion

■ Ein Wort - eine Aussage - kann verschiedene Bedeutungsebenen enthalten:

- Sachinformaton
- Werturteil
- Erlebensanteil
- Subjektive Theorie
- Vorurteil
- Hypothese
- Sachliche Folgerung
- Wunsch
- Drohung
- Prognose
- Handlungsanregung
- Erklärung

■ Die Art, wie jemand seine Sprache verwendet, ist auch Ausdruck seiner Weltbeziehung:

- verletzend, kränkend
- entwertend, wertlos
- reflektierend
- übertreibend
- Erlebnis-bezogen
- emotional
- ordinär
- betont höflich-distingiert
- drohend-strafend
- desinteressiert, langweilig

■ Die Assoziationen zu den Worten bilden einen wichtigen Anteil in der Wirklichkeitserfassung:

- Lebenserfahrungen
- Sachzuordnung
- Zeitgeist
- Bedürfnisverknüpfung
- Angst-Besetzung
- Hoffnung auslösend

Diskutieren Sie in einer Gruppe die Angaben von jedem zu folgendem Schema:

Worte	Bedeutung	Gefühle	Assoziationen
Richter			
Pfarrer			
Liebe			
Sympathie			
Sex			
unehrlich			
Partei			
Strassenbahn			
Glück			

Interpretieren Sie in der Gruppe, welche Kommunikationsprobleme daraus entstehen.

Diagramm 3.2.2: Das Verhältnis Wirklichkeit-Sprache-Bewusstsein

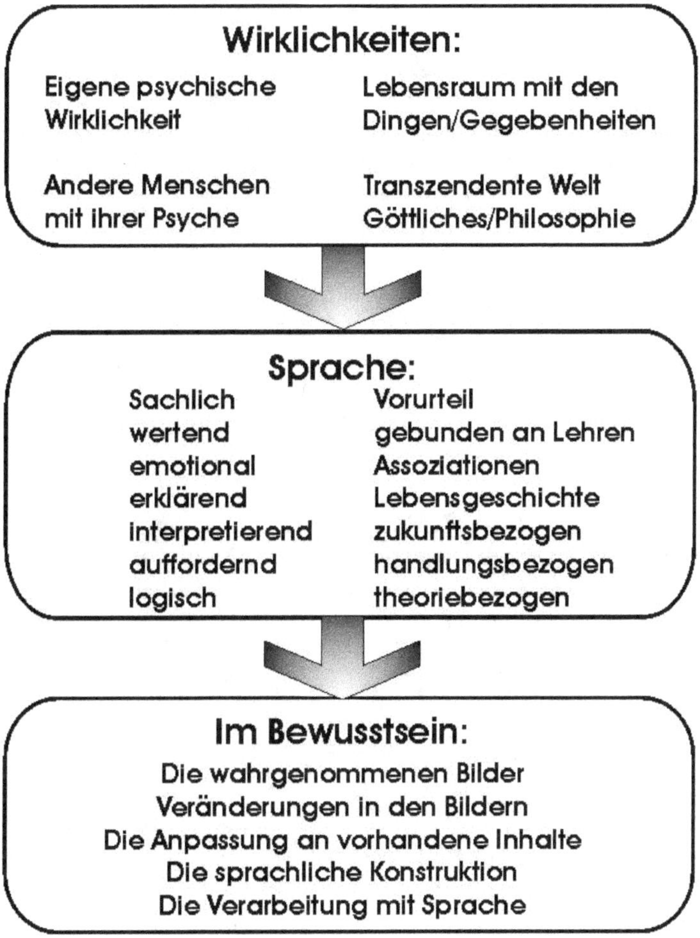

Wirklichkeiten:

Eigene psychische Wirklichkeit	Lebensraum mit den Dingen/Gegebenheiten
Andere Menschen mit ihrer Psyche	Transzendente Welt Göttliches/Philosophie

Sprache:

Sachlich	Vorurteil
wertend	gebunden an Lehren
emotional	Assoziationen
erklärend	Lebensgeschichte
interpretierend	zukunftsbezogen
auffordernd	handlungsbezogen
logisch	theoriebezogen

Im Bewusstsein:

Die wahrgenommenen Bilder
Veränderungen in den Bildern
Die Anpassung an vorhandene Inhalte
Die sprachliche Konstruktion
Die Verarbeitung mit Sprache

3.2.3. Das Reden und die Redensarten über die Wirklichkeiten

Der Mensch nimmt viele Wirklichkeiten über Kommunikation auf: das gesprochene und geschriebene Wort, teils mit und teils ohne Bilder, teils bildnah, teils fern von bildhafter Realität. Die mitgeteilte Wirklichkeit hat hier einen besonderen Prozess durch die vermittelnde Person oder durch ein Medium (Radio, Fernsehen, Zeitung, Buch) durchlaufen.

Menschliche Aspekte gestalten die Information über Wirklichkeiten. Da sind viele Faktoren mit am Werk. Wir können diese in allen psychischen Subsystemen identifizieren. Heben wir hier einige besondere Faktoren hervor: Die Kommunikation hängt ab von der Beziehung zwischen den Personen. Spricht ein Mensch zu einem andern oder zu einer Gruppe, dann sind die emotionalen Faktoren erheblich beeinflussend.

Zu nennen sind etwa Angst vor Ablehnung oder Kritik, Ich-Bezogenheit, Sympathie und Antipathie, der bereits eingeübte Sprachcode (bei beiden Teilen) und manches mehr. Weiter sind hier oft eigene Interessen im Spiel. Durch Kommunikation will der Mensch oft etwas erreichen, sei es Ansehen, einen Sachvorteil, Macht oder eine zielgerichtete Beeinflussung in Richtung eines Handlungsimpulses.

Wir kennen die Manipulation der Wirklichkeit mit der Sprache aus der Politik, der Werbung und aus Pressemitteilungen. Die Menschen sind geneigt, die Wirklichkeiten so aufzunehmen, wie sie sprachlich, und allenfalls mit Bildern gekoppelt, präsentiert werden.

Die Menschen praktizieren zur sprachlichen Äusserung weitere Gestaltungsformen, die die mitgeteilte Wirklichkeit mitgestalten. Die nonverbale Kommunikation ist ein wichtiger Aspekt. Mit Mimik, Gestik, Betonung und Nebenhandlungen (z.B. kratzen, wegschauen) wird der mitgeteilte Inhalt akzentuiert. Beim Empfänger verändern psychische Faktoren die Art der Aufnahme weiter, sei es durch Selektion oder durch Interpretation. Menschen mit Angstgefühlen, mit Minderwertigkeit, mit besonderer Verletzbarkeit oder einem starken emotionalen Schutzbedürfnis sehen und hören unter diesen Einflussfaktoren.

Die äussere Präsentation einer Botschaft über eine Wirklichkeit erfolgt auch unter äusseren Gegebenheiten wie Kleider, Rang der Person, Bedeutung der Person für den Empfänger. Nur am Rande sei darauf hingewiesen, dass eine Information über eine Wirklichkeit auch absichtlich entstellt werden kann.

Reflexionen und Diskussion

■ Menschliche Aspekte im Gespräch sind:

Persönlicher Sprachcode	Minderwertigkeitsgefühle
Emotionaler Bezug zu Worten	Ängste
Verdeckte Interessen	Ich-Bezogenheit
Handlungsintentionen	Rollenerwartungen/-ausrichtung

■ Arten des Redens formen den Inhalt der Botschaft mit:

freundlich	herzlich	demütigend	entwertend
aggressiv	verurteilend	feindselig	aufmunternd
Gelangweilt	gefühlsbetont		

■ Die Botschaft über eine Wirklichkeit wird durch Nebenfaktoren mitgeformt:

Tonfall	Nebenhandlungen	Lebensraumelemente
Gestik	Mimik	Zeitpunkt

■ Stellen Sie sich vor: Eine Person berichtet Ihnen über ein Ereignis. Dabei erkennen Sie verschiedene nonverbale Elemente.

Wie wirken diese auf den Inhalt? Diskutieren Sie in einer Gruppe über solche Erfahrungen.

Nonverbale Elemente	Bedeutung für die eigentliche Botschaft
fest in die Augen schauen	
sich beim Reden kratzen	
strenger Blick	
gestikulieren	
den Empfänger berühren	
auffallend tief Luft holen	
Kleider zurechtrücken	
seufzen oder hüsteln	
auf die Uhr schauen	

Welche nonverbalen Muster erkennen andere an Ihnen? Fragen Sie andere!

Diagramm 3.2.3: Die Vermittlung von Botschaften mit Sprache

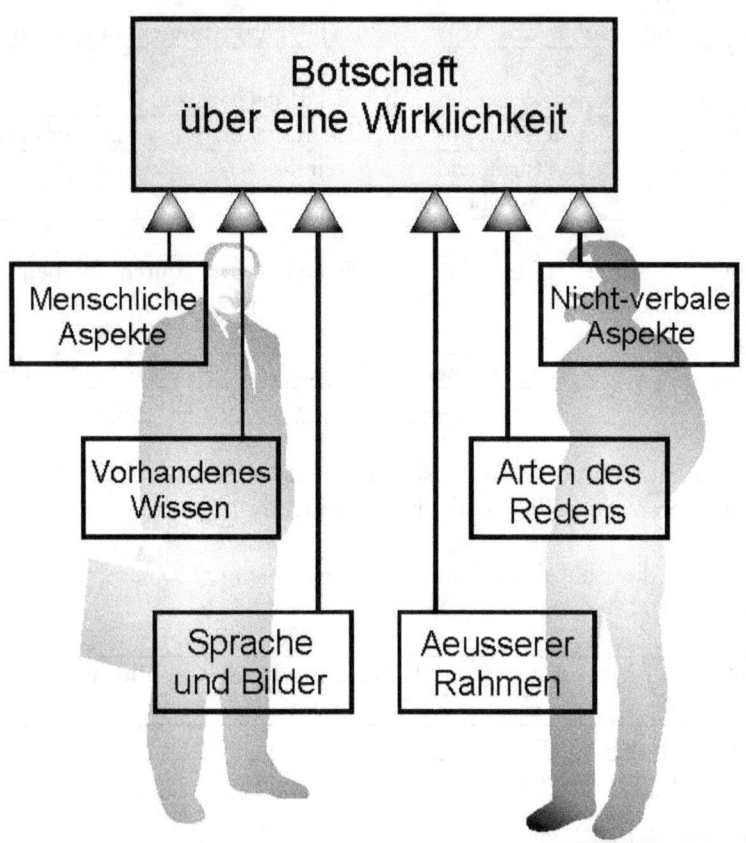

3.2.4. Denken und die intelligenten Operationen

Denken ist ein Arbeitsprozess. Der erste Schritt ist die sprachliche Erfassung der aufgenommenen inneren und/oder äusseren Wirklichkeit. Hier geht es um die Auswahl der richtigen Worte.

Dann sind denkerische Operationen möglich: Das sprachlich Gefasste wird in bereits vorhandene Wirklichkeiten im Gedächtnis eingegliedert.

Eine gewisse Anpassung, d.h. Umformung der Wirklichkeit ist dabei möglich. In dieser Zuordnung wird die Realität unterteilt und Kategorien zugeordnet: Gleiches zu Gleichem und Ähnliches zu Ähnlichem.

Dazu wird verglichen, kombiniert, interpretiert und assoziiert. Logische Operationen werden hier wichtig. Strukturierende Verarbeitungen sind die Suche nach funktionalen Zusammenhängen, die Festlegung von Ursache und Wirkung, die Verbindung mit Handlungszielen und die Konstruktion der Teile zu einem Ganzen.

Denkerisch kann für eine Wirklichkeit die Zukunft konstruiert werden: "Wenn das so weitergeht, dann ...".

In all diesen Prozessen spielt das bereits vorhandene Wissen eine erhebliche Rolle.

Ebenfalls kann davon ausgegangen werden, dass nebst der rein sprachlichen Bearbeitung auch eine bildhafte, eine emotionale und eine wertende stattfinden.

Diese "Arbeiten" basieren vollumfänglich auf der vorhandenen Lebenserfahrung, einschliesslich des erlernten Sachwissens. In diese denkerischen Prozesse wirken auch kreative Kräfte, d.h. das Suchen nach neuen Klassen und Strukturen, nach neuen Kombinationen und nach noch nicht erkannten Erweiterungen in der sprachlich-bildhaften Verarbeitung.

Von besonderer Bedeutung ist die Fähigkeit, Wahrnehmungen über psychische Wirklichkeiten zu verarbeiten.

Der Mensch grenzt sich vielfach nur ungenau ab gegenüber fremden psychischen Wirklichkeiten und erlebt vieles in der Welt stark Ich-bezogen.

Die lebenspraktische Nutzung der gedanklich verarbeiteten Wirklichkeit ist ein weiterer Aspekt der intelligenten Fähigkeiten. Je komplexer und schwieriger die Wirklichkeit zu erfassen ist, desto mehr ist das Ich gefordert, die Denkleistungen zu bilden und zu nutzen.

Reflexionen und Diskussion

■ Denkoperationen sind:

- Begriffe bilden
- Worte finden
- Bedeutung erfassen
- Werte zuordnen
- Abstrahieren von Raum/Zeit
- flexibel umgehen
- Gefühlserleben identifizieren
- Wissen nutzen
- Intuition nutzen
- Zusammenhänge erfassen
- prognostizieren
- Kategorien schaffen
- zielgerichtetes verarbeiten
- handlungsorientiert auswerten
- logisches Folgern
- Integration von Neuem
- speichern

■ In den Denkoperationen wirken verschiedene psychische Kräfte:

- Gefühle
- Psychodynamik
- Meditationen
- Bedürfnisse
- Unbewusstes Inventar
- Handlungen
- Träume
- Liebesfähigkeit

■ Denkerische Leistungsaspekte können wie folgt erfasst werden:

Leistungsaspekt:	Lebensbereiche:
☐ Reichhaltiger Wortschatz	
☐ Frisches Gedächtnis	
☐ Zielstrebiges Denken	
☐ Gute Merkfähigkeit	
☐ Logisches Denken	
☐ Geschickt im sprachlichen Umgang	
☐ Komplexes zerlegen	
☐ Beweglich im Erfassen von Neuem	
☐ Zusammenhänge erkennen	
☐ Strukturierungsfähigkeit	
☐ Intuition nutzen	
☐ Spontane Einfälle integrieren	
☐ Unvorstellbares durchdenken	
☐ Schwieriges sprachlich fassen	
☐ Flexible Denkmuster	
☐ Flexibel im emotinalen Erleben	
☐ Offen im wertenden Erleben	

Wie sehen die Menschen die Leistungen des Denkens anderer?

Diagramm 3.2.4: Aufnahme und Verarbeitung
von Wirklichkeiten

Innere Wirklichkeiten
Aeussere Wirklichkeiten

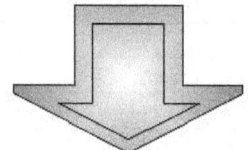

Faktoren der Aufnahme und
Verarbeitung der Wirklichkeit:

Wahrnehmungsfähigkeit
Erleben
Emotionale Auslösung
Erkenntnisinteresse
Kommunikationsinteresse
Normen, Werte
Selektionsmechanismen
Gefühle
Bedürfnisse
Denken
Persönliche Interessen
Vorstellungsmuster
Ideale
Leiden
Psychischer Zustand

Assoziative Verknüpfung
Komplexe
Projektionen
Identifikationen
Abwehrmechanismen
Realitätsinteresse
Offenheit für Neues
Lernbereitschaft
Indizieninterpretation
Raum-/Zeiterleben
Unerkannte Reizaufnahmen
Ueberzeugungen
Selbstbestätigungstendenz
Sprachliche Fähigkeiten
Wortschatz/Ausdruck

3.2.5. Das Urteilen (Werten) und die Vorurteile

Der Mensch nimmt die Wirklichkeiten auch wertend wahr. Er erlebt diese als angenehm oder unangenehm, sinnvoll oder sinnlos, gut oder böse und damit als einen Wert. So wie der Mensch vieles gefühlsbetont erlebt, so enthält für ihn diese Wirklichkeit auch einen Wert.

Es gibt die "wertfreie Wirklichkeit" für den Menschen nicht. Aber die Menschen können zu denselben Wirklichkeiten ganz unterschiedliche Werte erleben. Über dieses erlebensnahe Werten hinaus kann der Mensch zu allen Gegebenheiten jeder Wirklicheit "Werturteile" bilden. Das heisst, er macht sprachlich klar formulierte wertende Aussagen, die er auf irgendeine Weise begründet: "Dies ist gut (böse/ schlecht), weil ...".

Viele Worte enthalten Wertelemente: sympathisch-unsympathisch, richtig-falsch, ehrlich-unehrlich, schön-hässlich, nützlich-unnütz, harmonisch-disharmonisch und viele mehr. "Humanismus", "Freiheit", "Gerechtigkeit", "Selbstbestimmung" und "Emanzipation" sind Werte; d.h. bestimmte Menschen haben befunden, dass diese Werte als positiv gefördert und gelebt werden sollen.

Ethisch-moralische Urteile sind direkt auf das Handeln bezogen, womit eine Zusage oder Ablehnung, eine Soll-Forderung, gemeint ist: " Das ist gut und deshalb erlaubt ..."; oder: "Das ist schlecht und deshalb verwerflich ...". Die Menschen haben meist unerkannt über fast alles solche Einstellungsmuster. Sie sind dann eben positiv oder negativ "eingestellt".

Sind diese Urteile in ein sprachliches System eingebaut und auf irgendeine Weise begründet, dann spricht man von "Überzeugungen". Diese Systeme sind bei den einen "utilitaristisch", d.h. nach der Nützlichkeit argumentiert, bei andern "religiös", d.h. im Kontext mit religiösen Lehren begründet oder philosophisch, d.h. nach konstruierten Ideen über den Menschen und das Leben begründet, z.B. hedonistisch oder metaphysisch (geistig).

Die Begründung von Werten kann auch direkt auf der Realität basieren: Der Mensch ist bildungsbedürftig, darum soll er sich bilden.

Vorurteile sind wertende Urteile, die ohne Denken und ohne Begründung schablonenhaft die Elemente der Wirklichkeit werten.

Reflexionen und Diskussion

■ Viele Worte enthalten Wertelemente:

schön-hässlich	gut-schlecht
sympathisch-unsympathisch	ordentlich-unordentlich
diszipliniert-undiszipliniert	interessant-langweilig
gepflegt-verwahrlost	frei-unfrei
massvoll-masslos	tolerant-intolerant
ehrlich-unehrlich	selbstlos-egoistisch

■ Werturteile enthalten direkt oder indirekt einen SOLL-Anspruch:

- hilfsbereit sein gegenüber alten Menschen
- die Wahrheit sagen und nicht lügen
- fremden Besitz achten
- die Menschen lieben und nicht hassen
- Sexualität so und nicht anders leben
- andere Menschen nicht ausbeuten
- andere Menschen nicht demütigen, verletzen, quälen
- die Natur schützen
- nicht töten
- kein Fleisch essen
- am Sonntag in die Kirche gehen

■ Vorurteile sind zum Beispiel:

- Fremde sind meist gefährliche Menschen.
- Die X-Menschen sind dumm.
- Die Y-Menschen sind arbeitsscheu.
- Die Z-Menschen sind verschlagen.
- Anständige Menschen sind gute Menschen.
- Die Welt ist schon in Ordnung.
- Meine Religion ist die wahre Religion

■ Viele Werte sind ideell oder religiös begründet, ohne Rücksicht auf die Ganzheit des psychischen Organismus.

Diskutieren Sie in kleinem Kreis Werte und Soll-Urteile basierend auf dem psychischen Organismus.

Diagramm 3.2.5: Die Aspekte der Wertbegründungen

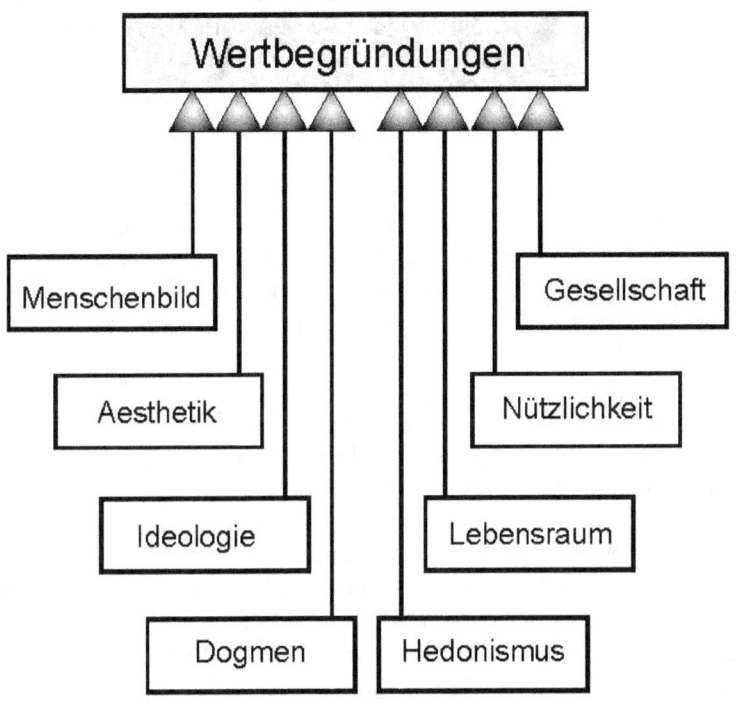

These 1: Der Mensch übernimmt durch Erziehung, Sozialisation und Enkulturation die Werte und Soll-Urteile seines Umfeldes.

These 2: Wertbegründungen basieren auf realem Wissen (Erkenntnissen) oder auf eingebildetem Wissen und verlangen immer einen Willensakt.

3.2.6. Das Denkerische Lernen im Leben

Die intelligenten Funktionen, von der Wahrnehmung bis zu den Werturteilen, formen sich durch die Erziehung und danach durch das Leben. Jeder hat die Möglichkeit, diese erlernten Fähigkeiten weiter zu differenzieren. Die Nutzung dieser psychischen Funktionen setzt einen Willensakt und eine bewusste Ich-Führung der Operationen voraus.

Schaut man das Leben der Menschen und die Auswirkungen an, so muss man zum Schluss kommen: Die Menschen denken wenig und vielfach ungenau. Daraus entsteht ein Zirkelschluss: Das Resultat ist die aktivierende Grundlage für das denkerische Lernen. Gestaltet sich der Mensch sein Leben mit wenig Denkleistungen, dann ist das Ergebnis die Bedingung für mögliche Lernprozesse.

Die bearbeitete Wirklichkeit hat im Handeln den eigentlichen Rückbezug zum Leben. Damit ist der Kreislauf ab Wirklichkeitsaufnahme geschlossen. Die psychischen Funktionen enthalten für alle grosse Chancen.

Da Denken eine aktive Leistung ist, verlangt dies Konzentration, Zuwendung, Wille, Disziplin, Selbstkontrolle, Interesse und einige Aktivitäten mehr. Elementare Voraussetzung ist das Lernbedürfnis. Viele Menschen organisieren sich ein Lernen im Bereich der beruflichen Weiterbildung oder der Freizeitaktivitäten (Musik, Kunst, Sport, Sprachen).

Wenigen ist vertraut, dass es auch über die psychischen Subsysteme vieles zu lernen gibt. Die Probleme der industrialisierten Gesellschaft (und auch anderer Gesellschaften) geben Anlass zur Annahme, dass die Menschen in bezug auf die Auswirkungen ihres Handelns wenig lernen.

Starre Einstellungen, Gebundensein an "künstliche" Bedürfnisse und Blockiertsein in Gefühlen behindern den Einstieg in denkerisches Lernen. Lernen verlangt eine gewisse Risikobereitschaft, Neugier bzw. Entdeckungslust, Liebe zum Leben, Bereitschaft zur Selbstreflexion und ein Verantwortungsbewusstsein über sich und die prospektiven Auswirkungen des eigenen Lebens.

Lernen ein Leben lang ist Lebensforderung, so sagt die Erwachsenenbildung. Lernen muss nicht aufhören mit dem Schulabschluss, auch nicht mit der Lebensmitte oder dem Pensionsalter. Ältere Menschen können ebensoviel lernen wie junge Menschen. Ohne Lernen ist die psychisch-geistige Evolution nicht vollziehbar: Es gibt kein Argument, das besagt, der pensionierte Mensch könne nicht mehr lernen oder habe nichts mehr zu lernen.

Reflexionen und Diskussion

■ Denkerisches Lernen verlangt einige Voraussetzungen:

- Konzentration
- Wille
- Neugier
- Ich-Führung
- Arbeitsrahmen
- Lernbedürfnis
- Planung
- Motivation
- Offenheit
- Anregungsbereitschaft

■ Kreativität im Denken basiert auf:

- Uanabhängigkeit von Fremdurteilen
- Innere Flexibilität
- Frei-sein von fixen Ideen
- Bereitschaft, Fehler machen zu dürfen
- Sinn für neue Gedankengänge
- Frei-sein von Weiss-schwarz-Denken
- Offenheit für Innenerfahrungen
- Starke Bindung an das Leben
- Interesse an der Kraft des Geistes
- Freiheit im Materiellen
- Entschlossenheit für Aufgaben
- Frei-sein von dogmatischen Lehren

■ Psychische Lernbedingungen, die selbst erlernt/gebildet werden können, sind für die verschiedensten Lebenssituationen oft unterschiedlich:

Lernbedingungen:	Konkrete Situation:
Flexible Einstellungen	
Leistungsinteresse	
Lernoffene Haltung	
Flexibilität im Rollenverhalten	
Schaffenslust/Gestaltungsfreude	
Bereitschaft, gefordert zu werden	
Persönliches Wachstumsinteresse	
Annehmen eigener Schwächen	
Begeisterungsfähigkeit	
Freisein von Schablonisierungen	
Sachbeurteilung vor Werturteil	
Achtung vor Menschen, Natur, Gütern	
Selbstvertrauen	
Realistische Ideale	
Selbstverantwortung	
Ausdauer	
Annehmen-können des Nicht-Wissens	

Gruppendiskussion: Lernvoraussetzungen bei den Menschen im allgemeinen.

Diagramm 3.2.6: Lernfähigkeit zur Lebensbewältigung

3.2.7. Arbeitseinheit

3.2.7. Arbeitseinheit – 1

1. a) Wie erleben Sie Ihre Wahrnehmung?
1. b) Erweitern Sie das Problem der Subjektivität der Wahrnehmung mit eigenen Erfahrungen:
2. a) Die Wahrnehmung: Reflektieren Sie, wie Sie im allgemeinen andere Menschen wahrnehmen und interpretieren Sie die Folgen. Kreuzen Sie an, was für Sie zutrifft:

6 = vollständig; 5 = sehr; 4 = überwiegend; 3 = mittel; 2 = teilweise; 1 = wenig; 0 = nicht

vage, diffus, nebelig	klar, präzise, wach
undifferenziert	differenziert
vordergründig, oberflächlich	tiefgründig, tiefgehend
einseitig, partiell	vielseitig, umfassend
im Durcheinander	in klarer Ordnung
grobmaschig, pauschal	feingegliedert
starr, fixiert	flexibel, beweglich
kurzsichtig	weitsichtig
gefühlsbetont	sachlich
unüberlegt	überlegt
gleichgültig	verantwortungsvoll
mit diffusem Werterleben	mit eindeutigem Werterleben
gewohnheitsmässig	willentlich, absichtlich
mit Mutmassungen	mit Sachkompetenz
abwehrend, verdrängend	aufnehmend, integrierend
im engen Ich-Bereich	im erweiterten Sachbereich
verdeckend, verschleiernd	offenlegend
mit Vorurteilen	frei von Vorurteilen
ohne Zeitperspektive	mit Zeitperspektive
vermischend	zerlegend

Gesamtpunktzahl:..........   Gesamtpunktahl:..........

2. b) Interpretation:
3. Formulieren Sie ein Bildungsziel zu Ihrer Wahrnehmung:
4. a) Imaginieren Sie über Ihre Wahrnehmung:
4. b) Ihre Folgerung in einem Satz:

1. a) Wie erleben Sie die Bedeutungsvielfalt Ihrer persönlichen Sprache?

1. b) Beschreiben Sie ein Kommunikationsproblem, das durch die Subjektivität der Sprache entsteht:

2. a) Geben Sie zu den Worten Ihre Bedeutung, Ihr Gefühl und Ihre Assoziationen an:

Worte	Bedeutung	Gefühle	Assoziationen
Richter			
Pfarrer			
Liebe			
Sympathie			
Sex			
unehrlich			
Partei			
Strassenbahn			
Glück			

2. b) Interpretieren Sie, welche Kommunikationsprobleme daraus entstehen.

3. Formulieren Sie ein Bildungsziel zu Ihrem persönlichen Sprachgebrauch:

4. a) Imaginieren Sie über Ihre Sprachcharakteristik:

4. b) Ihre Folgerung in einem Satz:

3.2.7. Arbeitseinheit – 3

1. a) Wie erleben Sie die Mitteilung von Wirklichkeiten durch die Medien?

1. b) Erweitern Sie die menschlichen Aspekte der Gestaltung einer Information:

2. a) Stellen Sie sich vor: Eine Person berichtet Ihnen über ein Ereignis. Dabei erkennen Sie verschiedene nonverbale Elemente. Wie wirken diese auf den Inhalt?

Das Ereignis in Stichworten:...

Nonverbale Elemente	Bedeutung für die eigentliche Botschaft
fest in die Augen schauen	
sich beim Reden kratzen	
strenger Blick	
gestikulieren	
den Empfänger berühren	
auffallend tief Luft holen	
Kleider zurechtrücken	
seufzen oder hüsteln	
auf die Uhr schauen	

2. b) Welche nonverbalen Muster erkennen Sie an Ihnen selbst?

3. Formulieren Sie ein Bildungsziel in Sachen "Botschaftübermittlung":

4. a) Imaginieren Sie über Ihre nonverbale Sprache:

4. b) Ihre Folgerung in einem Satz:

1. a) Wie erleben Sie Ihre denkerische Bearbeitung der aufgenommenen Wirklichkeiten?
1. b) Wie bearbeiten die Menschen im allgemeinen ihre aufgenommenen Wirklichkeiten?
2. a) Denkerische Leistungsaspekte können wie folgt erfasst werden. Kreuzen Sie an, was für Sie zutrifft. Halten Sie mit einem Stichwort fest, in welchen Lebensbereichen Sie Ihre besonders günstigen Leistungsaspekte immer wieder erfahren:

6 = vollständig; 5 = sehr; 4 = überwiegend; 3 = mittel; 2 = teilweise; 1 = wenig; 0 = nicht

Leistungsaspekt:	Lebensbereiche:
☐ Reichhaltiger Wortschatz	
☐ Frisches Gedächtnis	
☐ Zielstrebiges Denken	
☐ Gute Merkfähigkeit	
☐ Logisches Denken	
☐ Geschickt im sprachlichen Umgang	
☐ Komplexes zerlegen	
☐ Beweglich im Erfassen von Neuem	
☐ Zusammenhänge erkennen	
☐ Strukturierungsfähigkeit	
☐ Intuition nutzen	
☐ Spontane Einfälle integrieren	
☐ Unvorstellbares durchdenken	
☐ Schwieriges sprachlich fassen	
☐ Flexible Denkmuster	
☐ Flexibel im emotinalen Erleben	
☐ Offen im wertenden Erleben	

2. b) Gesamtpunktzahl: ..... Interpretieren Sie dazu:

3. Formulieren Sie ein Bildungsziel über Ihre denkerischen Leistungsaspekte:

4. a) Imaginieren Sie über Ihre Denkart:
4. b) Ihre Folgerung in einem Satz:

3.2.7. Arbeitseinheit – 5

1. a) Wie erleben Sie die wertenden Aussagen der Menschen?

1. b) Erweitern Sie die Möglichkeiten der Wertbegründung:

2. Geben Sie nachfolgend 2 Beispiele:

2. a) Worte mit Wertelementen/Wertaspekten sind:

2. b) Werturteile mit einem direkten/indirekten SOLL-Anspruch sind:

2. c) Vorurteile sind:

2. d) Ein Wert, begründet auf dem psychischen Organismus ist:

2. e) Ein SOLL-Urteil basierend auf dem psychischen Organismus ist:

3. Formulieren Sie ein Bildungsziel über Ihre wertenden Beurteilungen:

4. a) Imaginieren Sie über Ihre Arten der Wertbegründung:

4. b) Ihre Folgerung in einem Satz:

1. a) Wie erleben Sie die Lernbereitschaft der Menschen?

1. b) Begründen Sie das "Lernen ein Leben lang" mit eigenen Erfahrungen:

2. Geben Sie zur nachfolgenden Tabelle je ein konkretes Beispiel, wo Sie Ihre positiven Lernbedingungen immer wieder erfahren.

Lernbedingungen:	Konkrete Situation:
Flexible Einstellungen	
Leistungsinteresse	
Lernoffene Haltung	
Flexibilität im Rollenverhalten	
Schaffenslust/Gestaltungsfreude	
Bereitschaft, gefordert zu werden	
Persönliches Wachstumsinteresse	
Annehmen eigener Schwächen	
Begeisterungsfähigkeit	
Freisein von Schablonisierungen	
Sachbeurteilung vor Werturteil	
Achtung vor Menschen, Natur, Gütern	
Selbstvertrauen	
Realistische Ideale	
Selbstverantwortung	
Ausdauer	
Annehmen-können des Nicht-Wissens	

3. Formulieren Sie ein Bildungsziel betreffend Lernbedingungen:

4. a) Imaginieren Sie über Ihre Lernbereitschaft:

4. b) Ihre Folgerung in einem Satz:

3.2.7. Arbeitseinheit – 7

Da sagt Ihnen Ihr Gesprächspartner: "Da wird viel übertrieben mit dem 'ein Leben lang lernen'. So wichtig ist das gewiss nicht...". Formulieren Sie 10 Gegenargumente:

Multiple Choice Test

Wählen Sie die vier richtigen Antworten aus: ☒ a) Fun

5.1. Die Wahrnehmung enthält (meist/vielfach):
☐ a) die Raum-/Zeitperspektive ☐ b) ein Werterleben
☐ c) Sollensurteil ☐ d) Projektion
☐ e) Sofortdeutung ☐ f) erbbedingte physiologische Differenzen

5.2. Folgende Sätze gelten:
☐ a) Die Art wie jemand spricht, ist Ausdruck seiner Weltbeziehung.
☐ b) Viele Worte haben sehr verschiedene Bedeutungen.
☐ c) Assoziationen zu gesprochenen Worten sind unwesentlicher Hintergrund.
☐ d) Wirklichkeit und Sprache sind nicht dasselbe.
☐ e) Einfache Situationen fassen alle Menschen mit ungefähr gleichen Worten.
☐ f) Vieles im Reden ist eigentlich "Bildermitteilung".

5.3. Psychische Aspekte zeigen sich in:
☐ a) Sprachstruktur ☐ b) Mimik und Gestik
☐ c) Gefühlstönung ☐ d) Dialekt
☐ e) Erlebnisbezogenen Assoziationen ☐ f) Tonfall/Lautstärke

5.4. Denkoperationen sind:
☐ a) Logisches Denken ☐ b) Zusammenhänge erkennen
☐ c) Zuordnung von Werten ☐ d) Psycho-energetische Kräfte
☐ e) Abstrahieren ☐ f) Nach Prinzipien urteilen

5.5. Die folgenden Aussagen sind richtig:
☐ a) Werturteile haben meist einen gefühlsbetonten Grund.
☐ b) Das Urteilen geschieht durchwegs bewusst und durchdacht.
☐ c) Werturteile enthalten direkt oder indirekt einen Sollensanspruch.
☐ d) Vorurteile enthalten urteilende Elemente.
☐ e) Einstellungen sind gefühlsbetonte Werturteile mit einem Bildaspekt.
☐ f) Überzeugungen sind logische Folgerungen aus Tatsachen.

5.6. Psychische Lernbedingungen, die erlernt werden, sind:
☐ a) Lernoffenheit ☐ b) Flexible Einstellungen
☐ c) Begabungen ☐ d) Differenziertes Selbstbild
☐ e) Intelligenzleistungen ☐ f) Antriebskräfte

4. Emotionen (Gefühle)

Essentielle Thesen

❑ Das Spektrum der Gefühle von Lust-Unlust, Freude-Leid, Glück-Unglück und Liebe-Hass ist sehr variationsreich.

❑ Gefühle sind Ausdruck des Erlebens von Sinn, von Werten und Bedeutungen.

❑ Gefühle können körpernah (körperliches Empfinden) oder geistig (Wertempfinden) erlebt werden.

❑ Der Mensch erlebt vielfach überlagerte und wechselseitig abhängige Gefühle mit unterschiedlicher Qualität, Quantität, Tiefe und Dauer.

❑ Alles, was von aussen und von innen ins Bewusstsein kommt, kann Gefühle auslösen. Die Ursachen sind vielfältig. Auch Unbewusstes kann Gefühle schaffen. Gefühle lassen sich auch künstlich erzeugen.

❑ Gefühle sind immer das Erleben von geformter psychischer Energie. Das Erleben kann allerdings entstellt, unterdrückt oder "aufgeheizt" werden.

❑ Der Umgang mit Gefühlen ist erlernbar. Positive Gefühle können aufgebaut und belastbar gebildet werden.

4.1. Gefühle und ihre Ursachen

4.1.1. Das Spektrum der Gefühle

Wir alle erleben täglich Gefühle: der Mann, die Frau, das Kind, der Angestellte, der Arbeiter, der Lehrer, der Polizist, der Arzt, der Politiker, der Pfarrer, der Direktor u.s.w. Ob ein Mensch politisch mehr "links" oder mehr "rechts" steht, Christ ist, Jude oder Moslem, sachbezogen oder fundamentalistisch denkt, atheistisch oder archaisch-mythologisch das Dasein interpretiert, immer hat er auch Gefühle.

Gefühle spielen im Leben eine grosse Rolle. Das beginnt schon mit dem Aufstehen und wird besonders deutlich, wenn jemand "mit dem linken Bein aus dem Bett gestiegen ist". Wer mit einem öffentlichen Verkehrsmittel an die Arbeit fährt, sieht die Stimmungen der Menschen in ihren Gesichtern. Bei den einen wird die Gefühlsstimmung am Arbeitsplatz allmählich verändert, zunehmend positiv oder negativ.

Viele "tauen erst allmählich auf", während andere schon früh sehr gesprächig und frohgestimmt oder launisch Bewegung in die Kommunikationen bringen. Der Lehrer kann jeden morgen feststellen, welche Kinder wie gestimmt sind, stetig gleich oder immer wieder anders. Die Hausfrau, allein beim Putzen und Waschen, tut ihre Arbeiten mit bestimmten Stimmungen. Wer schon früh zum "Chef" ins Büro muss, oder täglich erste Arbeiten mit ihm bespricht, wird auch ihn immer wieder in Gefühlsvariationen erleben: "Mit ihm ist heute nicht gut Kirschen zu essen". Auch der Vorgesetzte erlebt seine Leute immer wieder in unterschiedlichen Gefühlsstimmungen.

Die Gefühle wechseln im Laufe des Tages, je nach Umfeldeinwirkungen und Beschäftigungen. Wer am Abend vor dem Einschlafen Bilanz über seine Gefühle zieht, wird auch bei konstanten Grundstimmungen immer wieder Variationen seiner Gefühle feststellen können.

So erlebt jeder sich selbst und andere den ganzen Tag zwischen angenehmen und unangenehmen Gefühlen. Die einen Gefühle regen an, fördern Aktivitäten und "tragen" durch die Tagesbeschäftigungen. Unangenehme Gefühle dagegen verlangen mehr Anstrengung für die Tätigkeiten.

Die andern Menschen, die Arbeiten und die Umwelt werden verschieden wahrgenommen und entsprechend dem Grundtenor der Gefühle erlebt.

Wer im Laufe des Tages hin und wieder das Augenmerk auf seine Gefühle richtet, sieht sich in variationsreichem Daseinserleben:

"Das Leben ist schön"; "Das Leben ist eine Plage"; oder: "Das Leben ist herausfordernd".

Gefühle können herausfordern:

- Sie haben eine Wirkung auf das Dasein.
- Sie sind die "Musik" der täglichen Existenz.
- Sie sind eine vitale Kraft:

Gefühle drängen zu Handlungen, "färben" die Handlungen und provozieren auch andere zu bestimmtem Verhalten.

So sind die Gefühle elementarer Ausdruck des Lebens.

Welcher Dummkopf hat gesagt, die Gefühle seien nicht wichtig?

Reflexionen und Diskussion

■ Das Spektrum der Gefühle ist vielfältig. Die Gefühle lassen sich in zwei Hauptkategorien unterteilen:

a) Gefühle der Lebenszuwendung, zum Beispiel: Liebe, Freude, Glück, Harmonie, Friede, Freiheit

b) Gefühle der Lebensabwendung, zum Beispiel: Hass, Zorn, Angst, Frustration, Aggression, Rache

■ Gefühle sind das Erleben von geformter psychischer Energie. Jedes Erleben aktiviert und gestaltet psychische Energie.

Das Erleben ist die Erfahrung von Sinn und Werten. Insofern sind Gefühle immer Ausdruck von Sinn und Wert, erlebt in realen oder imaginativen Situationen.

Bildhafte Gedanken sind ebenso wie die Phantasie eine imaginative Realität.

Die Gefühle sind so etwas wie die "Musik des Existenzerlebens".

■ Das Erleben von Gefühlen lässt sich in der Dimension "angenehm-unangenehm" variationsreich umschreiben:

a) Angenehme Gefühle (Lust):	b) Unangenehme Gefühle (Unlust):
wohl	unwohl
frisch, beschwingt	müde, schlapp, träge
lösend, befreiend, entspannend	beengend, blockierend, verkrampfend
warm	kalt
harmonisierend	zerreissend
ruhig	unruhig
anregend	erschöpfend
erfüllend	defizitär
anziehend	abstossend

■ Das Erleben von Gefühlen ist das Erleben von Existenzmomenten in der äusseren und in der inneren (vorgestellten bzw. verinnerlichten) Wirklichkeit.

■ Es gibt keinen Menschen ohne Gefühle. Aber es gibt Menschen die viele und andere die wenig Gefühle erleben.

▪ Die Gefühle sind geformte psychische Energie.

▪ Diese Energie ist die Lebenskraft.

▪ Gefühle sind Ausdruck des Lebens.

Diagramm 4.1.1: Das Spektrum der Gefühle

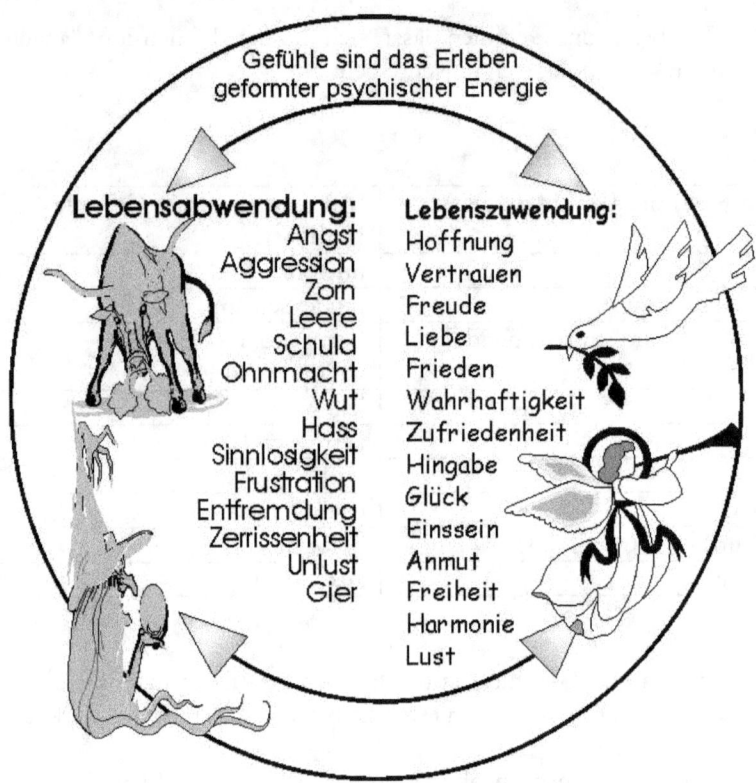

Gefühle sind das Erleben
geformter psychischer Energie

Lebensabwendung:
Angst
Aggression
Zorn
Leere
Schuld
Ohnmacht
Wut
Hass
Sinnlosigkeit
Frustration
Entfremdung
Zerrissenheit
Unlust
Gier

Lebenszuwendung:
Hoffnung
Vertrauen
Freude
Liebe
Frieden
Wahrhaftigkeit
Zufriedenheit
Hingabe
Glück
Einssein
Anmut
Freiheit
Harmonie
Lust

Interesse und Freude

Analyse von ausgewählten Gefühlen zwecks Selbstbesinnung und Entwicklung des Verständnisses, dass Gefühle in die Ich-Führung integriert werden können.

Interesse:
- Interesse ist eine grundlegende Bedingung und Motivationskraft für das tägliche Funktionieren des Menschen.
- Interesse ist eine positiv Motivation. Interesse stellt eine wichtige Motivation bei der Entwicklung von Fertigkeiten, Sozialkompetenzen und Intelligenzleistungen dar.
- Interesse ist die einzige Motivation, die die täglichen Arbeiten in einer gesunden Weise aufrechterhalten kann.
- Interesse ist unentbehrlich für jede kreative Leistung.
- Interesse verschafft dem Individuum im allgemeinen das Erleben einer deutlichen Inanspruchnahme durch die Sache.
- Wenn das Gefühl des Interesses vom visuellen Wahrnehmen Gebrauch macht, neigen die Augen dazu, den Gegenstand zu fixieren und ihn zu erforschen.
- Die Wahrnehmung von Veränderung und die Neuheit einer Sache aktivieren Interesse.
- Man bekommt Interesse an dem, was neu und anders ist.
- Man wird auch interessiert durch die Vorstellung von Möglichkeit.
- Tagträumen und Phantasieren wecken ein Interesse, das sich oft auf Neuheit oder Veränderung bezieht, insbesondere auch auf Ziele.
- Interesse bewirkt das Gefühl, engagiert, gefesselt, fasziniert und neugierig zu sein.
- Interesse ist ein Wunsch zu erforschen, in Anspruch genommen zu werden oder das Selbst durch neue Information und durch neue Erfahrungen zu erweitern.
- Interesse spielt eine wichtige Rolle für die Steigerung der sexuellen Lust, auch für die Aufrechterhaltung einer sexuellen Beziehung.

Freude:
- Freude ist nicht Essen, Trinken oder Paarung. Sie ist nicht dasselbe wie eine Empfindung von Angenehmem. Sie ist nicht Trieblust oder Sinneslust.
- Oft folgt Freude, wenn man persönlich etwas geleistet oder geschaffen hat, aber harte Arbeit oder selbst kreative Bestrebungen garantieren kein Erleben von Freude.
- Freude ist nicht dasselbe wie Spass. Freude kann an Spass und Spielen beteiligt sein, aber das Erleben von Spass enthält mehr Interesse-Erregung.

- Amusement und Unterhaltung sind nicht gleichbedeutend mit dem Erleben von Freude.
- Freude ist ein Gefühl von Selbstvertrauen und Bedeutsamkeit, ein Gefühl, geliebt zu werden und liebenswert zu sein.
- Freude gibt das Empfinden, Schwierigkeiten und Annnehmlichkeiten des Lebens zu bewältigen.
- Freude wird von Selbstzufriedenheit begleitet, von Zufriedenheit mit andern und der Welt. Freude ist gekennzeichnet von einem Akzeptieren des Selbstseins.
- Freude ist ein Nebenprodukt einer Wahrnehmung, eines Denkens oder Handelns.
- Freude kann aus den verschiedenen Stadien kreativer Bestrebungen folgen, aus Entdeckung, aus der Vollendung eines kreativen Prozesses, auch aus körperlicher Bewegung (zwecks Fitness).
- Freude kann Bindung, Verpflichtung oder Neigung erleichtern; ebenso soziale Interaktion und soziale Ansprechbarkeit.
- Freude erleichtert das tägliche Leben und die Arbeit.
- Die Interaktion von Freude und Interesse bildet einen Eckstein von Liebe und zärtlichen Beziehungen.

Kummer und Zorn

Eine Überbewertung von materiellem Erfolg und Leistung behindert das Aufkommen echter Freude. Oberflächlichkeit und ein Übermass an Kritik hemmen Freude. Das ist der Anfang von Kummer und Zorn.

Kummer:
- Kummer und Traurigkeit werden meist als Synonym verwendet.
- Kummer ist eine massgebende Emotion bei Depression, aber Depression ist stets ein komplexes Muster von Emotionen, von Veränderungen in Triebzuständen und affektiv-kognitiven Interaktionen.
- Kummer tritt auf als Folge eines fortgesetzten exzessiven Niveaus von Stimulierung. Die möglichen Quellen der Stimulierung sind: Schmerz, Kälte, Lärm, Hitze, helles Licht, lautes Sprechen, Enttäuschung, Versagen, Verlust.
- Kummer ist unvermeidlicher Teil des Lebens.
- Kummer teilt sich selbst und andern mit, dass nicht alles in Ordnung ist.
- Kummer kann Abhilfestrategien fördern, also eine Art negative Motivation.
- Kummer fördert den Zusammenhalt in Beziehungen, in Gruppen und Gemeinschaften.
- Wer einsam, isoliert und abgelehnt ist, leidet an Kummer.
- Versagen und Enttäuschung über sich selbst (Unzulänglichkeiten) fördern

Kummer.

- Das Erleben von Kummer wird beschrieben als Traurigkeit, Niedergeschlagenheit, Entmutigung, Einsamkeit, Isolation.
- Strafende Sozialisation von Kummer kann Zwangsverhalten, geringe Frustrationstoleranz, schwache Personwerdung und Verlust von körperlicher Tapferkeit verursachen.

Zorn:

- Zorn ist eine fundamentale Emotion.
- Zorn geht häufig einher mit Ekel und Geringschätzung.
- Ein sehr häufiger Stimulus für Zorn ist das Gefühl, entweder körperlich oder psychisch an etwas gehindert zu werden, das man intensiv zu tun wünscht.
- Wenn eine Sache die Erreichung eines besonders wünschenswerten Ziels oder irgendeinen Aspekt der Selbstverwirklichung verhindert, tritt fast mit Sicherheit Zorn auf.
- Niedrige Zornniveaus lassen sich für eine lange Zeit unterdrücken, auf Kosten der Gesundheit und mit dem Risiko eines Wutausbruchs.
- Weitere Ursachen von Zorn sind: persönliche Beleidigung, Alltagsfrustrationen, Unterbrechung von Interesse und Freude, Übervorteiltwerden und Zwang, etwas gegen seinen Willen zu tun.
- Anhaltender, ungemilderter Kummer löst Zorn aus.
- Bei Zorn kocht das Blut, das Gesicht wird heiss und die Muskeln angespannt. Man hat eine Empfindung der Kraft und einen Impuls zuzuschlagen, die Quelle des Zorns anzugreifen. Es wird soviel Energie mobilisiert, dass man meint zu platzen, wenn man nicht irgendetwas beisst, schlägt oder mit dem Fuss tritt.
- In der Evolution war Zorn wichtig für das Überleben. Es werden Energien mobilisiert, sich zu verteidigen.
- Die Unterdrückung von Zorn bewirkt psycho-somatische Leiden.
- Zum Zorn-Bild gehören: aggressiv, rachsüchtig, angriffslustig, erbost, gespannt, Gefühl der Ungerechtigkeit, Verletzt-sein, Kummer, Hass, Abneigung, Zerstörung.
- Die Kombination von Zorn, Ekel oder Geringschätzung mit dem Sexualtrieb kann zu abweichender, missbräuchlicher sexueller Betätigung führen.
- Zorn kann Kummer mildern oder an seine Stelle treten.
- Zorn, Ekel und Geringschätzung haben einschränkende Wirkungen auf Wahrnehmung und Denken.

Notizen und Perspektiven

Wie handhabt der Mensch (im Durchschnitt) das Spektrum seiner Gefühle?

Notieren Sie die zentralen Schlüsselbegriffe dieses Unterkapitels:

Was bewirkt ein mangelhaftes Erkennen der eigenen Gefühle?

Reflektieren über die eigenen Gefühle ist wesentlich, denn:...

Was haben Sie in Elternhaus, Schule und Kirche über die Wirkungsweisen und Ursachen von Gefühlen gelernt?

Welche Bedeutung im Zusammenleben hat das Gespräch über die gerade aktuellen Gefühle?

Welche Gefühle überwiegen in Politik und Wirtschaft?

Was vermittelt die Werbung für positive und negative Gefühle?

Formulieren Sie eine Ihnen wichtige Frage zur Lebenszuwendung:

4.1.2. Die Charakteristiken der Gefühle

Die Gefühle haben einige typische Charakteristiken, die wir alle kennen: Ein Gefühl kann über Tage und Wochen hinweg mehr oder weniger das Daseinserleben prägen.

"Bedrücktsein" bedeutet: Dieses Gefühl drückt nieder, lastet schwer. Wer beispielsweise verliebt ist, voller Hoffnung auf ein erwartetes Ereignis oder Glückliches erfahren hat, wird von einem solchen Gefühl über längere Zeit getragen. Manch einer kommt am Morgen nicht so recht "in Fahrt".

Mit Musik belebt er seine Lebenskräfte. Viele erleben ihre Arbeit, überhaupt ihr Leben, als ziemlich langweilig. Das Fernsehprogramm bietet Abhilfe, zumindest für den Abend: Action, Spannung, Humor und Sex.

So lassen sich bedrängende Gefühle überdecken und für eine Weile beheben. Danach drängen sie sich wieder auf. Eine tragische Familiengeschichte, gesellschaftliche Ereignisse und gar manche kleine Tatsache aus der Welt, bildhaft in die Stube getragen, kommen den Fernsehkonsumenten gefühlsmässig oft sehr nahe.

Viele können dann ihre Gefühle nicht so schnell ändern, wie der Moderator das Thema: von einem Unfall oder von einem kriegerischen Ereignis zu Sport oder dem Wetter. So wird der Zuschauer in manche verschiedene "Gefühlsbäder" getaucht.

Die Konsumgesellschaft bietet uns viele Möglichkeiten, für Minuten ein Gefühl zu übertönen.

Auch zufällige Ereignisse können von einer Gefühlsstimmung ablenken: eine Begegnung oder ein Telefonanruf können eine Gefühlslage verändern.

Der Mensch erlebt täglich verschiedene sich überlagernde Gefühle, die einen von kurzer, andere von längerer Dauer; die einen tiefgehend, andere eher oberflächlich.

Doch das "Spiel dieser Musik" hat noch weitere Variationen: Ein Gefühl kann andere Gefühle bewirken.

Unterdrückte Gefühle zeigen sich in neuer Form:

Wer aggressiv und bedrückt ist, verdeckt damit vielleicht eine tieferliegende Trauer.

Wer gerade optimistisch ist, hat vielleicht kurz davor Angenehmes erfahren.

Wer Ohnmacht erlebt in Sachen Umweltverschmutzung erlebt darin vielleicht eine tieferliegende Hilflosigkeit im eigenen Leben.

Wer viel gedemütigt worden ist, äussert möglicherweise zynische oder sadistische Gefühle. Wer Schuldgefühle erlebt, diese verdrängt und nicht ernst nimmt, verspürt zum Beispiel eine diffuse Angst oder ein unerklärliches Bedrücktsein.

Manch einem erscheint das Leben banal, schwierig oder hoffnungslos. Die Flucht in Phantasien belebt. Er verschafft sich innerlich eine neue Stimmung. Er träumt vom schönen Leben, von einer guten Beziehung, von Geld und Gütern.

Innere Vorstellungen aktivieren psychische Energie und damit Gefühle.

Gefühle sind Sinn- und Werterleben, von innen oder von aussen hervorgerufen.

Reflexionen und Diskussion

■ Die Gefühle lassen sich nach verschiedenen Gesichtspunkten anschauen.

Davon seien hier die wichtigsten Aspekte hervorgehoben:

➜ Ein Gefühl kann lange andauern oder von kurzer Dauer sein.
➜ Ein Gefühl kann tiefgehend oder eher oberflächlich erlebt werden.
➜ Ein Gefühl kann mehr körpernah oder mehr geistig erlebt werden.
➜ Ein Gefühl kann stark/intensiv wirken oder eher schwach.

■ Selten hat ein Mensch bloss ein Gefühl. Vielfach sind langandauernde Grundgefühle teils von tiefgehenden kürzeren und teils von oberflächlichen und nur kurz intensiv erlebten Gefühlen überlagert. Es ist deshalb oft schwierig zu erkennen, welche Gefühle als "Folgegefühle" oder als "verstärkte" Gefühle zu verstehen sind. Ein überlagerndes Gefühl kann zu einer Wirkung kommen, die dem Gefühl nicht entspricht.Die Energieladung stammt von einem tieferliegenden, überdeckten Gefühl. Manche Gefühle bewirken dann eine veränderte neue Gefühlslage, z.B.:

→ Frustration bewirkt Aggression.

→ Ohnmacht führt zu Angst.

→ Verdrängtes Lusterleben (als Gefühl) führt zu Schuld.

→ Schuld bewirkt Angst und/oder Depression.

■ Gefühle sind, bewusst oder nicht bewusst, an "Wirklichkeiten" gebunden. Die äusseren Wirklichkeiten (Lebenssysteme und ihre Elemente) sind ebenso bedeutsam wie die inneren Wirklichkeiten (der psychische Organismus als "Gegenstand des Bewusstseins").

■ Die Menschen reagieren gefühlsmässig unterschiedlich auf äussere und innere Wirklichkeiten. Dies hängt unter anderem von der subjektiven Bedeutung einer Wirklichkeit (bzw. eines Elementes daraus) ab.

■ Die psychische Energie der Gefühle formt die Psychodynamik, wirkt auf das Denken und Handeln, kann auf alle psychischen Kräfte erheblich Einfluss nehmen. Die geformte psychische Energie wirkt erheblich auch auf den Körper.

Diagramm 4.1.2: Charakteristiken und Aspekte der Gefühle

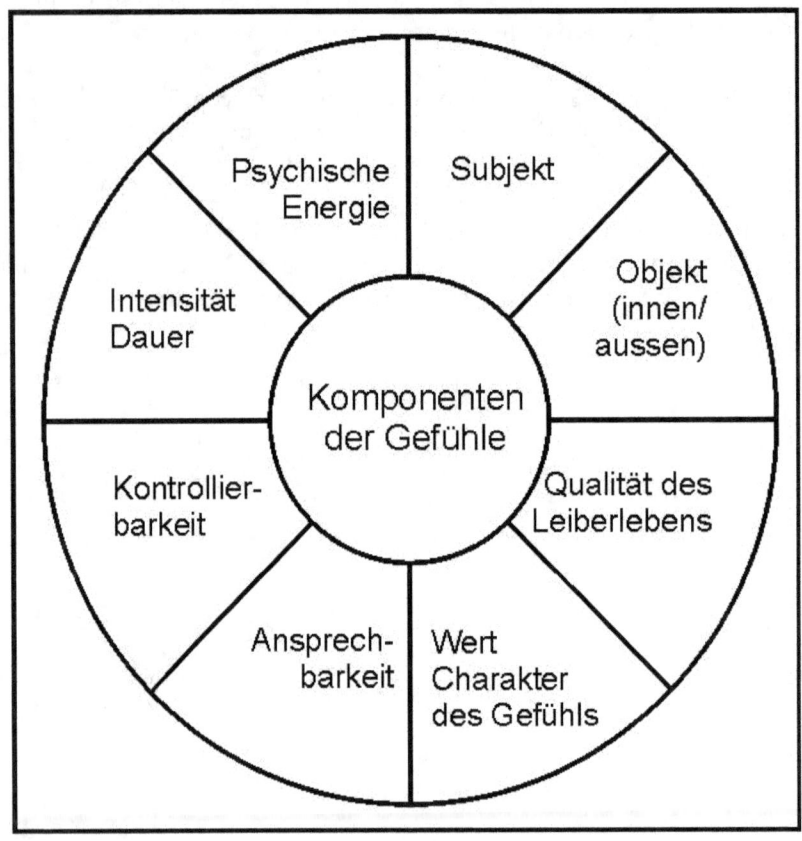

Das Subjektive Gefühlserleben

Jeder Mensch hat seine eigene Art, gefühlsmässig zu reagieren; und jeder erlebt auf ganz persönliche Weise den Wert seines Gefühlserlebens. Dieser Wertcharakter ist ein Ausdruck der Gesamtperson, widerspiegelt teils Einstellungen, teils Wertmuster, teils Überzeugungen, teils Normen und teils Vorurteile. Die nachfolgende Arbeitsliste ermöglicht, diesbezüglich Aspekte der eigenen Person systematisch kennenzulernen.

Notieren Sie in die Spalten rechts Ihr Erleben und den Wert, den Sie diesem Erleben geben.

Bild/Auslöser:	Erleben:	Wert (positiv/negativ):
Obdachloser		
weinender Mann		
Fundamentalist		
entschlossene Frau		
Berg Geschirr zum Abwaschen		
riesengrosses 'Wohnsilo'		
Smog		
Drogenabhängiger am Bahnhof		
Arzt		
Mann mit amputierten Beinen		
Zahnarztstuhl		
starker Verkehrslärm		
nackte Frau im Park		
Südseeinseln		
Titelblatt Pornoheft		
Kriegsszene		
Müllberge		
Verkehrsunfall mit Toten		
Operationsraum Spital		
Heiligenbilder in der Kirche		
Todeszelle		
Hinrichtungskammer USA		
Bild einer glücklichen Mutter		
ein stolzer Vater		
ein Baby an der Brust		
Abfälle am Seeufer		
verschmutzte Flüsse/Bäche		
ein strenger Chef		

abgestorbene Bäume		
sehr alte Menschen		
ein arbeitsloser Nachbar		
ein freches Kind		
ein sehr betrunkener Mensch		
ein Bankräuber		
ein Extremist		
Christus ans Kreuz genagelt		
ein General		
ein meditierender Mensch		
ein Haufen Banknoten		
ein Haufen Psychologiebücher		
die Bibel		
Menschen, die sich schlagen		
ein verschlagener Mensch		
Sonnenschein		
heftiger Regen		
ein einsames Bergtal		
zwei sich liebende Menschen		
ein hochglanz poliertes Auto		
Bankeingangshalle		
Ausländerfamilie als Nachbarn		
ein Mensch, der nichts leistet		
Menschen-überfüllter Strand		
Untergrund-Bahn		
Zugfahrt an die Arbeit		
kilometerlanger Stau		
Atommüll-Lager		
Ruder-Bootsfahrt auf dem See		
Bergsteiger im Fels		
zwei Boxer im Kampf		
zwei sich küssende Menschen		
"Rotlicht"-Milieu		
viele tote Fische am Seeufer		
eine blühende Wiese		
Büroraum mit vielen Pflanzen		
Steueramt		
ein feines Essen		
historische Ruinen (Burgen)		
ein Versager		
aggressive Autofahrer		

Altersheim		
ein Sarg		
eine Geburt		
ein trotziges Kind		
eine herrschsüchtige Frau		
ein wütend schreiender Mann		
eine einsame junge Fau		
eine Ambulanz mit Sirene		
Schulzimmer		
Psychoanalytiker, Psychologe		
ein Pfarrer		
Primarschul-Lehrer		
ein Blumenstrauss		
Meditationsmusik		
jemand in Entspannungsübung		
ein Professor		
Generaldirektor einer Bank		
Slumszene		
ein frohes junges Paar		
ein glücklicher Mittfünfziger		
ein Verzweifelter vor Pension		
ein weiser Mensch		
ein sexuell erregter Mann		

Notizen und Perspektiven

Wie erfasst der Mensch (im Durchschnitt) die Aspekte seiner Gefühle?

Notieren Sie die zentralen Schlüsselbegriffe dieses Unterkapitels:

Was bewirkt ein wenig bewusstes und wenig differenziertes Gefühlserleben?

Reflektieren über das, was Gefühle auslöst ist wesentlich, denn:...

Was haben Sie in Elternhaus, Schule und Kirche über die Komponenten der Gefühle gelernt?

Welche Bedeutung im Zusammenleben hat das Gespräch über die Auswirkungen von Gefühlen?

Welche Aspekte der Gefühle sind in Politik und Wirtschaft "erlaubt"?

Was vermittelt die Werbung über den Wert von Gefühlen?

Formulieren Sie eine Ihnen wichtige Frage zum subjektiven Gefühlserleben:

4.1.3. Der Umgang mit den Gefühlen

Wie soll der Mensch mit seiner Gefühlsvielfalt leben? Viele kommen mit ihren Gefühlen nicht zurecht. Sie werden von ihren Stimmungen und von den momentanen Gefühlen beherrscht.

Ihre Gefühle prägen ihr Denken, ihr Werten und ihr Handeln. Das ist dann oft wie eine "Achterbahn": auf und ab, hin und her, hoch und tief. Das drängt jeden nach Lösungsversuchen.

Der eine mag da denken: Gefühle sind gefährlich oder "schlecht" fürs Leben. Also nimmt er sie nicht mehr wahr, unterdrückt sie und findet ein "Gleichgewicht" im Arbeiten und in Freizeitbeschäftigungen. Andere leben ihre Gefühle betont, aber einseitig, indem sie sich einen bestimmten Gefühlszustand täglich vornehmen. Wieder andere entladen ihre Gefühle schonungslos in ihrer Umgebung.

Einige vertreten die Meinung, man müsse Gefühle in allen Lebenssituationen bewusst pflegen, z.B. im Beruf, in der Schule und in Beziehungen. Man soll die Gefühle des andern nicht verletzen, sagen viele. Ist es nicht so, dass das Leben täglich viele Momente bietet, in denen Gefühle verletzt werden, sei es von Menschen, sei es von Gesetzen, sei es von der bebauten Umwelt, sei es von Arbeitsplatzbedingungen oder von Lärm und Gestank?

Wie soll der Mensch mit seinen Gefühlen umgehen? Gibt es konstruktive Wege? Der Umgang mit Gefühlen kann erlernt werden. Das bedeutet nicht, dass damit belastende Gefühle gewisssermassen "technisch" überwältigt werden sollen.

Der erste Ansatz ist einfach: Die äusseren Einflussfaktoren mehr kontrollieren und gegebenenfalls diesen ausweichen.

Ein zweiter Weg ist die "Psychohygiene": mit Entspannung und Mental-Training die psychische Energie ausgleichen und die Gedanken zur Ruhe bringen.

Ein dritter Weg ist die bewusste Lebensweise und damit verbunden eine positive Einstellung auch gegenüber belastenden Gefühlen. Das heisst: Gefühle bejahen und diese verstehen.

Wer die Ursachen von Gefühlen kennt, kann mit den Gefühlen besser umgehen und ihre Wurzeln klären, zum Beispiel auch durch Vergangenheitsbewältigung. Denn viele neue Gefühle aktivieren frühere Erlebnisse. Dadurch ergibt sich eine unnötige Verstärkung.

Wer das Unbewusste bereinigt hat, wird von seiner Vergangenheit nicht mehr gefühlsmässig gebunden, auch nicht in neuen Situationen, die wie frühere sind.

Es gibt keine vernünftige Theorie, die besagt und rechtfertigt, dass man jedes Gefühl gleich in voller Kraft ausleben oder gar sich darin steigern soll. Eine massvolle und angemessene Selbstkontrolle und Selbstdisziplin ist Teil eines konstruktiven Umgangs mit Gefühlen.

Jeder kann lernen, seine Gefühle zu managen. Positive Gefühle können durch Bildung und Individuation aufgebaut werden.

Das Ziel des Lebens besteht aber kaum aus "stets positive Gefühle haben".

Reflexionen und Diskussion

■ Ein angemessener Umgang mit Gefühlen ist möglich, wenn die "Sache", die ein Gefühl ausgelöst hat, bewusst gemacht wird. Gefühle sind nicht einfach "grundlos da".

Man kann selten einfach "positive Gefühle machen". Auch umgekehrt gilt: Negative Gefühle lassen sich meist nicht gleichsam wie ein Hemd, von grau-schwarz auf gelb-orange wechseln.

Man kann Gefühle auch "künstlich" erzeugen, bei sich wie bei andern.

■ Viele Gegebenheiten   aus verschiedenen Bereichen können Gefühle auslösen:

- Persönliche Ereignisse
- Gesellschaftliche Verhältnisse
- Handlungen der Person
- Innerpsychische Situation
- Lebensumstände
- Sachobjekte
- Fremde Ereignisse

■ Es gibt einige positive Gefühle, die wohl alle Menschen als stabiles inneres Sein erleben möchten, z.B.: Freude, Hoffnung, Zufriedenheit, Selbstvertrauen, Wohlbefinden, Ich-Stärke und Liebe. Stabil und tragfähig werden solche Gefühle nur durch vertiefte Selbstbildung.

■ Positive Gefühle können aufgebaut und negative Gefühle können abgebaut werden. Mit Gefühlen umgehen bedeutet:

- Bedürfnisse beachten.
- Das Unbewusste klären.
- Träume anschauen.
- Gefühle ernst nehmen.
- Sebststeuerung bewusst halten.
- Etwas leisten im Leben.
- Das Denken genauer anschauen.
- Ausseneinflüsse selektionieren.
- Lebenssituation verändern.
- Lebensweise reflektieren.
- Gefühlsvielfalt genau anschauen.
- Die Psychodynamik verstehen.
- Ernährung wichtig nehmen.
- Fitness praktizieren.

■ Gefühle sind offensichtlich nicht eine Zufälligkeit. Sie sind auch nicht zu verstehen wie das Wetter. Gleichzeitig ist es kaum ein Ziel, in einem "glücklichen Gefühlszustand" stetig verharren zu wollen.

Negativ erlebte Gefühle sind auch Teil des Lebens, wie das Putzen, Kochen, Essen, Abwaschen, Schlafen, Arbeiten u.s.w.

Mit allem richtig umgehen will erlernt sein.

Diagramm 4.1.3: Mit Gefühlen umgehen

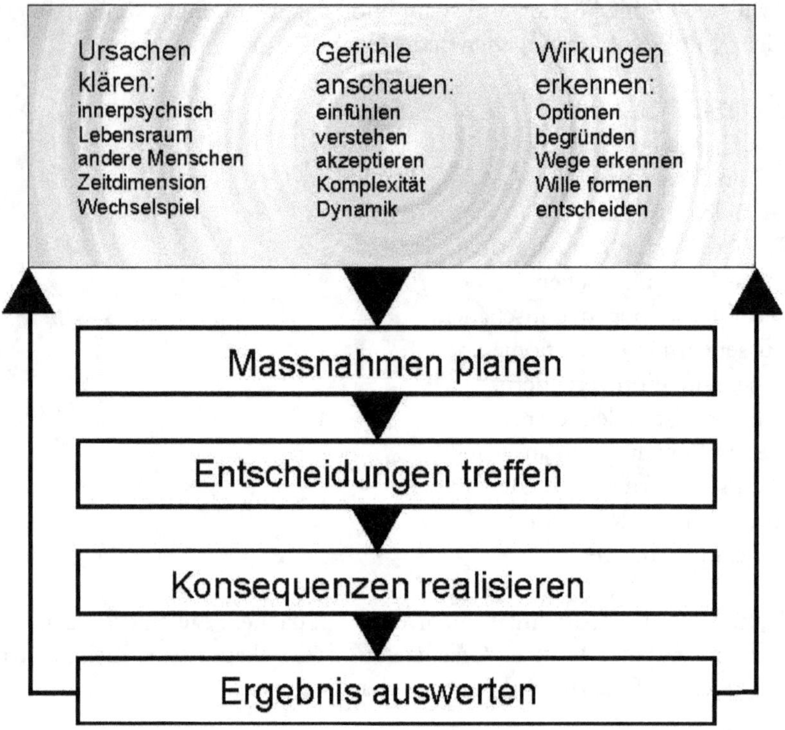

Ursachen klären:	Gefühle anschauen:	Wirkungen erkennen:
innerpsychisch	einfühlen	Optionen
Lebensraum	verstehen	begründen
andere Menschen	akzeptieren	Wege erkennen
Zeitdimension	Komplexität	Wille formen
Wechselspiel	Dynamik	entscheiden

Massnahmen planen

Entscheidungen treffen

Konsequenzen realisieren

Ergebnis auswerten

Der indirekte Umgang mit Gefühlen

Die Vorstellung, der Mensch könne seine Gefühle immer beherrschen; er solle sie immer unter der Kontrolle des Verstandes halten, möglichst im Gleichmut leben, unbewegt von Höhen und Tiefen der Gefühle, ist falsch.

Die Pflege der eigenen Gefühle ist unerlässlich. Gefühle sind grundlegender Teil des Lebens, sie sind ein Aspekt des Lebens schlechthin, die positiven wie die negativen Gefühle. Praktische Anregungen:

❒ Gedanken, die man unterdrückt, werden besonders aktiv und brechen in Gefühlen durch. Darum: Befassen Sie sich mit dem, was "es denkt".

❒ Sorgen sind Teil des 'normalen' Lebens. Unterdrückt man diese, bagatellisiert man das, was sorgenvoll bewegt, dann brechen die Gefühle der Sorgen indirekt durch. Darum: Nehmen Sie Sorgen ernst!

❒ Schon kleinere allgemeine Ängste führen mit der Zeit dazu, dass man zum Beispiel entschlussunfähig wird. Darum: Suchen Sie nach den Gründen der Angstgefühle!

❒ Gefühle sind oft schwierig bis unmöglich zu kontrollieren. Hier ist meist der falsche Ansatz. Darum: Wer erkennt, was Gefühle bewegt, soll eben dort bei den Beweggründen ansetzen!

❒ Unabgeschlossene Dinge, unerledigte Aktivitäten bewirken innere Spannungen und oft auch Ängste. Ist ein Vorgang abgeschlossen, bewirkt dies Befriedigung und innere Ruhe. Darum: Lernen Sie einerseits, gewisse Dinge auch innerlich "auf's Eis" legen zu können (z.B.Prioritäten setzen!); und anderseits erledigen Sie unerledigte Tätigkeiten nach einem Zeitplan!

❒ Manche Unsicherheitsgefühle entstehen, weil zu einer Sache die methodischen Mittel nicht klar sind, es dazu an Kompetenzen fehlt (z.B. Kommunikationsfähigkeit). Darum: Klären Sie, was Ihnen an Kompetenzen fehlt und erlernen Sie diese!

❒ Erklären und begründen wir ein Ereignis falsch, so entstehen dazu die falschen Gefühle (z.B. die Ursachen bei sich sehen oder als unveränderbar annehmen). Darum: Geben Sie acht und prüfen Sie genau Ihre Erklärungen - und v.a. ganz allgemein Ihren Erklärungsstil (z.B. Konflikte als positive Chance sehen)!

❒ Wer (zu Hause und am Arbeitsplatz) immer meint, alles müsse seinen

Vorstellungen entsprechen, schafft sich massiven inneren Druck. Darum: Prüfen und ändern Sie im gegebenen Fall Ihre diesbezüglichen Einstellungen!

❏ Es mag richtig sein, gewisse Dinge 'perfekt' zu tun; meist aber überfordert man dabei sich, die andern und die Sache selbst. Darum: Persönliche Leistungszufriedenheit darf sich meist schon bei 90% Leistungsqualität einstellen.

❏ Bilder beeinflussen unser Leben erheblich und schaffen entsprechend Gefühle. Einerseits werden Phantasien durch unbewusstes Material aktiviert, anderseits gibt es auch das 'Spiel mit den Phantasien'. Darum: Halten Sie eine gewisse Psychohygiene mit den Gefühlen und lassen Sie nicht immer allen Bildern freien Lauf!

❏ Alle Menschen müssen lernen, mit Mängeln zu leben. Idealvorstellungen schaffen oft massiven inneren Druck und entsprechende Gefühle der Unzufriedenheit. Darum: Erkennen Sie einerseits die positive Herausforderung und eignen Sie sich anderseits dem Leben angemessene Ansprüche an!

❏ Zu starkes Erfolgserleben belastet oft Beziehungen und nimmt das Gefühlsleben unverhältnismässig stark in Anspruch. Darum: Es ist klug und weise, materiellen und geschäftlichen Erfolg nicht einseitig überzugewichten.

❏ Zu stark arbeitsorientierte Menschen, meist mit einem übersteigerten Pflichtgefühl, schaffen sich Gefühle der Frustration, da der 'innere Mensch' nicht leben kann. Anerkennungssucht und Habgier schaffen soviel Leid wie Gewalt! Darum: Halten Sie dazu kritische Selbstreflexion und gönnen Sie sich das 'Leben'!

 Ein Missverhältnis zwischen gesellschaftlicher Stellung und psychisch-geistiger Entwicklung zerstört jedes gesunde Gefühlsleben!

Mit Introspektion sich den Gefühlen annähern

Die Introspektion ist ein direkter Weg, die eigenen Gefühle zu identifizieren, zu verstehen und umzugestalten. Wir orientieren uns an psychoanalytischen Reflexionen zu dieser Methode und stellen einige Überlegungen vor, die verhelfen können, sich mit der Introspektion vertraut zu machen.

Introspektion meint: Hineinschauen in sich oder auch in andere Menschen oder Sachen, durchschauen, betrachten, aufmerksame, achtsame Beobachtung aller Vorgänge in sich selbst im leiblichen und psychischen Bereich. Introspektion ist ein Erfühlen, Ertasten, Erspüren des inneren Zustandes.

Psychoanalyse bedeutet in erster Linie systematische Introspektion, strenger Wahrheitswille, Selbstdisziplin im Versuch, zu einer umfassenden Selbsterkenntnis zu gelangen.

Ziel der Introspektion ist die Aufdeckung des Unbewussten. Introspektiv ist zu entdecken: die Abwehrmechanismen, die Ideale, das Leiden, die Potentiale, die Triebe, die Konflikte, das Über-Ich und die 'neurotischen Elemente'.

Introspektion ermöglicht es, sich gründlich mit der eigenen Vergangenheit und der unbewussten Gegenwart zu befassen.

Selbstanalyse ist die Form der Introspektion. Sie treibt das Bedürfnis nach Wahrhaftigkeit zur analytischen Selbsterforschung. Als Vorbedingung der Selbsterforschung muss man zunächst leiblich und psychisch still werden, entspannt und gesammelt sein.

Die Selbstanalyse ist ein Weg der Introspektion; sie ist eine Möglichkeit, in uns aufzuräumen, den inneren Raum vorzubereiten, freiwerden zu lassen, in dem dann anderes sich ereignen kann.

Ein Mensch hört auf, Mensch zu sein, wenn er sich selbst nicht mehr beobachtet und Erholung und Nahrung immer ausser sich sucht.

Introspektion als Selbstbefragung, Selbstbetrachtung, Selbsterkenntnis und Selbstbeurteilung ist ein alltägliches Verhalten des Menschen zu sich selbst. Wir blicken dabei nicht etwa in einen inneren abstrakten Hohlraum, sondern wir betrachten ein konkretes gegenwärtiges Tun, denken konkret darüber nach, was wir getan haben oder noch tun werden.

Introspektion ist Selbstvergewisserung darüber, wie es um uns stand, um uns steht und um uns stehen wird. Introspektion ermöglicht dadurch eine bewusste Lebensführung.

Introspektion ist nicht nur Denken, sondern ein Agieren und Reagieren des Selbst in der Breite seiner Möglichkeiten: Trauer, Reue, Enttäuschung über Verlust und Versagen, Glück im gegenwärtigen Gelingen, Angst und Hoffnung angesichts des noch Offenen.

Introspektion bedeutet "Erkenne Dich selbst", meint auch Besinnung auf seinen Ursprung aus dem Göttlichen, also Gotteserkenntnis.

Introspektion meint auch:

„Verliere dich nicht nach aussen, gehe in dich selber zurück, im inneren Menschen wohnt die Wahrheit. Und wenn du dann entdeckst, dass dein Wesen veränderlich ist, so übersteige dich selbst, aber beachte dabei, dass du eine geistig-denkende Seele überschreitest. Strebe also dorthin, woher das Licht des Geistes scheint."

Notizen und Perspektiven

Wie geht der Mensch (im Durchschnitt) mit seinen Gefühlen um?

Notieren Sie die zentralen Schlüsselbegriffe dieses Unterkapitels:

Was bewirkt Gleichgültigkeit gegenüber den eigenen Gefühlen?

Der bewusst reflektierte Umgang mit Gefühlen ist wesentlich, denn:...

Was haben Sie in Elternhaus, Schule und Kirche über Introspektion gelernt?

Welche Bedeutung im Zusammenleben hat das Gespräch über den Umgang mit Gefühlen?

Wie wird in Politik und Wirtschaft mit Gefühlen umgegangen?

Was vermittelt die Werbung über Introspektion?

Formulieren Sie eine Ihnen wichtige Frage zum Aufbau positiver Gefühle:

4.1.4. Übungen

1. Wie ist das Spektrum Ihrer Gefühle rückblickend auf die letzten Wochen?

2. Wie gehen Sie mit Ihren Gefühlen im Alltag um?

3. Welchen "Wert" haben für Sie Ihre Gefühle im Vergleich zum Denken und Handeln?

4. Wie wirken Ihre Gefühle auf Ihre Gedanken, Entscheidungen und Handlungen?

5. Wie gehen Sie Ihren Gefühlen auf den Grund?

6. Wie wollen Sie, dass andere Menschen mit Ihrem Gefühlsleben umgehen?

7. Wie wirken die Gefühle anderer Menschen auf Sie?

8. Wie wichtig ist Ihnen das Gefühlsleben Ihrer nächsten Menschen?

9. Stimmungslage. Wochenrückblick.
Gewichten Sie: 5 = sehr   4 = deutlich   3 = mässig   2 = wenig   1 = kaum

9.a) Angenehm:

	Mo	Di	Mi	Do	Fr	Sa	So
Wohl							
Entspannt							
Warm							
Harmonisch							
Ruhig							
Angeregt							
Erfüllt							
offen							

Interpretieren Sie Ursachen:

Was sind die Wirkungen?

9.a) Unangenehm:

	Mo	Di	Mi	Do	Fr	Sa	So
Unwohl							
Verspannt							
kalt							
Zerrissen							
Unruhig							
'Abgestellt'							
Unerfüllt							
Verschlossen							

Interpretieren Sie Ursachen:

Was sind die Wirkungen?

9.c) Generelle Folgerungen (Massnahmen):

10.a) Das Profil der eigenen Gefühle: Halten Sie Rückschau auf die letzten Tage und Wochen.   Versuchen Sie nach der vorgegebenen Liste Ihre Gefühlsvielfalt festzuhalten.

Vermerken Sie in die leere Spalte:
(fast) immer = 4
häufig = 3
manchmal = 2
wenig = 1
nie = 0

Positives Gefühl:	Häufigkeit	Negatives Gefühl:	Häufigkeit:
Ur-Vertrauen		Angst	
Erfüllt-sein		Leere	
Frieden		Unfrieden	
Harmonie		Disharmonie	
Wahrhaftigkeit		Verleugnung	
Liebe		Hass	
Partizipation		Entfremdung	
Sicherheit		Unsicherheit	
Verbundenheit		Einsamkeit	
Zufriedenheit		Unzufriedenheit	
Ganzheit		Zerrissenheit	
Sinnerfüllung		Sinnlosigkeit	
Freiheit		Unfreiheit	
Glücklichsein		Unglücklichsein	
Hoffnung		Hoffnungslosigkeit	
Vertrauen		Misstrauen	
Vitalität		Bedrücktsein	
Freude		Freudlosigkeit	
Hingabe		Aggression	
Summe:		Summe:	

10.b) Ursachen von Gefühlen: Versuchen Sie, nach der vorgegebenen Liste mit einem Stichwort festzuhalten, wo mögliche Ursachen sind:

Positives Gefühl	Ursachen:	Negatives Gefühl:	Ursachen:
Ur-Vertrauen		Angst	
Erfüllt-sein		Leere	
Frieden		Unfrieden	
Harmonie		Disharmonie	
Wahrhaftigkeit		Verleugnung	
Liebe		Hass	
Partizipation		Entfremdung	
Sicherheit		Unsicherheit	
Verbundenheit		Einsamkeit	
Zufriedenheit		Unzufriedenheit	
Ganzheit		Zerrissenheit	
Sinnerfüllung		Sinnlosigkeit	
Freiheit		Unfreiheit	
Glücklichsein		Unglücklichsein	
Hoffnung		Hoffnungslosigkeit	
Vertrauen		Misstrauen	
Vitalität		Bedrücktsein	
Freude		Freudlosigkeit	
Hingabe		Aggression	

Formulieren Sie drei Handlungsanregungen, was Sie tun können, um Ihre negative Gefühlslage zu verbessern:

Multiple Choice Test

Wählen Sie die vier richtigen Antworten aus: ☒ a) Fun

6.1. Das Spektrum der Gefühle. Zentrale Aussagen dazu sind:

☐ a) Es gibt viele verschiedene Gefühle, die Lebenszuwendung ausdrücken.
☐ b) Unangenehme Gefühle sind immer negativ zu werten.
☐ c) Gefühle drücken auch ein bestimmtes Daseinserleben aus.
☐ d) Es gibt Menschen, die ohne Gefühle leben können.
☐ e) Gefühle sind ein unerlässlicher Teil des menschlichen Seins.
☐ f) Gefühle sind immer das Erleben geformter psychischer Energie.

6.2. Die Charakteristiken der Gefühle. Charakteristiken der Gefühle sind:

☐ a) Wertaspekt
☐ b) Intensität
☐ c) Dauer
☐ d) Eindeutigkeit
☐ e) Gefühlsüberlagerung
☐ f) Einfachheit

6.3. Der Umgang mit den Gefühlen. Gefühle verändern kann man durch:

☐ a) Bedeutung relativieren
☐ b) Gefühle ausleben
☐ c) Einfühlen
☐ d) Auslöser verändern
☐ e) Lebensweise klären
☐ f) Reflektieren

4.2. Die komplexen Funktionen der Gefühle

4.2.1. Die Kategorisierung von Gefühlen

Wir können Gefühle nach verschiedenen Gesichtspunkten einteilen. Erstens erleben wir die Gefühle als "positiv" oder "negativ".

Dies schliesst eine persönliche Wertung mit ein, denn nicht jedes Gefühl bedeutet für jeden in allen Situationen einen gleichen Wert. Trauer erleben kann auch positiv sein. Unzufriedenheit oder Angst sind Gefühle, die zwar negativ erlebt werden, aber durchaus konstruktive Aspekte haben können.

Zweitens wird "positiv" bzw. "negativ" oft gleichgesetzt mit angenehm bzw. unangenehm. Doch auch ein Gefühl der Aggression oder des Zornes kann im Ausdrücken befreiend und in diesem Sinne "angenehm" sein.

Manchmal ist die kurzfristige Lust zwar angenehm, aber eigentlich eher negativ zu werten, beispielsweise weil Wichtigeres weggeschoben wird.

Drittens gibt es Gefühle, die mehr körpernah und andere mehr "geistig" erlebt werden. Zärtlichkeit und Wohlbefinden werden mehr körpernah erlebt, während Freude und Wahrhaftigkeit eher Gefühle von Sinn-Erfülltsein und Werterleben sind.

Viertens gibt es Gefühle, die einen sachlichen (weltlichen) Bezug haben, während andere psychisch orientiert sind. "Sicherheit" kann in einem Auto und in einer Beziehung erlebt werden. "Harmonie" und "Ganzheitserleben" beziehen sich mehr auf das Erleben von psychischen Kräften als von Äusserem.

Eine fünfte Kategorisierung ist "Subjekt-bezogen" und "Objekt-bezogen". Hier sind allerdings mehr die gefühlsauslösenden Faktoren gemeint, die innen oder aussen sein können; ein Gefühl, das nahe bei sich erlebt wird oder einen direkten Bezug zu Äusserem hat.

Sechstens können wir "abstossende" und "anziehende" Gefühle

unterscheiden. Antipathie und Feindschaft drängen nach Abwendung, während Sympathie und Freundschaft Zuwendung aktivieren.

Die Gefühle können siebtens auch unter dem Gesichtspunkt der Konstruktivität bzw. Destruktivität betrachtet werden. Manche Gefühle enthalten beide Aspekte. So kann ein Zornausbruch für die innere Entladung, und damit für die Gesundheit positiv sein, wird aber in den meisten Fällen als negativ erlebt und hat in den Interaktionen meist eine destruktive Wirkung.

Eine allgemeingültige Einteilung ist kaum möglich. Die Interpretation von Gefühlen ist von Mensch zu Mensch und von Kultur zu Kultur unterschiedlich.

Reflexionen und Diskussion

■ Gesichtspunkte der Einteilung sind:

- positiv-negativ
- angenehm-unangenehm
- körpernah-geistig
- sachlich-psychisch
- Subjekt-bezogen und Objekt-bezogen
- anziehend-abstossend
- konstruktiv-destruktiv

■ Das Erleben von Gefühlen enthält immer auch eine Interpretation nach:

- erwünscht oder nicht erwünscht
- von andern gebilligt oder missbilligt
- in Kombination mit der Situation
- in Relation zu anderen Gefühlen
- unter der Perspektive von Vergangenheit und Zukunft
- nach kulturellen "Gepflogenheiten"

■ Das Profil der eigenen Gefühle: Es ist sinnvoll und konstruktiv, Rückschau auf die letzten Tage und Wochen zu halten und die Gefühlsvielfalt festzuhalten.

Positives Gefühl	Häufigkeit	Negatives Gefühl	Häufigkeit
Ur-Vertrauen		Angst	
Erfüllt-sein		Leere	
Frieden		Unfrieden	
Harmonie		Disharmonie	
Wahrhaftigkeit		Verleugnung	
Liebe		Hass	
Partizipation		Entfremdung	
Sicherheit		Unsicherheit	
Verbundenheit		Einsamkeit	
Zufriedenheit		Unzufriedenheit	
Ganzheit		Zerrissenheit	
Sinnerfüllung		Sinnlosigkeit	
Freiheit		Unfreiheit	
Glücklichsein		Unglücklichsein	
Hoffnung		Hoffnungslosigkeit	
Vertrauen		Misstrauen	
Vitalität		Bedrücktsein	
Freude		Freudlosigkeit	
Hingabe		Aggression	

Machen Sie in der Gruppe ein Durchschnittsprofil der Gefühle der Menschen.

Diagramm 4.2.1: Das Erleben der Gefühle

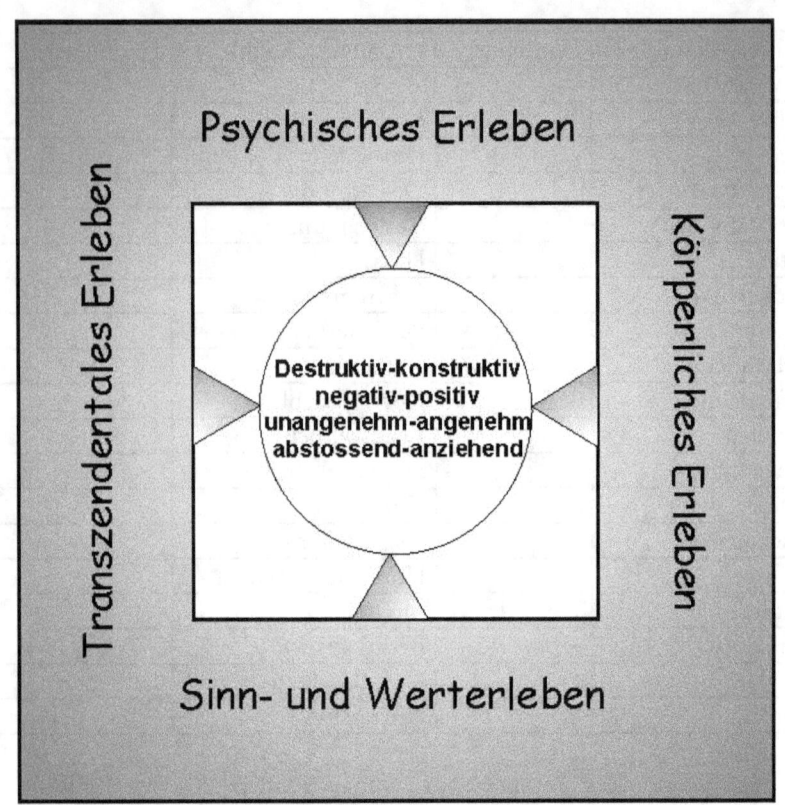

4.2.2. Gefühlsausdruck und Gefühlsverlauf

Gefühle haben vielfältige Ausdrucksformen. Wir erkennen ein Gefühl an der Mimik und Gestik. Ein frohes Gesicht sieht anders aus als ein zorniges. Wer kummervoll ist oder begeistert, hat je eine spezielle Gestik. Gefühle haben körperlich erlebbare Begleiterscheinungen. Gefühle beeinflussen Vorgänge im Gehirn, den Kreislauf, die Atmung sowie das Nerven- und Drüsensystem. Angst ruft ebenso wie Hoffnung und Freude physiologische Reaktionen hervor. Auch expressiv und motorisch können wir die Kraft der Gefühle erkennen.

Viele Handlungen sind nicht einfach des Resultat eines Denkprozesses oder einer Gewohnheit oder einer Fertigkeit, sondern grundlegend mitbeeinflusst von der psychischen Energie und der Sinnbedeutung der aktuellen Gefühle. Gefühle finden einen Ausdruck vor allem auch im Denken und im Reden.

Wir heben drei zentrale Ausdrucksformen hervor:

Jeder erlebt seine Gefühle als angenehm oder unangenehm und in diesem Sinne als positiv oder negativ, als konstruktiv oder destruktiv. Das Angenehme ist wohltuend, anregend, befreiend und anziehend. Das Unangenehme ist abstossend, beengend, aufregend und bedrückend.

Dann haben wir die Kraft eines Gefühls. Manche Gefühle sind eher schwach, oberflächlich, fad und wirken "leer" bzw. kraftlos. Andere Gefühle haben eine starke Energie. Sie sind intensiv, gesteigert, ergreifend und heftig.

Und schliesslich ist die Zeit ein weiterer Aspekt des Ausdruckes. Die einen Gefühle sind von kurzer Dauer, andere wirken lange nach.

Der Mensch hat vielfach zur gleichen Zeit verschiedene Gefühle, die sich überlagern, verstärken oder widersprechen, d.h. zueinander in Opposition stehen. Es kommt zu einem Kräftekampf. Schwächere Gefühle verschwinden oder werden für eine Weile zurückgedrängt.

Gefühle können sich auch gegenseitig verstärken und in neuer Form intensiver in Kraft und Qualität erlebt werden. Ein Interesse wird zu einer Begeisterung, dann zu einer Freude und schliesslich zu einem tiefen Glücksgefühl. Eine "schlechte Laune" führt zu Kummer, dann zu Aggression und schliesslich zu Wut und Zorn.

Reflexionen und Diskussion

■ Gefühle haben physiologische Wirkungen:

Gehirn, z.B.:	
Nerven, z.B.:	
Atmung, z.B.:	
Kreislauf, z.B.:	
Drüsen, z.B.:	

■ Gefühle haben verschiedene Ausdrucksformen:

angenehm, z.B.	
unangenehm, z.B.	
Intensität, d.h.	
Schwäche, d.h.	
Dauer, z.B.	

■ Gefühle können sich verstärken:

Positiv sich gegenseitig verstärkende Gefühle sind:	
Negativ sich gegenseitig verstärkende Gefühle sind:	
Gefühle können aufeinanderprallen:	

■ Ein Tagesprotokoll der Gefühlslage hilft manchmal weiter, dient auf jeden Fall immer der Selbsterkenntnis.

Gefühlsausdruck Tageszeiten	angenehm unangenehm	stark schwach	länger kürzer
Morgen			
Vormittag			
Mittag			
Nachmittag			
Abend			
Nacht			

Beobachten Sie Ihre Mitmenschen an einem gewöhnlichen Alltag und erstellen Sie zusammen in der Gruppe ein Durchschnittsprofil.

Diagramm 4.2.2: Die Verdichtung und Ueberlagerung der Gefühle

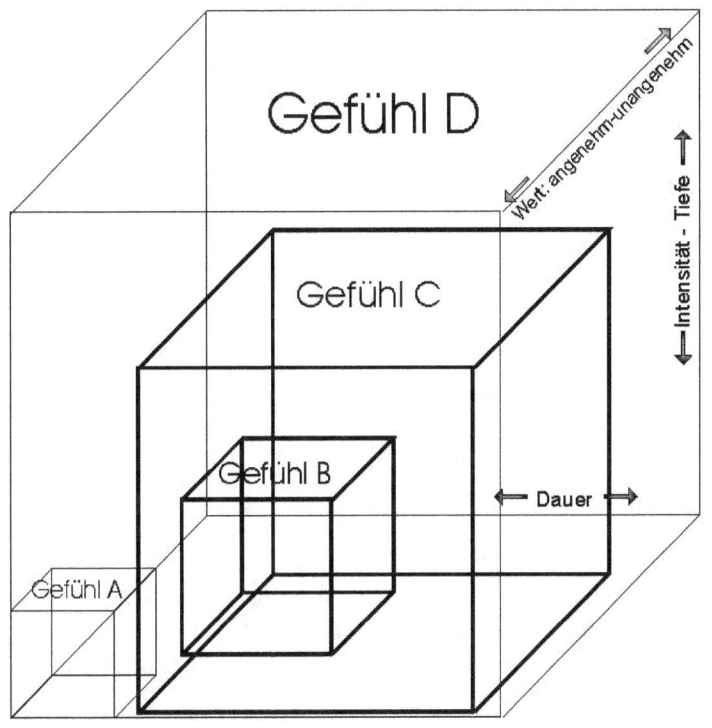

4.2.3. Die Gefühlsaktivierenden Kräfte

Viele äussere und innerpsychische Faktoren können Gefühle auslösen. Wir erörtern hier sechs Aspekte.

Erstens bewirken Menschen durch ihr Handeln, oft schon durch ihre Präsenz, bei andern Gefühle. Menschen können andere wertschätzen, Freude bereiten, ernst nehmen, unterstützen und wohlwollend mit ihnen umgehen. Auch das Entgegengesetzte ist Realität: über andere spotten, jemanden demütigen, ausnützen, hintergehen, schwächen oder ablehnend behandeln.

Zweitens bewirken Sachobjekte aus dem Lebensraum vielfältige Gefühle. Es gibt viele lusterzeugende Produkte, hilfreiche Apparate, einladende Räume und auch schlicht "schöne" Dinge. Dem gegenüber bewirken negative Gefühle: Schmutz, Lärm, anonyme Gebäude und "unmenschlich" bebaute Gegenden.

Drittens können Lebensumstände Gefühle auslösen. Angenehm erlebt der Mensch gute Wohnbedingungen, konfliktfreie Beziehungen, genügend Geld und Sicherheit. Sorgen, Nöte, ungünstige Lebensbedingungen lösen fast durchwegs negative Gefühle aus.

Viertens sind die besonders "kritischen" Ereignisse gefühlsaktivierend. Der Tod eines geliebten Menschen, die Auflösung einer Lebensgemeinschaft, Arbeitslosigkeit, Krankheit und vieles mehr schaffen tiefe belastende Gefühle. Dagegen lösen Geburt, Hochzeit, ein Fest, ein Geschenk, ein Erfolg und anderes mehr starke positive Gefühle aus.

Fünftens ist die innerpsychische Situation zu erwähnen. Die unverarbeitete Vergangenheit kann stark belasten. Ein strenges Über-Ich und grüblerische Gedanken wirken bedrückend. Unterdrückter Ärger, Minderwertigkeitsgefühle oder Unsicherheit schaffen negative Grundstimmungen. Zuversichtliche Gedanken dagegen oder das Erleben der inneren Freiheit erzeugen positive Gefühle. Eine starke Willenskraft, ein sachliches differenziertes Selbstbewusstsein und das Erleben des inneren Wachstums bewirken lebensoffene und kreativ anregende Gefühle.

Sechstens sind gesellschaftliche Verhältnisse zu erwähnen. Rassismus, Gewalt, Kriminalität, Rezession und vor allem kriegerische Ereignisse, im eigenen Land oder per Fernseher miterlebt, belasten das Gefühlsleben oft stärker, als wahrgenommen wird. Dem gegenüber können Friede, soziale Sicherheit, Freiheit und ein florierendes Wirtschaftsleben viele Menschen in ihrer Grundstimmung entscheidend formen.

Reflexionen und Diskussion

■ Die verschiedensten Lebensbereiche können Gefühle auslösen: Notieren Sie dazu aus dem Gespräch mit andern einige Beispiele aus Erfahrungen:

- Menschen:
- Sachobjekte:
- Lebensumstände:
- Persönliche Ereignisse:
- Innerpsychische Kräfte:
- Nationale/internationale Lage:

■ Aus allen Bereichen kann ein Mensch jeden Tag die verschiedensten Elemente erleben, die dann zusammen eine "Melodie" der Gefühle schaffen:

- verschiedene und gegensätzlich wirkende Elemente
- fast gleichzeitig Person-nahe und Person-fremde/-ferne Gegebenheiten
- die Grundstimmung überlagernde Einflüsse
- regelmässige Impulswirkung, z.B. durch Werbung und Nachrichten
- sach-bezogene und menschen-bezogene Faktoren nebeneinander

■ Wählen Sie aus den sechs Bereichen Faktoren/Elemente, die fast täglich auf viele Menschen einwirken. Diskutieren Sie in der Gruppe die längerfristigen Auswirkungen, Notieren Sie ein Element und die Auswirkung:

- Menschen:
- Sachobjekte:
- Lebensumstände:
- Persönliche Ereignisse:
- Innerpsychische Kräfte:
- Inter-/nationale Lage:

Gruppenarbeit: Welches sind die gewichtigsten langfristigen Wirkungen von den vielen Einflussfaktoren auf die Menschen?

Diagramm 4.2.3: Gefühlsaktivierende Gegebenheiten

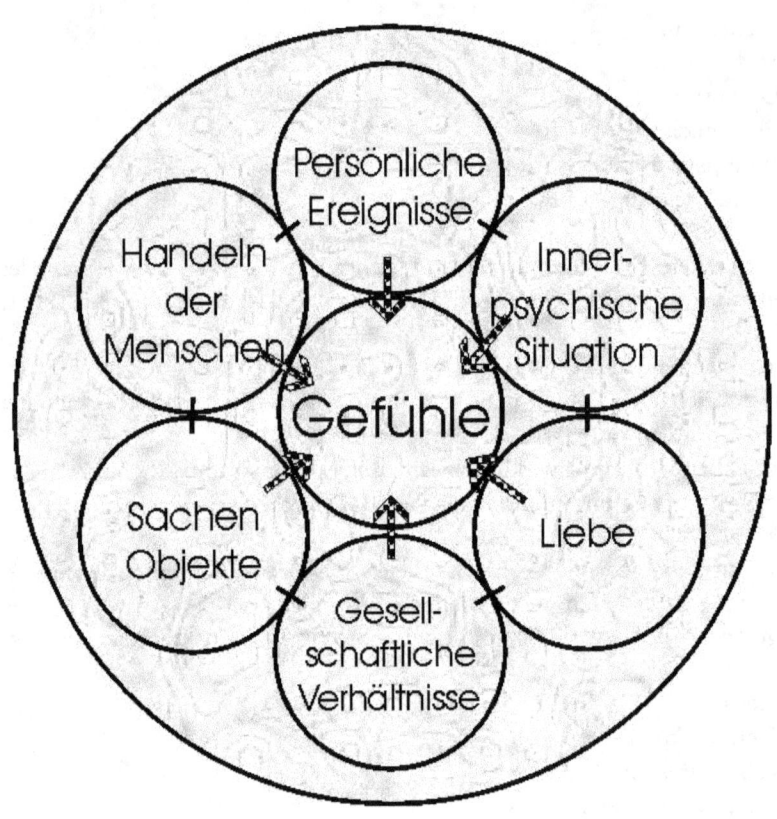

4.2.4. Die Wirkungen der Gefühle

Die Gefühle haben vielseitige Wirkungen. Sie beeinflussen die Wahrnehmung und damit gleichzeitig das Werterleben. Die Denkoperationen werden auch von Gefühlen mitbestimmt. Viele Werturteile gründen mehr auf Gefühlen als auf sachlichen Argumenten. Der Körper wird von Gefühlen beeinflusst.

Starke Gefühle wirken auf die Atmung, den Kreislauf, die Nerven, die Verdauung, das Gehirn und die Drüsen. Damit werden auch die körpernahen Bedürfnisse, vor allem physiologische Bedürfnisse, aktiviert oder gestört. Ein Kummer kann den Hunger nehmen. Frustration drängt oft nach Essen. Die psychischen Bedürfnisse werden je nach Gefühlslage aktiviert oder zurückgedrängt. Die Kraft der Liebe ist mehr als ein Gefühl; sie ist eine Leistungsfähigkeit. Diese Fähigkeit nimmt ab, je negativer die Gefühle sind. Wer zornig ist, voll Angst oder bedrückt, hat kaum die Kraft, etwas zu versöhnen, sich für andere oder eine Sache einzusetzen, selbst wenn es sich dabei um positive Werte handelt.

Gefühle beeinflussen auch die Phantasie und die Imagination. Oftmals zeigen sich die Themen der Gefühle in den Träumen. Religiöse Überzeugungen gründen bei den meisten Menschen überwiegend auf Gefühlen.

Der Mensch kann seine Gefühle unterdrücken, aufheizen oder in die Ich-Führung integrieren. Sind Gefühle einmal da, so sind sie eine Realität, die nicht einfach wegzuschaffen oder langfristig aufrechtzuerhalten ist.

Der Mensch ist gefordert, sich seiner Gefühlswelt zu stellen, will er von seinen Gefühlen nicht beherrscht werden. In dieser Selbstbegegnung geht es zuerst nicht um eine wertende Zurückweisung, sondern um ein Akzeptieren und Verstehen.

Gefühle "machen" entscheidend das persönliche Leben eines Menschen. Sie bestimmen den Verlauf einer Beziehung. Sie prägen die Politik. Sie sind die Kräfte, die Gewalt, Unterdrückung und Kriege auslösen. Was "blinde Wut" bewirken kann, ist bekannt. Hass und Gier, Neid und Eifersucht sind Gefühlskräfte, die Menschen und Völker in Dramen führen.

Wer die Gefühle versteht und in die Ich-Führung integriert, hat die Vielfalt der Wirkungen und auch die Fülle der auslösenden Faktoren erkannt.

Reflexionen und Diskussion

- Gefühle wirken auf:

Wahrnehmung	Überzeugungen	Kreativität	Liebe
Handlungen	Wortwahl	Mimik, Gestik	Bedürfnis
Denken	Körper	Phantasie	

- Gefühle können ebenso wie z.B. das Denken in die Ich-Führung integriert werden:

→ Gefühle können unterdrückt werden.
→ Gefühle können verschoben ausgetragen werden.
→ Gefühle können aufgeheizt, übertrieben, "aufgeblasen" werden.
→ Gefühle können ausser Kontrolle geraten.
→ Gefühle können bewusst gepflegt werden.
→ Gefühle können bearbeitet werden.

- Unterdrücke, aufgeheizte und fahrengelassene Gefühle bewirken verschiedene Folgen. Erstellen Sie eine Liste aus Ihren Erfahrungen:

- In die Ich-Führung integrierte und bearbeitete Gefühle schaffen verschiedene positive Wirkungen. Erstellen Sie aus Ihren Erfahrungen einige Beispiele:

Die Wirkungen der Gefühle sind sehr vielfältig und erreichen oftmals alle psychischen Subsysteme. Erstellen Sie in der Gruppe ein Durchschnittsbild:

Gefühl Wirkungen	Kummer	Freude	Wut	Interesse	Hoffnung
Phantasie					
Denken					
Handlung					
Liebe					
Bedürfnisse					
Wille					
Integration					

Diagramm 4.2.4: Auslöser von Gefühlen und Wirkungsbereiche

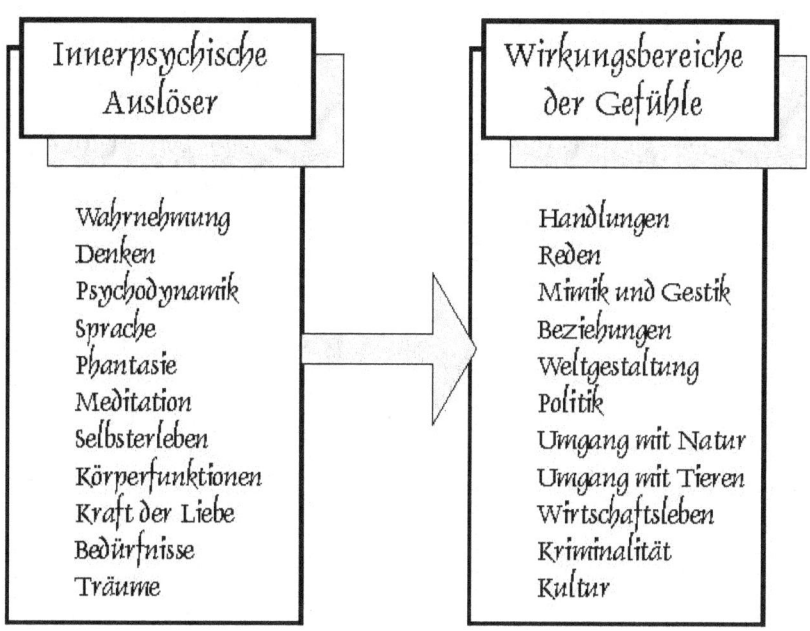

Innerpsychische Auslöser

Wahrnehmung
Denken
Psychodynamik
Sprache
Phantasie
Meditation
Selbsterleben
Körperfunktionen
Kraft der Liebe
Bedürfnisse
Träume

Wirkungsbereiche der Gefühle

Handlungen
Reden
Mimik und Gestik
Beziehungen
Weltgestaltung
Politik
Umgang mit Natur
Umgang mit Tieren
Wirtschaftsleben
Kriminalität
Kultur

4.2.5. Das Sinn- und Werterleben

Gefühle enthalten immer auch einen Wertaspekt. Das emotionale Erleben ist ein Werterleben ohne Werturteil, gewissermassen als Begleiterscheinung zur "Schwingung" des Gefühls. Lust hat im allgemeinen einen positiv erlebten Wert. Was angenehm erlebt wird, bedeutet auch "gut". Gefühle sind in diesem Sinne überwiegend in einem Wertmassstab polarisiert.

Dieses Werterleben wird dann in zwei Richtungen übertragen: einerseits auf die gefühlsauslösenden Faktoren und anderseits auf die Wirkung des Gefühls. So erhält Wohlstand, Gesundheit, Sicherheit, Glück und Erfolg einen positiven Wert, ohne dass das Individuum darüber hinaus denkerisch einen Wert formuliert.

Was Schmerz bewirkt, inneres Leiden, Last und Druck, das erhält dann einen negativen Wert, auch wenn dazu bewusst kein Werturteil gefällt wird. Das Werterleben wird dann auf die gefühlsauslösende Wirklichkeit übertragen, womit die äusseren Gegebenheiten Wert-behaftet werden. Der "sympathische Mensch" erhält einen positiven Wert, während der "unsympathische Mensch" eine negative Wertqualität zugesprochen erhält. Dasselbe gilt auch für gesellschaftliche Verhältnisse, für Dinge und für das innerpsychische Leben allgemein.

Da die Menschen gefühlsmässig dieselbe Wirklichkeit mit unterschiedlichen Gefühlen erleben, ist auch die Wertbindung variabel in Qualität und Intensität. Das Handeln erhält somit in erster Linie jene Wertung, die dem daraus erfolgten Gefühl entspricht. Das emotionale Werterleben unterliegt auch dem Prozess der Erziehung.

Was "positiv" wertend erlebt wird, erhält meist auch einen entsprechend positiven Sinn. Lusterfüllung wird zur Sinnerfüllung. Wer Gefühle auch geistig erlebt, ist offener für Sinnerfüllung im psychisch-geistigen Kontext.

So erhalten je nach Ansprechbarkeit beispielsweise die Wertschätzung und die Selbstverwirklichung für die einen tiefen Sinn, während andere darin wenig "Sinn" erleben. Die Sinnfrage wird für viele zum Erleben, wenn bestimmte Verhältnisse oder Ereignisse besonders "kritisch" erlebt werden: "Was hat das für einen Sinn?" erleben manche erst dann als Existenzfrage, wenn positive Gefühle fehlen. So wird das Gefühlserleben zu einem Sinnerleben.

Der Sinn eines Autos besteht darin, eines zu haben und zu fahren. Der Sinn der Freude ist: "Es geht mir gut". Sinn und Wert wird gebilligt, soweit "gute Gefühle" enthalten sind.

Reflexionen und Diskussion

■ Das Erleben von Gefühlen ist begleitet von einem Werterleben.

▪ Hoffnung: positiver Wert, weil zukunftsaufbauend, erlösend, befreiend
▪ Kummer: negativer Wert, weil belastend, einengend, unlustbetont

■ Die Menschen erleben die Dinge und Gegebenheiten unterschiedlich wertvoll, weil diese bei ihnen unterschiedliche Gefühle auslösen.

▪ Lotto: Haben, Hoffnung, neues Leben; oder: der ewige Verlierer
▪ Auto: Selbstwerterhöhung, Freiheitserleben; oder: Umweltbelastung

■ Das Sinnerleben hängt stark vom wertenden Gefühlserleben ab:

▪ Tragisches Ereignis: sinnlos; "nur Gott kennt den Sinn"; tiefer suchen
▪ Karriere: Geld, Ansehen, Wohlstand; Verlust der inneren Autonomie

■ Einstellungen, Überzeugungen und Werturteile basieren zuerst immer auf einem gefühlsmässigen wertenden Erleben des Inhaltes. Moralische Lehren basieren selten auf einer reinen 'Schreibtischarbeit'. Die Ausgangslage ist gefühlsmässiges wertendes Erleben. Daraus entstehen Wert-Lehren und moralische Forderungen. Es gibt unzählige solche Systeme, weil sich die Menschen von der Wirklichkeit zugunsten des Gefühlserlebens entfernen.

Das Sinn- und Werterleben kann in allen Lebensbereichen erforscht werden; diskutieren Sie in der Gruppe:

Bereiche	Natur Ressourcen	Gott Transzendenz	Psychisches Leben	Gesellschaft Umwelt
Grundlegendes Gefühlserleben				
Grundlegende Werte und Sinn				
Werte für Handlungen				
Prospektive Beurteilung				

Diagramm 4.2.5: Die Sinn- und Wertaspekte des Gefühlserlebens

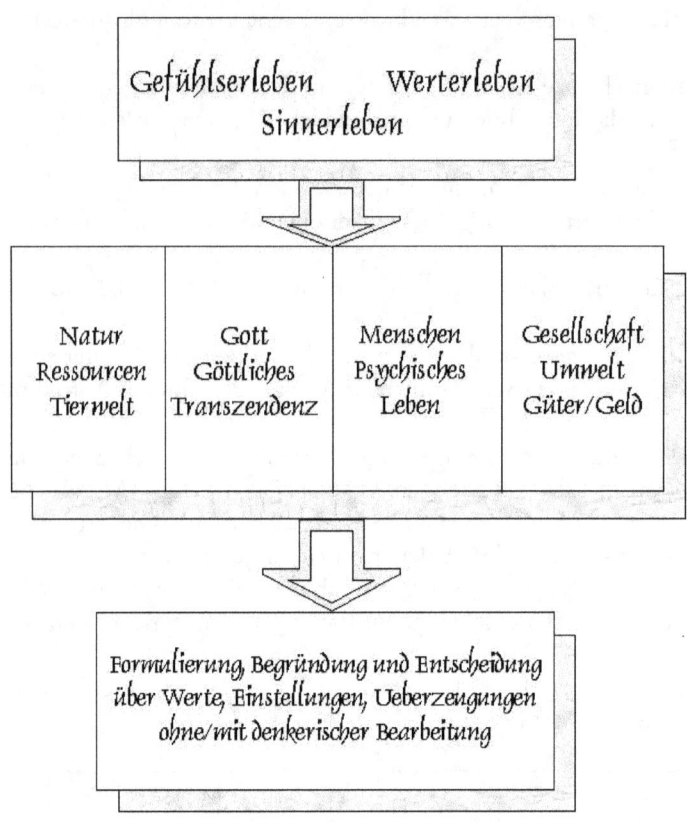

Gefühlserleben   Werterleben
Sinnerleben

| Natur
Ressourcen
Tierwelt | Gott
Göttliches
Transzendenz | Menschen
Psychisches
Leben | Gesellschaft
Umwelt
Güter/Geld |

Formulierung, Begründung und Entscheidung
über Werte, Einstellungen, Ueberzeugungen
ohne/mit denkerischer Bearbeitung

4.2.6. Die Vernetzung von Gefühlen

Gefühle sind vielfach nicht isoliert da, sondern verknüpft mit verschiedenen anderen Gefühlen, teils gleichzeitig, teils nacheinander. Betrachten wir die Vernetzungen am Beispiel "Aggression".

Zuerst können wir nach den direkten Ursachen suchen: Eine Verletzung (Kränkung) kann aggressiv stimmen; Entbehrungen, Überreizungen (Lärm), wenig Platz (Wohnen). Fremdbestimmung, ein Verlieren zugunsten eines andern, eine Schwierigkeit in einer Handlung sind weitere Beispiele.

Dann gibt es auch die Gefühlsverschiebung: Ein Schuldgefühl kann mit einer aggressiven Stimmung überdeckt werden. Frustrationen und Entfremdungsgefühle führen oft zu aggressiven Gefühlen.

Auch Ungeduld, eine schwierige Lage nicht akzeptieren können und veränderte materielle Bedingungen stimmen oft aggressiv. Während die einen diese Stimmung ausleben, versuchen andere diese zu unterdrücken, religiös zu transformieren oder in eine positive Handlung umzupolen. Daraus entstehen neue Gefühle. Die Möglichkeiten sind vielfältig: verstärkte Schuld, Verzweiflung, Ohnmacht, Überheblichkeit, psycho-somatische Reaktionen, Angstgefühle u.s.w.

Wählen wir ein positives Beispiel: die Freude. Freude ist mehr als ein angenehmes Gefühl, mehr als Sinneslust, mehr als Spass oder Amusement. Freude hat zu tun mit der Erfahrung von Liebe, sei es das Erleben von Zuwendung, sei es die eigene gelebte Liebe in einer Interaktion. Freude enthält Selbstvertrauen und das Gefühl, wertvoll zu sein. Freude setzt gute Beziehungen voraus. Wer trotz den vielen leidvollen Gegebenheiten in der Welt eine positive Weltbeziehung (Daseinserleben) schafft, kann Freude am Leben empfinden.

Freude ergibt sich nicht nur im Erleben bestimmter Situationen, sondern entsteht aus einem tiefen Selbsterleben. Ein Arbeitsergebnis oder das kreative Tätigsein können das Gefühl der Freude vermitteln. Auch das Körpererleben kann freudvolle Gefühle aktivieren. Behaglichkeit und Vertrautheit gehen oft einher mit dem Gefühl der Freude. Freude erlebt der Mensch, wenn er sich selbst verwirklicht, inneres Wachstum erkennt, Interesse lebt, über eigene Interessen hinaus etwas leistet, sich innerlich frei fühlt und seine Bestimmung (seinen Lebenssinn) gefunden hat und lebt.

Reflexionen und Diskussion

■ Viele Gefühle sind mit andern vernetzt und "spielen" bloss die "Haupt-/Nebenrolle":

- Hoffnung: interessierte Erwartung, positiv gespannte Ausrichtung, vorweggenommene Zukunft, positive befreiende Überraschung

- Angst: Sinnleere, unterdrückte Schuldgefühle, blockierter Ärger, das Erleben von Lieblosigkeit, Drohungen, Verantwortungserleben

- Bedrücktsein: existentielle Daseinserfahrung, Druck vom Unbewussten, Kummer, Ohnmacht, Hoffnungslosigkeit

- Selbstvertrauen: Positives Leistungserleben, Wertschätzung, Geborgenheit, Akzeptiertsein, Lob, Erleben der Willenskraft

- Zorn: Hass, Abneigung, Missbilligung, feindselige Gedanken, Verletztsein, Minderwertigkeitsgefühle, Demütigung

■ Da viele Gefühle vernetzt sind und es oft kaum möglich ist, die einen als Ursache von andern zu unterscheiden, ergeben sich unterschiedliche Wirkungen:

- Bedrücktsein bewirkt: gesteigertes Konsumverhalten, Lust-orientiertes Erleben, ritualisierter Alltag, Fatalismus, Lebensabwendung, Perfektionismus, Launen, gespannte Beziehungen, Gleichgültigkeit, Festhalten an Dingen
- Freude bewirkt: Lebenslust, aktives Leisten, Lebenszuwendung, ein Gefühl für die Sorgfalt zu Natur- und Tierwelt, aufbauende Beziehungen, Versöhnungsfähigkeit, starkes Verantwortungsgefühl über sich selbst hinaus

■ Manche Gefühle haben objektive Komponenten, die direkt angegangen werden können; zum Beispiel das Schuldgefühl:

- Über-Ich prüfen und gegebenenfalls revidieren.
- Handlungsfähigkeiten erweitern.
- Verantwortung für das eigene Handeln (und Leben) übernehmen.
- Bewusst Werte (eigene Normen) formulieren und begründen.
- Ziele setzen und schrittweise angehen.
- Willen stärken durch Konzentration auf die Willens-Teile.

- Projektionen erkennen und zurücknehmen.
- Unbewusstes verarbeiten.
- Situationen wirkungsvoll mit aller Kraft angehen.

Welches sind zur Zeit Ihre "kritischen" Gefühle?

Diskutieren Sie mit andern die möglichen Vernetzungen und Wege zur Veränderung:

Welche vorhandenen positiven Gefühle möchten Sie stärken?

Diskutieren Sie mit andern die möglichen Vernetzungen und Wege zur Stärkung:

Diagramm 4.2.6: Die Stosskraft complex vernetzter Gefühle

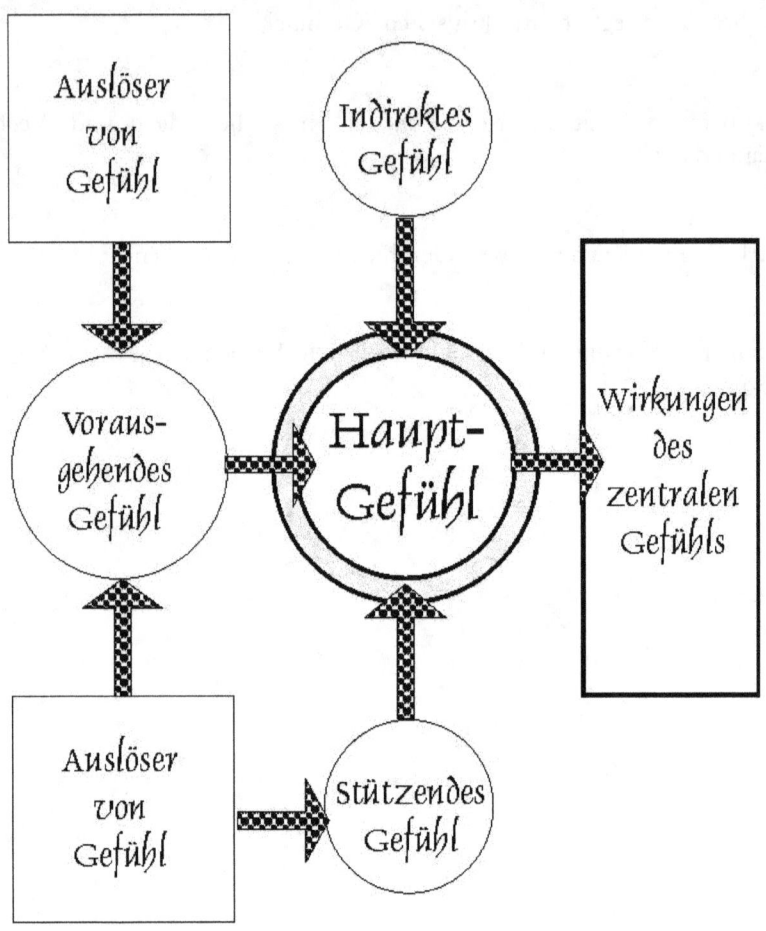

4.2.7. Arbeitseinheit

4.2.7. Arbeitseinheit – 1

1. a) Wie erleben Sie die Vielfalt der Gefühle?

1. b) Erweitern Sie die Aspekte zur subjektiven Interpretation von Gefühlen:

2. a) Das Profil der eigenen Gefühle: Halten Sie Rückschau auf die letzten Tage und Wochen. Versuchen Sie nach der vorgegebenen Liste Ihre Gefühlsvielfalt festzuhalten. Vermerken Sie in die leere Spalte: "häufig", "manchmal", "selten".

Positives Gefühl	Häufigkeit	Negatives Gefühl	Häufigkeit
Ur-Vertrauen		Angst	
Erfüllt-sein		Leere	
Frieden		Unfrieden	
Harmonie		Disharmonie	
Wahrhaftigkeit		Verleugnung	
Liebe		Hass	
Partizipation		Entfremdung	
Sicherheit		Unsicherheit	
Verbundenheit		Einsamkeit	
Zufriedenheit		Unzufriedenheit	
Ganzheit		Zerrissenheit	
Sinnerfüllung		Sinnlosigkeit	
Freiheit		Unfreiheit	
Glücklichsein		Unglücklichsein	
Hoffnung		Hoffnungslosigkeit	
Vertrauen		Misstrauen	
Vitalität		Bedrücktsein	
Freude		Freudlosigkeit	
Hingabe		Aggression	

2. b) Kommentieren und interpretieren Sie Ihr Profil:

3. Formulieren Sie ein Bildungsziel zum Umgang mit Ihrem Gefühlserleben:

4. a) Imaginieren Sie Ihre wichtigste aktuelle Gefühlssituation:

4. b) Ihre Folgerung in einem Satz:

<u>4.2.7. Arbeitseinheit – 2</u>

1. a) Wie erleben Sie das Zusammenspiel zwischen verschiedenen Gefühlen?

1. b) Erweitern Sie die Ausdrucksformen der Gefühle mit Ihren Beobachtungen:

2. a) Erstellen Sie ein Tagesprotokoll Ihrer Gefühlslage:

Gefühlsausdruck Tageszeiten	angenehm unangenehm	stark schwach	länger kürzer
Morgen			
Vormittag			
Mittag			
Nachmittag			
Abend			
Nacht			

2. b) Kommentieren Sie das Tagesprotokoll:

3. Formulieren Sie ein Bildungsziel im Kontext Ihres allgemeinen Gefühlsausdrucks:

4. a) Imaginieren Sie über Ihre Art, Gefühle auszudrücken:

4. b) Ihre Folgerung in einem Satz:

4.2.7. Arbeitseinheit – 3

1. a) Wie erleben Sie die Vielfalt der gefühlsaktivierenden Gegebenheiten?

1. b) Kommentieren Sie einen Lebensbereich, der Ihnen besonders Gefühle aktiviert:

2. a) Die verschiedensten Lebensbereiche können Gefühle auslösen: Notieren Sie dazu einige Beispiele aus eigenen Erfahrungen, welche Elemente/Aspekte an den nachfolgenden 6 Lebensbereichen bei Ihnen besonders Gefühle auslösen:

- Menschen:
- Sachobjekte:
- Lebensumstände:
- Persönliche Ereignisse:
- Innerpsychische Kräfte:
- Nationale/internationale Lage:

2. b) Was folgern Sie aus 2. a) für Sie?

3. Formulieren Sie ein Bildungsziel im Kontext der gefühlsaktivierenden Kräfte:

4. a) Imaginieren Sie über eine Gegebenheit, die bei Ihnen starke Gefühle auslöst:

4. b) Ihre Folgerung in einem Satz:

4.2.7. Arbeitseinheit – 4

1. a) Wie erleben Sie die Wirkungen von positiven Gefühlen?

1. b) Wie erleben Sie die Wirkungen von negativen Gefühlen?

1. c) Erweitern Sie die Betrachtungen über die Auswirkungen nicht integrierter Gefühle:

2. a) Notieren Sie mit Stichworten Ihre Erfahrungen über die Wirkungen von Gefühlen:

Gefühl Wirkungen	Kummer	Freude	Wut	Interesse	Hoffnung
Phantasie					
Denken					
Handlung					
Liebe					
Bedürfnisse					
Wille					
Integration					

2. b) Ihre Folgerung:

3. Formulieren Sie ein Bildungsziel zu den negativen Gefühlen:

4. a) Imaginieren Sie über Ihr stärkstes negatives Gefühl:

4. b) Ihre Folgerung in einem Satz:

1. a) Wie erleben Sie Sinn und Werte im Zusammenhang mit den Gefühlen?

1. b) Worin besteht der individuelle Unterschied zwischen Gefühl und Sinnerleben?

2. a) Erforschen Sie in Ihren Lebenserfahrungen das Sinn- und Werterleben; geben Sie Beispiele:

Bereiche	Natur Ressourcen	Gott Transzendenz	Psychisches Leben	Gesellschaft Umwelt
Grundlegendes Gefühlserleben				
Grundlegende Werte und Sinn				
Werte für Handlungen				
Prospektive Beurteilung				

2. b) Formulieren Sie aus 2. a) ein Werturteil:

3. Formulieren Sie ein Bildungsziel zu Ihrem allgemeinen Sinnerleben:

4. a) Imaginieren Sie über Sinn und Wert Ihrer Gefühle:

4. b) Ihre Folgerung in einem Satz:

4.2.7. Arbeitseinheit – 6

1. a) Wie sind die Vernetzungen, wenn Sie sich aggressiv erleben?

1. b) Erweitern Sie die Zusammenhänge von Wut mit andern Gefühlen:

2. Geben Sie zu den folgenden Beispielen einige Tips, wie diese Gefühle angegangen werden können:

2. a) Minderwertigkeitsgefühle:

2. b) Sinnleere:

2. c) Trauer:

2. d) Aggression:

3. Formulieren Sie ein Bildungsziel im Kontext mit aggressiven Gefühlen:

4. a) Imaginieren Sie über Ihre aggressiven Gefühle:

4. b) Ihre Folgerung in einem Satz:

4.2.7. Arbeitseinheit – 7

Reflektieren Sie kritisch: "Du musst nur positive Gefühle haben, dann kommen Glück und Erfolg von selbst....":

Multiple Choice Test

Wählen Sie die vier richtigen Antworten aus: ☒ a) Fun

6.1. Gefühle können unter folgenden Gesichtspunkten betrachtet werden:
☐ a) körpernah-geistig
☐ b) anziehend-abstossend
☐ c) konstruktiv-destruktiv
☐ d) innere Logik
☐ e) physiologisch
☐ f) angenehm-unangenehm

6.2. Folgende Aussagen gelten:☐a) Gefühle haben vielfach eine physiologische Wirkung.
☐ b) Gefühle können verstärkt oder abgeschwächt werden.
☐ c) Nicht jeder Mensch hat Gefühle.
☐ d) Gefühle können sich überlagern und/oder in andere transformieren.
☐ e) Gefühle haben unterschiedliche Zeitintervalle.
☐ f) Die Intensität der Gefühle ist immer nur subjektiv begründet.

6.3. Gefühle werden ausgelöst durch:
☐ a) andere Menschen
☐ b) Sachen/Objekte
☐ c) Lebensumstände
☐ d) inneres Erleben
☐ e) Denkoperationen
☐ f) Körperbewegungen

6.4. Gefühle wirken meist auf:
☐ a) Träume
☐ b) Pflichten erledigen
☐ c) Wahrnehmung
☐ d) Werturteile
☐ e) Bedürfniserleben
☐ f) Phantasien

6.5. Das Sinn- und Werterleben enthält bei den meisten Menschen:
☐ a) rationales Analysieren
☐ b) persönliche Erlebnisse
☐ c) Gotteserfahrung
☐ d) Gefühlserleben
☐ e) emotionales Werte-Erleben
☐ f) Erziehungserfahrung

6.6. Gefühle sind meist vernetzt mit:
☐ a) vorausgehenden Gefühlen
☐ b) begleitende (Neben-)Gefühle
☐ c) Sacherfahrungen
☐ d) Wirkungen der Gefühle
☐ e) Auslöser von Gefühlen
☐ f) Ich-Ideal

5. Psychodynamik und psychische Energie

Essentielle Thesen

❑ Jeder Mensch aktiviert und formt mit seinen Gedanken, Gefühlen, mit seinem Erleben, mit allen psychischen Kräften psychische Energie.

❑ Die psychische Energie ist ein psycho-energetischer Organismus im Körper, mit verschiedenen Energiezentren und entsprechender Ausstrahlung gegen aussen.

❑ Die psychische Energie wirkt so auf die Körperorgane, wie sie geformt ist gemäss Gedanken, Gefühlen, Unbewusstes u.s.w.

❑ Übermässig angespannte psychische Energie belastet die Funktionen der psychischen Kräfte und wirkt störend auf alles Handeln.

❑ Übermässig angespannte psychische Energie belastet den Körper (die Organe) und wirkt störend bis krankmachend.

❑ Regelmässige Entspannung wirkt sich positiv aus auf die psychischen Kräfte, den Körper und das Handeln.

5.1. Die Unsichtbare Psychische Energie

5.1.1. Die Psychische Energie

Wer sagt "Ich könnte jetzt Bäume ausreissen" meint selten seine physische Kraft, vielmehr seine Lebensenergie. Sorgen werden oft wie ein "Gewicht" erlebt. Negative und auch positive Gedanken wirken auf das Lebensgefühl erheblich ein.

Viele Menschen erleben telepathische Phänomene: Man denkt an jemanden oder will einem Bekannten telefonieren und einige Minuten später läutet das Telefon. Man ist eingeladen zu einem Besuch und fühlt auf dem Weg ein eigenartiges "Gefühl im Bauch", eine Art Vorankündigung, dass da etwas nicht gut sein wird.

Konzentriert man in einem öffentlichen Verkehrsmittel seinen Blick auf den Nacken einer Person, dann schaut diese Person plötzlich zurück oder kratzt sich da. Nervosität und innere Anspannung wirken ansteckend.

Wer sich in das Leid eines andern einfühlt, nimmt dieses Leid oft gefühlsmässig in sich auf.

Beginnt jemand nach starkem Blockiertsein plötzlich heftig zu weinen, dann kann man den energetischen "Gefühlsausstoss" in voller Intensität spüren.

Auch Launen schaffen eine energetische Atmosphäre. Wo sich Menschen mit aggressiven Gefühlen aufgehalten haben, ist deren "Stimmung" in der Luft noch spürbar.

Bilder und Farben wirken nicht nur auf das Auge. Sie beleben innen psychische Energie. Wer mit geschlossenen Augen innerlich Bilder sieht, wird eine energetische Wirkung erfahren, je nachdem, was er sieht; z.B. eine Sonne, einen dunklen Wald, einen tiefblauen Nachthimmel mit Sternen oder Phantasien aller Art.

Fernsehwerbung ist darauf angelegt, mit Bildern und Farben, auch mit Musik, psychische Energie in Bewegung zu bringen. Ein spannender Roman und ein Action-Film können die gesamte psychische Energie auf Hochspannung treiben. Wer sich Boxen oder Wrestling anschaut, erlebt nachher seine psychische Energie entsprechend: durchgeboxt, geschüttelt und niedergeschmettert. Ein Film über Liebe kann ganz andere energetische Schwingungen bewirken.

Ein Experiment: Eine Versuchsperson setzt sich in den Kreis von vier bis sechs Personen. Diese denken innerlich: "Gehe weg hier; wir wollen Dich hier nicht". Oder: "Wir freuen uns, dass Du unter uns weilst". Die Person in der Mitte wird die Gedankenenergie spüren.

Der Ehemann kann sich einen Streit mit seiner Frau vorprogrammieren, indem er schon auf dem Heimweg über alles nachdenkt, was er ihr vorwerfen will; und umgekehrt: Positive Gedanken eilen voraus und kündigen an, was kommt.

Mit Hand- und Armbewegungen kann man psychische Energie formen, in Bewegung bringen und auf Distanz auf das psycho-energetische System anderer Menschen einwirken.

Reflexionen und Diskussion

■ In jedem Menschen ist psychische Energie. Wir erleben diese Art Energie auf vielfältige Weise:

- Vitalität: angeregte oder blockierte Lebenskraft
- Aktive Lebenslust oder Lustlosigkeit
- Grundbefinden: von Wohlsein bis Bedrücktsein
- Physisch als: Druck auf der Brust, Atemnot, Beklemmung, "Klumpen" im
- Bauch, Verspannung, Nervosität
- In Gefühlen: Freude, Vertrauen, Liebe, Aggression, Trauer, Angst u.s.w.

■ Allgemein bekannt und wissenschaftlich nachgewiesen ist:

- Die bildhaften Gedanken formen psychische Energie.
- Das Erleben aktiviert psychische Energie.
- Der körperliche Zustand beeinflusst die psychische Energie.
- Das Unbewusste bindet psychische Energie.
- Bedürfnisse beleben zielgerichtet psychische Energie.
- Die Willenskraft konzentriert psychische Energie.
- Das Handeln bewegt psychische Energie.
- Die Liebe bringt psychische Energie in Bewegung.

- Die psychische Energie im Menschen ist eine Art "feinstofflicher Körper":

- Die psychische Energie im Menschen ist eine Einheit und Ganzheit mit verschiedenen Energiezentren (z.B. im Kopf, in der Brust, im Bauch).
- Die verschiedenen psychischen Subsysteme und Kräfte aktivieren und formen psychische Energie zu einem komplexen Energiefeld im Körper.
- Die psychische Energie strahlt gegen aussen aus.
- Ausserhalb des Menschen gibt es eine psychische Energie, die die vom Menschen geformte psychische Energie über weite Distanzen leiten kann. Wir kennen dies als Telepathie und Hellsehen.
- Menschen können aufeinander psycho-energetisch Einfluss nehmen.

- Die psychische Energie wirkt so, wie die psychischen Kräfte im Menschen geformt sind: konstruktiv-destruktiv, harmonisch-disharmonisch u.s.w.

Diagramm 5.1.1: Psychische Kräfte formen psychische Energie

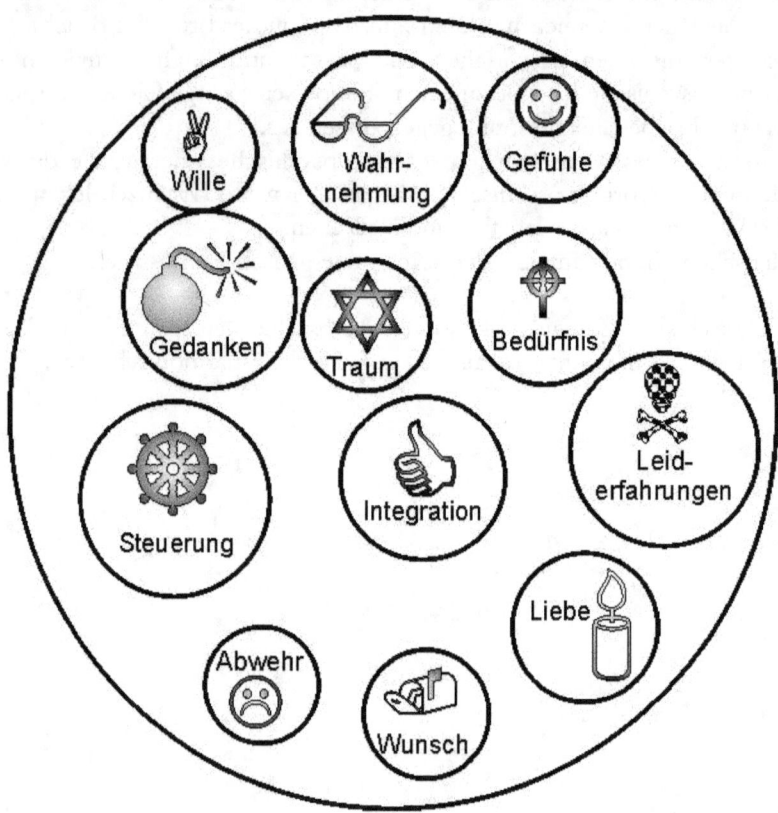

PSI-Energie und psychische Energie: ein Faktum!

Die Vielfalt der Modelle über die PSI-Energie verdeutlicht, dass psychische Energie ein Lebensphänomen ist, das mit keiner positivistischen Wissenschaft wegdiskutiert werden kann.

Unzählige parapsychologische Forschungen mit vielen Hypothesen führen zum Kernproblem: Es ist bei der Telepathie und beim Hellsehen nach einer unbekannten energetischen Substanz zu suchen.

Das Bewusstsein enthält eine oder mehrere neue Arten von Energie.

Die Atmosphäre enthält eine noch nicht erforschte Energie. Überall ist diese Energie vorhanden (Orgon-Energie).

Die Entdeckung der Energie, die mit psychischen Vorgängen verknüpft ist, wird so bedeutend, wenn nicht sogar noch um vieles bedeutender sein als die Entdeckung der Atomenergie. Diese Energie heisst "bio-plasmische Energie".

"Prana" ist ein anderes Wort für "psychische Energie", eine Lebenskraft, die sich im Weltall offenbart, deren Sitz aber im Herzen des Menschen ist.

Manche reden von Fluidum-, Äther- oder Od-Energie.

Es gibt ein Energiefeld eines universalen Überbewusstseins.

In der Übertragung, in Hellsehen und Telepathie, in Massen-Suggestionen und in aller Art PSI-Phänomene manifestiert sich "psychische Energie".

Bewusstsein und Unbewusstes sind eine Einheit. Sie sind ein einheitliches PSI-Feld.

Mittels Gedankenexperimenten kann man im Raum PSI-Felder erzeugen.

Jeder Mensch besitzt PSI-Energie und kann diese nutzen.

PSI-Energie ist die Grundlage für Telepathie und Hellsehen, die Energie des sechsten Sinns.

Die aussersinnliche Wahrnehmung ist eine Tatsache, die unzählige Menschen bestätigen können. ASW kann uns eine unbewusste, behutsame Führung im Leben geben, und uns helfen, im richtigen Moment, wenn es für unsere Erfordernisse am vorteilhaftesten ist, die richtige Entscheidung zu treffen.

Positives Denken und Gebete aktivieren eine positive PSI-Energie.

Die Vorstellung eines Energiefeldes und eines Energiekörpers geht zurück bis in die Antike, ist so bekannt im Christentum wie bei fernöstlichen Philosophen.

Der eigentliche Ort unseres Empfindens ist nicht der Körper mit Gehirn und Nervensystem, sondern der dem physischen Körper übergeordnete Energiekörper. Dieser Energiekörper ist der übergeordnete, organisierende Teil des Menschen.

Das "energetische Seelenfeld" erklärt Telepathie, Gedankenübertragung und Hellsehen. Leib und Seele sind zweierlei Wesen.

Abbildung: Modell 'Psychische Energiekörper'

Von uns erstellt in Anlehnung frei nach Meek G.W.
(Heiler und Heil-Prozess. München 1980, Seiten 235-250)

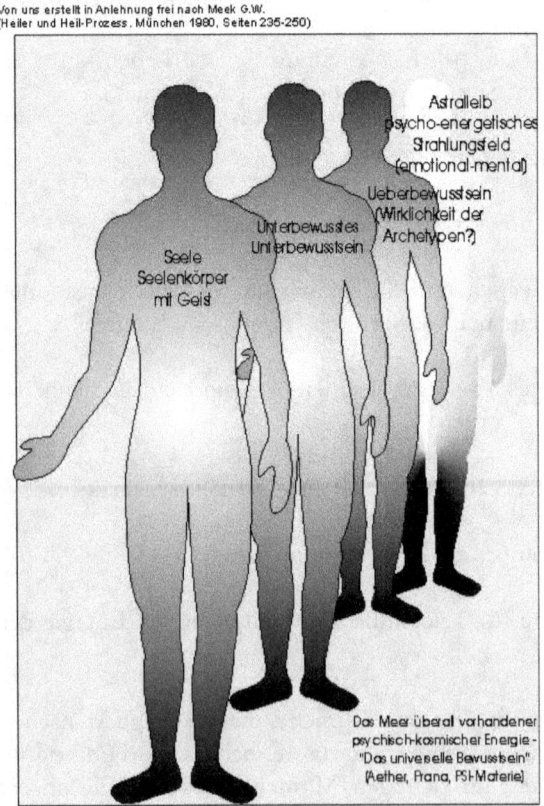

Notizen und Perspektiven

Wozu kann das Wissen um die psychische Energie dienen?

Notieren Sie die zentralen Schlüsselbegriffe dieses Unterkapitels:

Welche kritische Wirkungen kann die psychische Energie auf den Menschen haben?

Reflektieren über PSI-Kräfte ist wesentlich, denn:...

Was haben Sie in Elternhaus, Schule und Kirche über psychische Energie gelernt?

Welche Bedeutung im Zusammenleben hat das Gespräch über die psychische Energie?

Inwiefern kann psychische Energie für die Politik und die Wirtschaft bedeutsam sein?

Was vermittelt die Werbung über die Wirklichkeit der psychisch-kosmischen Energie?

Formulieren Sie eine Ihnen wichtige Frage zur psychischen Energie:

5.1.2. Die Spannungen der psychischen Energie

Ein Wunsch ist geformt. Die Gedanken sind dazu kritisch. Andere Bedürfnisse möchten zuerst befriedigt werden. Zudem sind da Gefühle, die eher blockierend wirken, den Wunsch zu erfüllen.

Die Liebe drängt nach einer anderen Richtung: Verzicht, dafür mehr tun für etwas anderes. Dann träumt es zu diesem Wunsch: "Es ist im Moment nicht gut, diesen Wunsch zu erfüllen". Doch das Defizit aus der Kindheit und Jugendzeit drängt: "Aber ich will jetzt". Eine solche innerpsychische Situation erzeugt viel Spannung.

Immer sind viele psychische Kräfte miteinander "im Streitgespräch" darüber, was zu entscheiden und zu tun ist.

Es heisst: "Unverarbeitetes aus der Vergangenheit nagt". "Denke positiv" mag den Akzent richtig setzen; denn negative Gedanken schaffen mit der Zeit eine zähe negative Energie.

Anderseits: Es ist fast immer schwierig positiv zu denken, solange das gelebte Leben nicht bereinigt ist, äussere Lebenseinschränkungen bedrohend wirken oder Schicksalsschläge arg treffen.

Täglich ist die psychische Energie in Bewegung, ob unterschwellig oder manifest. Die Mehrheit der Nachrichten aus der Welt sind tendenziell hoffnungslos oder tragisch.

Vieles sieht das Auge und möchte die Hand festhalten. Die Mittel reichen nicht aus für die Vielfalt. Auch das spannt durch das Erleben psychische Energie an.

Das Alltagsleben aktiviert vom Aufstehen bis zum Einschlafen psychische Energie. Vieles ist da eher anspannend. Die Lebenswirklichkeit fordert. Das psychische Leben drängt. Wie kann das in Einklang gebracht werden ohne Überspannung?

Viele Menschen finden dazu keinen Lösungsweg. Sie werden krank oder leben ein Leben in Bedrücktsein und Ohnmacht, in Hoffnungslosigkeit und Leere.

Viele erleben täglich grossen Druck auf ihr psychisches System: der Lärm, die fremden Leute in der Strassenbahn, die Nachbarin, der Chef, die angespannte Ehe, die Kinder, die kranken Schwiegereltern, die Wirtschaftskrise u.s.w.

Hinzu kommt das gesamte gelebte Leben, das bei den meisten Menschen ungeordnet und nicht bereinigt ist. Auch dieser Bereich des Innenlebens aktiviert sich ständig, meist ohne bewusst zu werden.

"Stress" kann man diese Situation nennen. An den Schwachstellen des psychischen Systems bricht es im Laufe der Jahre hervor: psychisch, körperlich oder sozial.

Nicht der Wille oder die Denkfähigkeit oder die Ich-Führung sind die eigentlichen Schwachstellen, die im Laufe des Lebens "brechen" oder einfach nicht mehr die "Kraft" haben.

Es ist die geformte psychische Energie, die blockiert, destruktiv wirkt und alles bescheiden Hoffnungsvolle unerreichbar macht.

Reflexionen und Diskussion

■ Die Spannungen der psychischen Energie zeigen sich in:

- Nervosität
- Druck auf der Brust oder im Bauch
- Gefühlsausbrüche
- Spannungskopfschmerzen (Migräne)
- Herzklopfen
- Schweissausbrüche
- Unregelmässiger Puls

■ Unruhige, ungeordnete und nicht zentrierte psychische Energie belastet:

- Vegetatives Nervensystem
- Atmung, Kreislauf, Verdauung
- Konzentrationsfähigkeit
- Reaktionsfähigkeit
- Handlungen
- Grundstimmung
- Selbstvertrauen

■ Psychische Spannungen beeinträchtigen:

- Denkfähigkeit

- Wahrnehmung
- Umgang mit Gefühlen (z.B.Wut)
- Kräftedisposition
- Selbststeuerung
- Lernen bzw. Lernoffenheit
- Lebensmöglichkeiten
- Lebensfreude
- Liebesfähigkeit
- Offenheit in der Kommunikation

■ Chronische überstarke psychische Spannungen enthalten Gefahren:

- Unfallgefahr
- Psychische Störungen
- Beziehungskonflikte
- Negative Lebenshaltungen
- Psychosomatische Leiden
- Streit und Gewalt
- Fehlentscheidungen
- Einseitiges Denken
- Kriminalität
- Kriege
- Irrationales Verhalten

Diagramm 5.1.2: Spannung der psychischen Energie

Die psychische Energie ist:

 überlastet blockiert absobiert divergierend destruktiv kalt

Bei chronischem Zustand bewirkt dies:

psychosomatische Leiden
psychische Störungen
Belastung der Beziehungen
soziale Konflikte
sexuelle Störungen
Lebensabwendung
Fehlverhalten
Einengung der Lebensmöglichkeiten

Störungen eines angespannten-überspannten Zustandes

a) Allgemeines Erleben:

☐ verspannt
☐ innerlich unruhig
☐ innerlich disharmonisch
☐ schwer
☐ stimmungsmässig unausgeglichen
☐ schwach
☐ stimmungsmässig negativ
☐ schlaff
☐ nicht zentriert im Bauch
☐ unausgewogen intro-/extravertiert
☐ nicht "gerundet"
☐ in schlechter innerer Struktur
☐ innerlich verkrampft
☐ energetisch blockiert
☐ diffuses Unbehagen
☐ innerlich wie zerrissen

b) Eigentliche psycho-somatische Störungen:

☐ Schlafstörungen
☐ Verspannungen
☐ Migräne, Kopfschmerzen
☐ Verstopfung
☐ Durchfall
☐ Druck auf der Brust/im Bauch
☐ Atmungsbeschwerden
☐ Allergien
☐ Übermässiger Tabakkonsum
☐ Übermässiger Alkoholkonsum
☐ Übermässiges Essen
☐ Herzklopfen/Herzstechen/Herzdruck
☐ Erröten
☐ Übermässiges Schwitzen
☐ Magenbeschwerden
☐ Probleme mit Orgasmus/Lusterleben
☐ Menstruationsbeschwerden
☐ Übermässigen Schmerzmittelkonsum
☐ Nackenschmerzen

c) Überlastete, negative Gefühlsreaktionen:

- ☐ Aggressionen
- ☐ Misserfolg
- ☐ Ärger
- ☐ Gehetztsein
- ☐ Wut
- ☐ Motivationsleere
- ☐ Neid
- ☐ Langeweile
- ☐ Hass
- ☐ Unsicherheit
- ☐ Unzufriedenheit
- ☐ Trostlosigkeit
- ☐ Bedrücktsein
- ☐ Schwäche
- ☐ Angst
- ☐ Wertlosigkeit
- ☐ Gier
- ☐ Lustlosigkeit
- ☐ Verzweiflung
- ☐ Selbstentfremdung
- ☐ Ablehnung
- ☐ innerer Unfriede
- ☐ Peinlichkeit
- ☐ Unbehagen
- ☐ Demütigung
- ☐ Hoffnungslosigkeit
- ☐ Entfremdung
- ☐ Hilflosigkeit
- ☐ Minderwertigkeit
- ☐ Leere
- ☐ Deprimiertheit
- ☐ Frustrationen
- ☐ Kummer
- ☐ Trauer
- ☐ Abgelehntsein
- ☐ Widerwille
- ☐ Einsamkeit
- ☐ Abneigung
- ☐ Sinnlosigkeit
- ☐ Verletztsein

Abbildung: Entwicklung des Entspannungszustandes

Abgezeichnet unter Weglassung der EEG-Angaben aus:
Vaitl., D./Petermann, F.: Handbuch der Entspannungsverfahren.
Band 1. München 1993, Seite 58

These: Die Störungsanfälligkeit nimmt bei chronischer starker Erregung zu!

Physischer Zustand (EEG)	Vor Entspannungszustand		Entspannungstraining	
	Wachzustand	Einschlafvorgang	Kurzzeit-Training	Langzeit Training
Starke Erregung				
Physische Belastung				
Wache Aufmerksamkeit				
Entspannte Wachheit				
Schläfrigkeit				
leichter Schlaf				
Tiefschlaf				
	Mittlere bis hohe allgemeine Aktivierung keine Entspannung	Raocher Uebergang von mittlerer Aktivierung in leichten tiefen Schlaf Biologische Erholung im Tiefschlaf.	Aufbau eines Entspannungszustandes. Noch starke Schwankungen zwischen Aufmerksamkeit und leichtem Schlaf	Stabilisierter Entspannungszustand. Kann über lange Zeit hin aufrechterhalten werden.

Notizen und Perspektiven

Was ist der Nutzen, über psycho-energetische Spannungen nachzudenken?

Notieren Sie die zentralen Schlüsselbegriffe dieses Unterkapitels:

Welche Auswirkungen haben psycho-energetische Spannungen für den Menschen?

Entspannungsmethoden sind wesentlich, denn:...

Was haben Sie in Elternhaus, Schule und Kirche über die Auswirkungen von psychischen Spannungen gelernt?

Welche Bedeutung im Zusammenleben hat das Gespräch über psycho-energetische Spannungen?

Wie werden die Risiken der psycho-energetischen Spannungen der Menschen in Politik und Wirtschaft reflektiert?

Was vermittelt die Werbung über psychische Spannungen?

Formulieren Sie eine Ihnen wichtige Frage zu psycho-energetischen Störungen:

5.1.3. Die Entspannung der psychischen Energie

Stellen Sie sich bildhaft einen völlig entspannten Menschen in einer gewöhnlichen Alltagssituation vor: mit seinem Partner, am Arbeitsplatz, beim Kochen, im Gespräch mit den Kindern u.s.w.

Dann imaginieren Sie diesen Menschen in denselben Situationen mit völliger Anspannung der psychischen Energie. Das ergibt zwei sehr unterschiedliche Bilder.

Wir alle möchten um uns Menschen erleben, die überwiegend entspannt sind. Gewiss: Wir können nicht rund um die Uhr entspannt sein. Das psychische Leben bewegt sich immer zwischen Anspannung und Entspannung.

Anspannung der Energie ist an sich nichts Negatives. Erst in der chronischen Wiederholung und Fixierung wird die Anspannung zu einem Problem.

Entspannen kann gelernt werden. Dazu gibt es verschiedene Methoden: das Autogene Training, das Mental-Training und andere Techniken der "Psychohygiene".

Tägliche Entspannung als Teil der Lebenspraxis ist die Antwort.

Ein "Nickerchen" nach dem Essen kann kaum Entspannung bewirken. Ein voller Bauch zur Ruhigstellung ist auch kein Weg. Alkohol mag den einen oder andern etwas entspannen (macht manche allerdings eher aggressiv).

Auch diese Praktik ist kein eigentlicher Weg. Sonnenbaden oder Nichtstun bzw. Faulenzen kann die Energien ruhigstellen. Tief wirken solche Praktiken selten. Viele können stundenlang nichtstun oder die Sonne geniessen, ohne dass sie sich dabei merklich entspannen.

Wanderungen oder etwas frische Luft bei einem kleinen Spaziergang reduzieren Spannungen. Sport kann psychische Energie "entladen" und insofern entspannen. Lange Schlafen hilft selten.

Denn die Spannung der psychischen Energie löst sich nicht automatisch mit dem Schlaf.

Entspannung ist Teil einer Lebensweise. Dabei geht es um mehr als etwas Technisches. Teil dieser Lebensweise ist: über die Gedanken nachdenken, die Gefühle reflektieren, die Bedürfnisse beachten und das Unbewusste klären.

Selbstbestimmung heisst hier zum Beispiel auch:

Nicht alles aufnehmen, den Gefühlen nicht beliebigen freien Lauf lassen, die Ausseneinflüsse beachten und mitsteuern (manchmal durch ausweichen), den angemessenen Tagesrhythmus finden und immer wieder in sich selbst die innere Ruhe finden, auch durch Kontemplation.

Eine Innenorientierung enthält auch die Reflexion über Sinn und Wert.

Die Selbstverpflichtung an die Liebe - die Selbstliebe - ist grundlegend.

Auch die Integration der Träume, d.h. die Kommunikation mit dem "inneren Geist" ist unerlässlich für eine allseitig ausgewogene Lebensweise und Lebensentfaltung.

Sind die Entspannungspraktiken in eine ganzheitliche Lebensweise eingebettet, dann wird die Dynamik "Anspannung-Entspannung" sehr belastbar.

Reflexionen und Diskussion

■ Die Entspannung der psychischen Energie zeigt sich in:

- Innere Ruhe
- Gelassenheit
- Versöhnlichkeit
- Loslassen-können
- Geduld
- Ausdauer (ohne Zwang)

■ Ruhige, geordnete und zentrierte psychische Energie fördert:

- Selbststärkung
- Lebensoffene Einstellungen
- Wohlbefinden
- Gesundheit
- Äusseren Frieden
- Inneren Frieden
- Belastungsfähigkeit
- Kreative Leistungsfähigkeit

■ Psychische Entspannung bewirkt und begünstigt:

* Zentrierung
* Energieausgleich
* Wachheit
* Konzentration
* Innere Entfaltung
* Vertrauen
* Konstruktives Verhalten

■ Regelmässiges Entspannen ermöglicht Chancen:

* Abbau von Krankheitsrisiken
* Reduzierte Unfallgefahr
* Förderung von Heilungsprozessen
* Aufbauende Beziehungen
* Reduktion von Störanfälligkeit
* innere Zufriedenheit
* Konzentration auf das Wesentliche
* Wachheit auf Sinn und Werte
* Bewusste Selbstbildung
* Innere Lebensverankerung

Diagramm 5.1.3: Entspannung der psychischen Energie

Die psychische Energie ist:

❀ entspannt ❀ruhig ❀ zentriert ❀
❀harmonisch ❀fliessend❀konstruktiv❀

Die regelmässige Entspannung bewirkt:

Gesundes funktionieren der Organe
Förderung von Heilungsprozessen
Rücksicht und Wertschätzung
Offene Lebenszuwendung
Hohe innere Lebensqualität
Klares Erleben von Sinn und Werten
Offene und dynamische Beziehungen

Methoden und Ziele der Entspannung

Zentrale Ziele (Wirkungsbereiche) von Entspannungsverfahren sind:

Entspannungsverfahren	Ziele der Entspannung
Progressive Muskelentspannung	● Erschlaffung der willkürlichen Muskulatur ● allgemeine Ruhigstellung ● Gefühl der Entspannung ● Verbesserung der Lungenfunktion ● Verbesserung der Körperwahrnehmung
Autogenes Training	● Selbstberuhigung ● Selbstregulierung unwillkürlicher Körperfunktionen ● Entspannung der willkürlichen Muskulatur ● Reduktion der Sympathikusaktivität ● Regelmässige, verlangsamte Atmung
Meditationstechniken	● Herstellung tiefer innerer Ruhe ● Gefühl der Entspannung ● Reduktion der Aktivität des sympathischen Nervensystems
Imaginative Verfahren	● Herstellung/Veränderung bestimmter Vorstellungen ● Veränderung des Verhaltens und Erlebens ● Verbesserter Umgang mit Gefühlen
Biofeedback	● Selbstkontrolle über physiologische Reaktionen ● Schulung der Körperwahrnehmung ● generelle Entspannung

Das Autogene Training ermöglicht wie manche andere Entspannungsverfahren:

- Erholung
- Ruhigstellung, Ausgleich
- Selbstregulierung der willkürlichen Körperfunktionen
- Leistungssteigerung (durch Ausschaltung von Störungen!)
- Schmerzreduktion (-abstellung)
- Emotionaler Ausgleich (Gefühlsstabilisierung)
- Selbstbildung (durch formelhafte Vorsatzbildung)
- Selbstkontrolle (durch Innenschau)
- Selbstverwirklichung ("gelöst-harmonisches Menschentum")
- Abbau verkrampfter Lebenshaltungen

P.S. Das Autogene Training ist keine Psychotherapie, löst keine unbewussten Komplexe auf und bewirkt keine Aufarbeitung der Biographie. Der durch das Autogene Training erreichte Entspannungszustand vermag allerdings, eine Psychokatharsis erleichtern.

Abbildung: Entspannung und neurale Verbindungen

These: Durch multiple Entspannung werden im Gehirn Prozesse ausgelöst, die sich auf das Funktionieren der Organe gesundheitserhaltend und gesundheitsfördernd auswirken.

Entspannung im Gehirn entsteht durch:	Über das Sonnengeflecht (und damit durch Entspannung im Gehirn) versorgte Organe sind:
Positive Bilder	
Konstruktive Gedanken	Augen
Ruhigstellung der Gedanken	Speicheldrüse
Harmonisierung der Bilder	Gefässe
Loslösende Bilder	Herz
Kognitive Distanz	Lunge
Auflösung von Gegensätzen	Bronchien
Erlösung von Leid	Magen
Befreiung von Konflikten	Leber
Erzeugung von Alphawellen	Darm
Mentale Fitness	Nieren
Positive Körperbeziehung	Bauchspeicheldrüse
Sinnwirklichkeit beachten	Blase
Lebensbejahung	Genitalien

Bedürfnisse mit Vernunft leben
Mass in allem Lebensausdruck
Gedankenleere (Psychohygiene)
Wahrnehmung reduzieren
Sinnesreize reduzieren
Loslösung von Raum und Zeit
Bedachter Lebensrhythmus
Gesundheit ganzheitlich leben
Ausgewogen rational-intuitiv
Kombiniert analytisch-künstlerisch
Integriert logisch-spirituell
Vernetzt Sprache-Bilderwelt
Linear-synthetisch denken

Entnommen aus: "Neurale Verbindungen". Vaitl, D./Petermann, F. (Hrgr.): Handbuch der Entspannungsverfahren. Band 1. Weinheim 1993, Seite 186

Notizen und Perspektiven

Was ist der Gewinn der komplexen Wirkungen der Entspannung?

Notieren Sie die zentralen Schlüsselbegriffe dieses Unterkapitels:

Welche Zweckfunktion hat multiple Entspannung für den Menschen?

Reflektieren über die Störungen eines angespannten-überspannten Zustandes ist wesentlich, denn:...

Was haben Sie in Elternhaus, Schule und Kirche über Entspannung gelernt?

Welche Bedeutung im Zusammenleben hat das Gespräch über Entspannung?

Wie wird psycho-energetische Entspannung in Politik und Wirtschaft gehandhabt?

Was vermittelt die Werbung über Entspannung?

Formulieren Sie eine Ihnen wichtige Frage zu Entspannungsmethoden:

5.1.4. Übungen

1. Wie erleben Sie körperlich im Wochenrückblick Ihre psychische Energie?

2. Wie erleben Sie Ihre psychischen Energie auf Ihr Wahrnehmen und Denken?

3. Welche Gedanken und Bilder bewirken bei Ihnen schnell eine innere Anspannung?

4. Welche Gefühle bewirken in Ihnen schnell eine innere Anspannung?

5. Wie erleben Sie sich körperlich, wenn Sie innerlich angespannt sind?

6. In welchen Situationen können Sie sich tief entspannen?

7. Welche äusseren Faktoren aktivieren schnell eine innere Anspannung?

8. Energiebalance.
8.1. Beschreiben Sie Ihr durchschnittliches allgemeines Erleben:

8.2. Beschreiben Sie Ihre psycho-somatischen Störungen bzw. Störanfälligkeiten:

8.3. Beschreiben Sie Ihre durchschnittlichen Gefühle und Stimmungen:

8.4. Versuchen Sie Ihr Gesamtergebnis zu interpretieren (Ursachen, Bedeutung) und in den möglichen Auswirkungen zu beurteilen.

8.5. Formulieren Sie einige Ideen, was Sie zur Verbesserung Ihrer Lage tun könnten:

9. Entspannung steuern. Kreuzen Sie an, was Sie bewusst beachten und tun:

- [ ] Positive Bilder besonders suchen/beachten.
- [ ] Konstruktive Gedanken im Alltag, schon zu kleinen Dingen.
- [ ] Ruhigstellung der Gedanken, täglich 2-3x.
- [ ] Harmonisierung der Bilder durch inneres Vorstellen.
- [ ] Loslösende, befreiende Bilder durch Meditation.
- [ ] Kognitive Distanz schaffen, wenn die Gedanken zu sehr festhalten.
- [ ] Auflösung von Gegensätzen durch meditative Bearbeitung.
- [ ] Erlösung von Leid durch Verarbeitung.
- [ ] Befreiung von Konflikten durch Klärung und richtige Haltung.
- [ ] Mentale Fitness praktizieren.
- [ ] Positive Körperbeziehung pflegen.
- [ ] Sinnwirklichkeit beachten.
- [ ] Lebensbejahung ernst nehmen, schon in unbedeutenden Dingen.
- [ ] Bedürfnisse mit Vernunft leben, ausgewogen, zum richtigen Zeitpunkt.
- [ ] Wahrnehmung bewusst lenken; mit den Augen nicht zuviel "schlendern".
- [ ] Sinnesreize reduzieren; d.h. sich nicht in alles hineinfühlen.
- [ ] Loslösung von Raum und Zeit (durch Meditation).
- [ ] Bedachter Lebensrhythmus, auch bei hektischem Berufsleben.
- [ ] Gesundheit ganzheitlich leben; d.h. psychisch und körperlich.
- [ ] Ausgewogen rational-intuitiv das Dasein erfassen.
- [ ] Kombiniert analytisch-künstlerisch/kreativ an die Lebensbelange gehen.
- [ ] Integriert logisch-spirituell denken.
- [ ] Vernetzt mit Sprache und Bilderwelt das Leben erfassen.
- [ ] Linear-synthetisch verarbeiten (= vernetzt denken).
- [ ] Eigener Biorhythmus beachten, insbesondere für bestimmte Arbeiten.
- [ ] Innere Abgrenzung zu den Mitmenschen und Lebensthemen halten.
- [ ] Lust bewusst gestalten und geniessen.
- [ ] Gesprächsthemen eingrenzen und mitsteuern.

Anzahl Ankreuzungen: ...

Formulieren Sie Ihre Stärken:

Formulieren Sie Ihre Schwächen:

Wie können Sie Ihre Schwachstellen stärken?

Multiple Choice Test

Wählen Sie die vier richtigen Antworten aus: ☒ a) Fun

3.1. Die psychische Energie. Richtige Aussagen dazu sind:

☐ a) Die psychische Energie im Menschen ist die elektromagnetische Energie.
☐ b) Bildhafte Gedanken formen psychische Energie.
☐ c) Zwischen Menschen "fliesst" keine nennenswerte psychische Energie.
☐ d) Bilder haben eine stärkere psycho-energetische Kraft als Gedanken.
☐ e) Psychische Energie kann konstruktiv und/oder destruktiv wirken.
☐ f) Jeder Mensch strahlt psychische Energie aus.

3.2. Die Spannungen der psychischen Energie. Folgendes ist ein direkter Ausdruck übermässig angespannter psychischer Energie:

☐ a) Schlaflosigkeit
☐ b) Migräne
☐ c) Unruhe/Nervosität
☐ d) Aufmerksamkeit
☐ e) Aggressivität
☐ f) Gleichgültigkeit

3.3. Die Entspannung der psychischen Energie. Eine entspannte psychische Energie bewirkt und fördert im allgemeinen:

☐ a) Innere Zufriedenheit
☐ b) Gute Kommunikation
☐ c) Selbstvertrauen
☐ d) Versöhnlichkeit
☐ e) Komplexauflösung
☐ f) Bewusstseinsleere

5.2. Die Psycho-Physischen Dimensionen

5.2.1. Die Charakteristik der Psychodynamik

Die Psychodynamik ist der lebendige Ausdruck der geformten psychischen Energie im Menschen. Verschiedene Begriffe meinen dasselbe, z.B.: Lebensenergie, Vitalenergie, Libido.

Der Mensch erlebt diese Energie zwischen Anspannung und Entspannung. Als Lebenskraft äussert sie sich beim einen mehr gegen aussen aktiv, d.h. extravertiert, bei einem andern mehr "zurückgezogen", d.h. introvertiert. Je nach Zustand dieser Lebensenergie ergeben sich unterschiedliche psychische und körperliche Reaktionen, z.B. Nervosität, Verkrampfung, Konzentrationsschwäche, Atmungsdruck, Migräne, Verdauungsstörungen und manche mehr.

Wie auch immer die Reaktionen sind, jeder erlebt seine Psychodynamik als ein Grundbefinden. Beim einen ist dieses Erleben mehr positiv, wohlgestimmt und bei einem andern mehr bedrückt oder zerrissen.

Stabilität und Labilität sind weitere Ausdrucksformen der psychischen Energie. So sind die einen eher unstet oder unbeständig, während andere eine grössere Standfestigkeit ihres Energiezustandes erleben.

Nahe diesem Aspekt ist die Empfindlichkeit der Reaktionen. Bei den einen reagiert das psychische Energiesystem sensibel und flexibel, während bei den andern im Extrem die Energie starr und unsensibel ist. Jeder hat seine Momente, wo er "Bäume ausreissen" könnte. Er erlebt sich vital, stark und intensiv. In anderen Momenten ist dann die Energie schwach, matt oder lahm.

Über alle Ausdrucksaspekte hinweg wirkt die psychische Energie entsprechend dem Zustand konstruktiv oder destruktiv. Die Energie ist einengend oder befreiend, friedlich oder aggressiv.

Die psychische Energie ist die Lebensenergie und damit das psychische Leben schlechthin.

Die Beschäftigung mit der Psychodynamik führt zu verschiedenen Fragen: Was formt den psycho-energetischen Zustand? Wie wirkt diese Energie auf das psychische Leben, den Körper und das Handeln? Wie kann jeder diesen Energiezustand konstruktiv formen und regelmässig revitalisieren?

Reflexionen und Diskussion

■ Die Ausprägungen der einzelnen Dimensionen sind:

- Spannung: unruhig, unausgeglichen, disharmonisch, unbehaglich
- Entspannung: ruhig, ausgeglichen, harmonisch, behaglich
- Extraversion: graduell bis stark extravertiert
- Introversion: graduell bis stark introvertiert
- Psycho-physische Reaktionen: schwache bis starke Störanfälligkeit
- Grundbefinden: von fröhlich, heiter, lebhaft bis düster, bedrückt, traurig
- Stabilität: standfest, stetig, beständig
- Labilität: standlos, unbeständig, unstet
- Sensibilität: leicht ansprechbar, fliessend, weich
- Starrheit: rigide, unempfindlich, starr
- Kraft/Intensität: von intensiv, vital, stark bis kraftlos, schwach, lahm, matt
- Konstruktivität: anregend, lebenszugewandt, befreiend, friedlich
- Destruktivität: ansteckend, lebensabgewandt, bindend, aggressiv

■ Nach folgendem Muster kann sich jeder das Profil seiner Psychodynamik erstellen:

Spannung	Extraversion Introversion	psycho-physische Reaktionen	Grundbefinden
Stabilität Labilität	Sensibilität Starrheit	Kraft Intensität	Konstruktivität Destruktivität

Notieren Sie in Stichworten und diskutieren Sie vergleichend Ihr Profil mit andern in der Gruppe. Beachten Sie, dass ein Profil sich verändern kann und im Laufe der Zeit durch Bildung eine neue Dynamik erhält.

Diagramm 5.2.1: Die acht Dimensionen der Psychodynamik

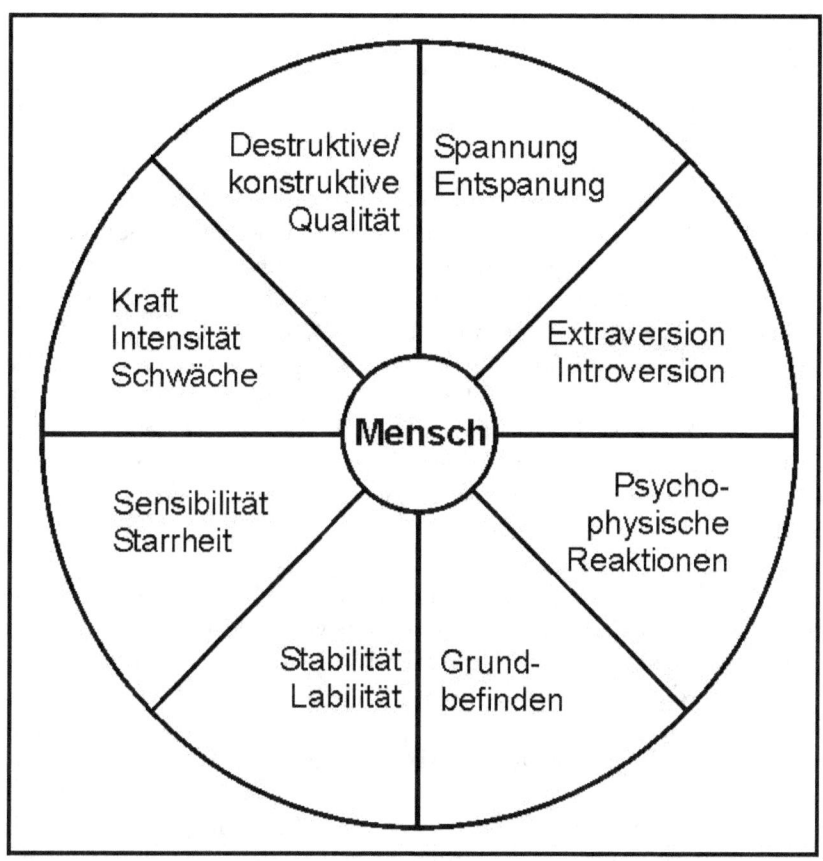

5.2.2. Die psychische Energie und ihre gestaltende Kraft

Die psychische Energie eines entspannten Menschen ist zentriert und ausgeglichen, in sich ganz und ruhig fliessend, eher leicht und weich. In einer Beschäftigung spannt sie sich normal an, wird zielgerichtet und aktiviert eine dynamische Kraft auf die Tätigkeit bezogen.

Die Wahrnehmung ist klar und die Aufmerksamkeit konzentriert. Die Gedanken bewegen sich gelenkt ruhig. Die Gefühle sind ausgewogen. Das Bewusstsein ist entsprechend dem Inhalt aktiv und ruhig, wenn wir von besonders emotional-wert-bezogenen Themen absehen. Das innere Erleben ist verstärkt aktiv und ansprechbar. Die Kraft der Liebe tritt deutlich ins Bewusstsein. Die Bedürfnisse werden ursprünglich erlebt, statt verfälscht bzw. künstlich entstellt. Die Bilder im Unbewussten sind ruhig, da ihre Energie entspannt ist, bis die Themen durch das tägliche Leben reaktiviert werden. Die Kommunikation mit dem Geist durch Träume wird klar. Dieser Zustand ist insbesondere in der Imagination und Kontemplation eine wichtige Voraussetzung.

Ist die psychische Energie stark angespannt, unruhig und zerrissen durch innen gegen-sätzlich gerichtete Wertigkeiten von Gedanken, Gefühlen und Bedürfnissen sowie weiterer psychischen Kräften, dann sind alle psychischen Kräfte von diesem Zustand belastend beeinflusst. Im Extremfall, insbesondere bei chronischer Anspannung, ergeben sich psychische Störungen, deren psycho-energetische Dynamik das gesamte Leben beeinflusst.

Entspannend und gesundheitserhaltend wirkt die entspannte psychische Energie auf den Körper. Beeinflusst sind davon: Atmung, Kreislauf, Verdauung, Muskeln, Nerven, Schlaf und Sexualität. In einer chronisch belasteten psychischen Energie werden auch die Körperfunktionen davon beeinflusst. Viele Arten von Störungen und psycho-somatischen Krankheiten sind die Folge davon.

Auch das Verhalten wird vom Zustand der psychischen Energie beeinflusst. Der Mensch handelt anders, wenn er entspannt, konzentriert angespannt oder überspannt ist. Die Aktivitäten eines entspannten Menschen sind sicher und entlastet. Das Handeln ist massvoll, dosiert und rücksichtsvoll. Die einzelnen Handlungsschritte können vom Ich gut geführt werden.

Reflexionen und Diskussion

■ Die entspannte psychische Energie:

weich	ruhig	wohltuend	kräftig
fliessend	zentriert	wach	hell
harmonisch	in sich ganz	erholt	ausgeglichen

■ Die überspannte (übermässig angespannte) psychische Energie:

Hart	unruhig	unangenehm	schwer
starr	disharmonisch	dämpfend	stechend
blockiert	zerrissen	ermüdend	kalt

■ Die psychische Energie wirkt entsprechend ihrem Zustand:

→ auf alle psychischen Funktionen
→ auf den Körper bzw. die Organfunktionen
→ auf das Handeln

■ Das Erleben der psychischen Funktionen, des Körpers und des Handelns hat bei allen Ausdrucksformen der psychischen Energie vielseitige Variationen, die zwischen den Menschen erheblich differieren können.

■ Beschreiben Sie Ihre durchschnittlichen Erfahrungen:

Zustand der psychischen Energie	Reaktionen bei den psychischen Funktionen	Reaktionen beim Handeln	Reaktionen beim Körper und bei Organ-funktionen
Entspannte psychische Energie			
Normal angespannte psychische Energie			
Überspannte psychische Energie			

Diskutieren Sie Ihre Angaben mit andern. Vergleichen Sie die Variationen.

Diagramm 5.2.2: Die Wirkungen der psychischen Energie

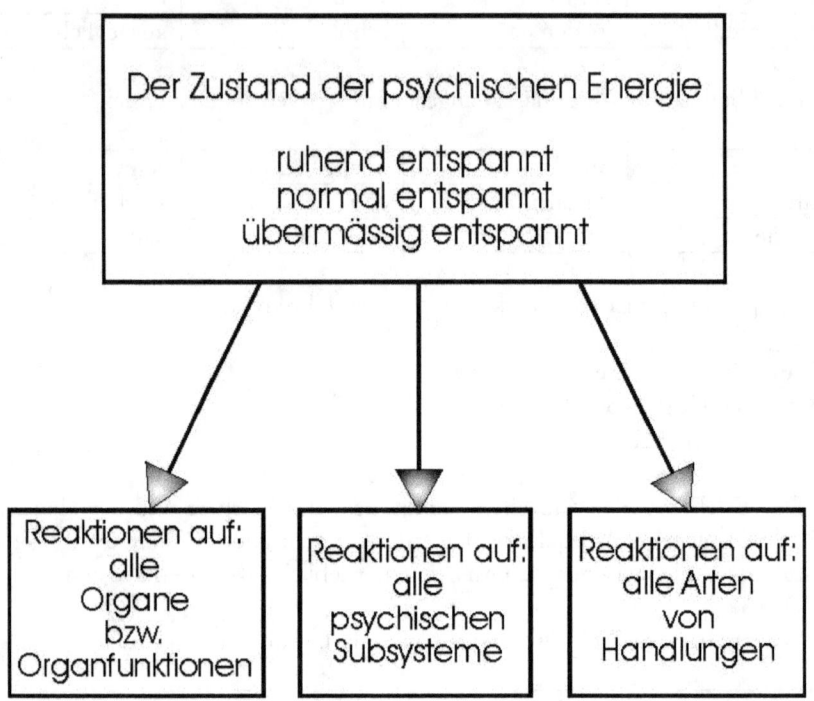

Der Zustand der psychischen Energie

ruhend entspannt
normal entspannt
übermässig entspannt

Reaktionen auf:
alle
Organe
bzw.
Organfunktionen

Reaktionen auf:
alle
psychischen
Subsysteme

Reaktionen auf:
alle Arten
von
Handlungen

5.2.3. Die emotionalen Ursachen von Spannungen

Wer irgendeine für sich belanglose Information aufnimmt, wird deswegen kaum bewegt, z.B die Distanz von A nach B als reine Sachinformation. Muss die Person aber den Weg zu Fuss gehen, bei Regen und Kälte, und sind dies einige Kilometer, so wird dies ein Gefühl des Ärgers und der Unlust auslösen.

Mathematische Formeln bzw. Zahlen bewegen den Menschen kaum, wenn er diese sieht. Bedeuten die Zahlen zum Beispiel Geld, dann kann dies je nach der Bedeutung für die betreffende Person eine positive oder negative Gefühlsreaktion bewirken.

Ereignissituationen können als "kritisch" erlebt werden und erhalten dadurch eine emotionale Komponente. Manche, die in einem Ferienprospekt blättern, mögen sich angeregt fühlen. Bei andern spannt sich die psychische Energie an, weil sie nicht in die Ferien können oder nicht allein fahren wollen.

Wir gehen davon aus, dass dieselben Dinge und Gegebenheiten bei den Menschen je nach subjektiver Bedeutung ganz unterschiedliches Erleben bewirken.

Gefühle aktivieren psychische Energie. Alles gefühlsmässige Erleben aktiviert und formt innen psychische Energie. Wir alle kennen diese inneren Wirkungen. Die ganze Palette der negativen und positiven Gefühle wirkt auf das Denken und Handeln, vielfach auch auf den Körper.

Schuldgefühle können bei vielen ziemlich körpernah erlebt werden: ein "Klumpen" im Bauch oder ein beengendes Gefühl in der Brust. Ärger belastet den Magen, das weiss jeder. Kummer und Sorgen führen zu Verdauungsstörungen. Aggressionen, Wut und zum Beispiel Rachegefühle prägen markant das Handeln. Je grösser Bedrücktsein oder diffuse Lebensängste sind, desto einschneidender wirken sie auf das tägliche Handeln, vielfach auf den ganzen Körper. Sexuelle Spannungen machen auf die Dauer krank, wenn sie nicht anderweitig entladen werden.

Viele unbefriedigte Bedürfnisse bewirken ein emotionales Frustrationserleben, z.B. fehlende Zärtlichkeit, Gruppenzugehörigkeit, Akzeptiertsein, Autonomie, Arbeit. Auch Gedanken, Phantasien, Erinnerungen und meditative Erlebnisse gelten als emotionale Faktoren, wenn sie eine bestimmte Bedeutung für die Person enthalten.

Liebe und Hoffnung können starke positive Gefühle auslösen und damit entsprechend die psychische Energie formen.

Reflexionen und Diskussion

■ Alle emotionalen Faktoren sind gefühlsbetont. Sie enthalten Gefühle bzw. sie lösen Gefühle aus. Jedes Erleben mit einer bestimmten subjektiven Bedeutung aktiviert Gefühle, die einen Sinn und Wert enthalten. Wir unterscheiden vereinfacht:

→ positive (angenehme) Gefühle
→ negative (unangenehme) Gefühle

■ Die verschiedenen Arten von emotionalen Auslösern sind:

Kritische Handlungen	Gedanken
Ereignisse	Kränkungen
Bedürfnisse	Erniedrigungen
Bedrohungen	Peinliches
Geräusche	Phantasien

■ Eine besondere Bedeutung hat das Inventar des Unbewussten: Alles, was ins Bewusstsein kommt und Bildmuster im Unbewussten anspricht, aktiviert diese als Orientierungsrückbindung oder im Sinne des "unerlösten" Themas (d.h. Komplexaktivierung).

■ Auch Farben, räumliche Dimensionen und Symbole aktivieren psychische Energie, wenn diese im Bewusstsein zum Erleben werden.

■ Die eigenen emotionalen Faktoren im Wochenrückblick: Notieren Sie mit einem Stichwort in die einzelnen Felder des nachfolgenden Diagramms ein Stichwort, das ein Sinn- und Werterleben (d.h. ein Gefühl) im entsprechenden Zeitraum war.

Zeitspanne Wochentag	Morgen	Vormittag	Mittag	Nachmittag	Abend	Nacht
Montag						
Dienstag						
Mittwoch						
Donnerstag						
Freitag						
Samstag						
Sonntag						

Diagramm 5.2.3: Die Kräfte, die pscychische Energie formen

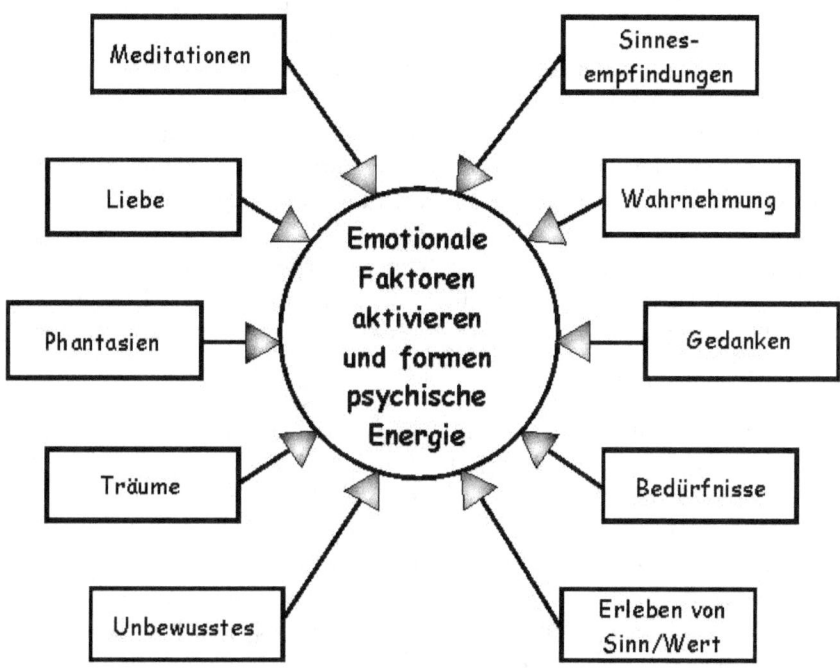

5.2.4. Die Spannungserzeugenden Lebensraumfaktoren

Das psychische Energiesystem eines Menschen wird auch von aussen vielfältig beeinflusst. Hier sind zwei wichtige Varianten zu unterscheiden: Die äussere Wirklichkeit wird erst durch die Verinnerlichung, die Aufnahme in das Bewusstsein, zu einem emotional wirksamen Faktor.

Anderseits aber gibt es Quellen, die direkt als psychische Energie aktiv auf den Menschen einwirken. Überall im Lebensraum ist geformte psychische Energie, von uns als "Psychosmog" bezeichnet, vorhanden.

Zudem hat jeder Mensch eine psycho-energetische Ausstrahlung, mit der er auf die Menschen in der direkten Umgebung, aber auch telepathisch auf grosse Distanzen, einwirkt. Dies geschieht in den meisten Fällen unbewusst und ungewollt.

Ferner nehmen wir an, dass es im Universum eine intelligente Kraftquelle gibt, so etwas wie eine "kosmisch-energetische Sonne". Folgerung: Alles Leben enthält psychische Energie und lebt von dieser Energie.

Die Aufnahme der äusseren Wirklichkeit geschieht durch Sinneserfahrung. Schon Farben, Formen, Geräuschpegel, Düfte u.s.w. wirken auf den Menschen ein, indem er diese als angenehm oder unangenehm erlebt, indem diese für ihn eine objektive oder subjektive Bedeutung haben. Mit der Aktivierung ("Inbetriebnahme") der einzelnen psychischen Subsysteme wird psychische Energie aktiviert und geformt.

Zentral sind die Wirklichkeiten, die wir in Lebenssysteme unterteilt haben. Darin können wir die Handlungsbereiche und die Bezugssysteme mit andern Menschen plazieren. Alle diese Wirklichkeiten wirken auf den Menschen ein durch ihre spezifischen Eigentümlichkeiten.

Darüber hinaus haben viele Elemente eine auffordernde Bedeutung. Der Mensch ist gedrängt zu handeln, sei es aus unausgesprochenen Regeln, sei es wegen den Gesetzen oder Normen, sei es, weil er darin aktiv etwas leisten will. Die psycho-energetische Wirkung kommt somit in der Wechselwirkung von Mensch-Lebenssystem (-element) zustande. Zudem ist davon auszugehen, dass die individuellen Unterschiede in der vorhandenen geformten Psychodynamik verschiedene Reaktionen auslösen.

Die Menschen reagieren psycho-energetisch auf dieselben Gegebenheiten oft ganz verschieden, teils weil die Bedeutung subjektiv variiert, teils, weil die Menschen eben nie völlig identische psychodynamische Verhältnisse aufweisen.

Reflexionen und Diskussion

■ Es gibt verschiedene äussere Quellen und Faktoren, die auf das psychische Energiesystem einwirken. Wir unterscheiden:

a) Energiequellen:	b) Indirekte Einwirkungen:
"kosmische Sonne"	Lebensräume
Energieausstrahlung anderer	"kritische Ereignissituationen"
Gedankenenergie anderer	aufforderne Situationen
"Psycho-smog"	Interaktionen

■ Viele äussere Gegebenheiten haben für die Menschen ganz unterschiedliche Bedeutung und demzufolge auch eine unterschiedliche Energiewirkung durch die Verinnerlichung; einige Beispiele:

Ferienidylle in den Bergen	Skifahren
Unfallbericht in der Zeitung	Betende Menschen
Volksmusik	Unrat auf der Strasse
klassische Musik	Kleider
Motorrad	Bilder mit sexuellem Anreiz
Rennwagen	Alte Menschen
Essen einkaufen	Kranke Menschen

■ Sammeln Sie aus den letzten Wochen einige Ausseneindrücke, die Sie nachhaltig bewegt haben:

■ Beschreiben Sie, wie Sie die psychische Energieausstrahlung anderer Menschen und von fremden Räumen erlebt haben:

Diskutieren Sie Ihre Erfahrungen mit andern.

Diagramm 5.2.4: Aeussere Wirkungskräfte auf die Psychodynamik

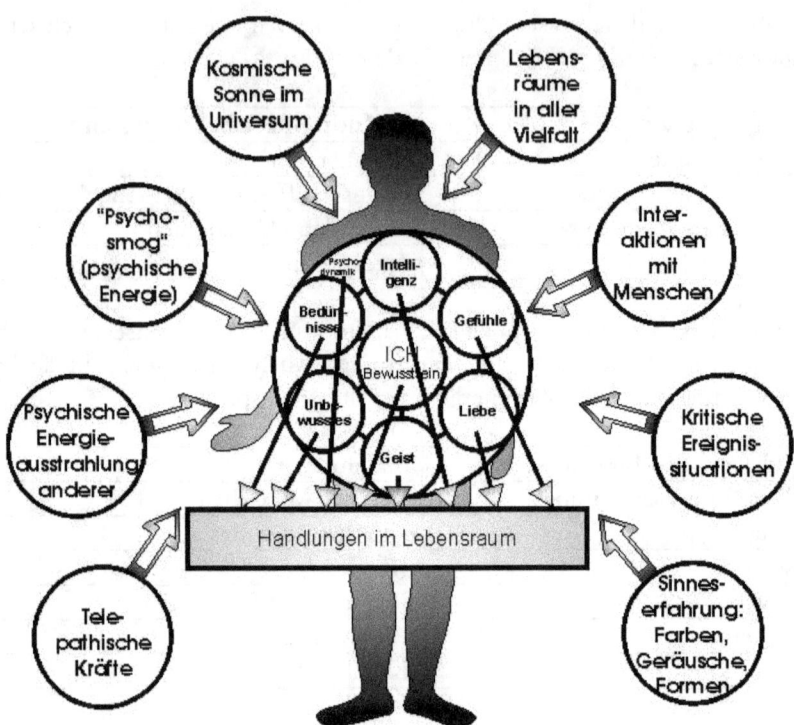

5.2.5. Die komplexen Stress-Symptome

Die Psychodynamik ist der eigentliche Wirkfaktor für Stress. Stellen wir uns die folgende psycho-energetische Lage vor: die Energie ist chronisch überspannt und im Übermass extravertiert gerichtet; einzelne psychische Kräfte arbeiten nicht mehr normal und/oder sind verstärkt störanfällig, was sich zuerst vor allem in Konzentrationsmangel und Muskelverspannung zeigt; das Grundbefinden ist tendenziell bedrückt und wechselhaft; das Energiegefüge ist überwiegend unstetig und die Sensibilität überaktiv; in einem Moment scheint viel Kraft zur Verfügung zu stehen, die dann im nächsten Moment durch ein "Loch" abgelöst wird; die Energie wirkt aggressiv.

Was sich daraus im Handeln zeigt, meist auch in verstärkten einseitigen Reaktionsmustern der psychischen Kräfte und zunehmend körperlich, wird als "Stress" bezeichnet.

"Stress" können wir somit unter verschiedenen Aspekten definieren. Der erste Aspekt ist die Lage der psychischen Energie. Ist eine Lage, wie unser Beispiel, über Iängere Zeit in den acht Dimensionen oder einzelnen davon belastet, dann ist das ein Ausdruck von Stress.

Der zweite Aspekt bezieht sich auf die Wirkungsweise der psychischen Subsysteme. Die Störungsanfälligkeit zeigt sich zunehmend in verschiedenen Subsystemen. So werden dann Bedürfnisse unterdrückt, Gefühle verdrängt, Liebe als nebensächlich beiseite geschoben und anderes mehr.

Drittens zeigen sich somatische Reaktionen. Dies können zuerst Schlafstörungen sein, vielleicht Verdauungsprobleme oder Migräne. Viertens erkennen wir Stress in den Handlungen selbst.

Die Handlungen werden unsicher oder verstärkt verkrampft. In Teilbereichen verliert das Ich die Kontrolle, z.B. beim Essen. Flexibilität nimmt ab und die Werte werden zunehmend einseitiger, z.B. auf Arbeitsleistung oder künstliche Bedürfnisse ausgerichtet.

Zwischen den Menschen gibt es in den Stressmustern erhebliche Differenzen. Der eine äussert seinen Stress mehr nach aussen gerichtet und in Hyperaktivität. Ein anderer erlebt Stress mehr innen und ist nach aussen blockiert.

Ferner können die emotionalen Faktoren verschieden geortet werden, beim einen in den Aussenbereichen, bei einem andern in der angespannten Lage durch unterdrückte psychische Subsysteme, insbesondere des Unbewussten und der Grundbedürfnisse.

Reflexionen und Diskussion

■ Aspekte von Stress sind:

- Die psycho-energetische Lage, d.h. die geformte Psychodynamik
- Das Funktionieren der psychischen Subsysteme und ihre Kräfte
- Der Körper bzw. die Organfunktionen und generell somatische Reaktionen
- Die Handlungen in ihrem Ausdruck, Ziel/Wirkung und Wert

■ Die Ursachen von Stress liegen:

- in den Lebenssystemen
- in den psychischen Subsystemen
- in den Wechselwirkungen aussen-innen

■ Stressmuster haben drei Hauptvarianten:

- Prozesse, die vor allem nach aussen gerichtet ablaufen.
- Prozesse, die gegen aussen abgeblockt sind und innen ablaufen.
- Prozesse, die überwiegend somatisch erkennbar sind.

■ Bleibt eine Stresslage über längere Zeit erhalten, so sind Störungen in den psychischen Subsystemen, im somatischen Bereich und/oder in den Handlungen zu erwarten, die mit Entspannung nicht mehr wegzuschaffen sind.

■ Stressindizien sind:

☐ Ich reagiere bei vielen Gegebenheiten überstark
☐ Ich bin bedrückt, sobald ich nicht arbeite
☐ Ich habe Nacken-/Kreuzverspannungen
☐ Ich bin leicht aus der Ruhe zu bringen
☐ Ich bin nervös
☐ Ich bin niedergeschlagen
☐ Ich habe Konzentrationsstörungen
☐ Ich bin im Denken plötzlich behindert/blockiert

☐ Ich habe Arbeitshemmungen
☐ Ich bin in Konflikten innerlich schnell erregt
☐ Ich erlebe Sorgen auch körperlich
☐ Ich kann am Wochenende nicht abschalten
☐ Ich habe Verdauungsbeschwerden
☐ Ich tue vieles hastig (Essen, ankleiden, Körperpflege)
☐ Ich bin am Abend von den Tagesereignissen bedrängt
☐ Ich erlebe mich pessimistisch
☐ Ich erlebe den Alltag hektisch
☐ Ich bin leicht zu verärgern
☐ Ich bin ungeduldig
☐ Ich bin schnell launisch

Reden Sie über Stress und Stressreaktionen in der Gruppe.

Diagramm 5.2.5: Strukturmodell der Stressursachen

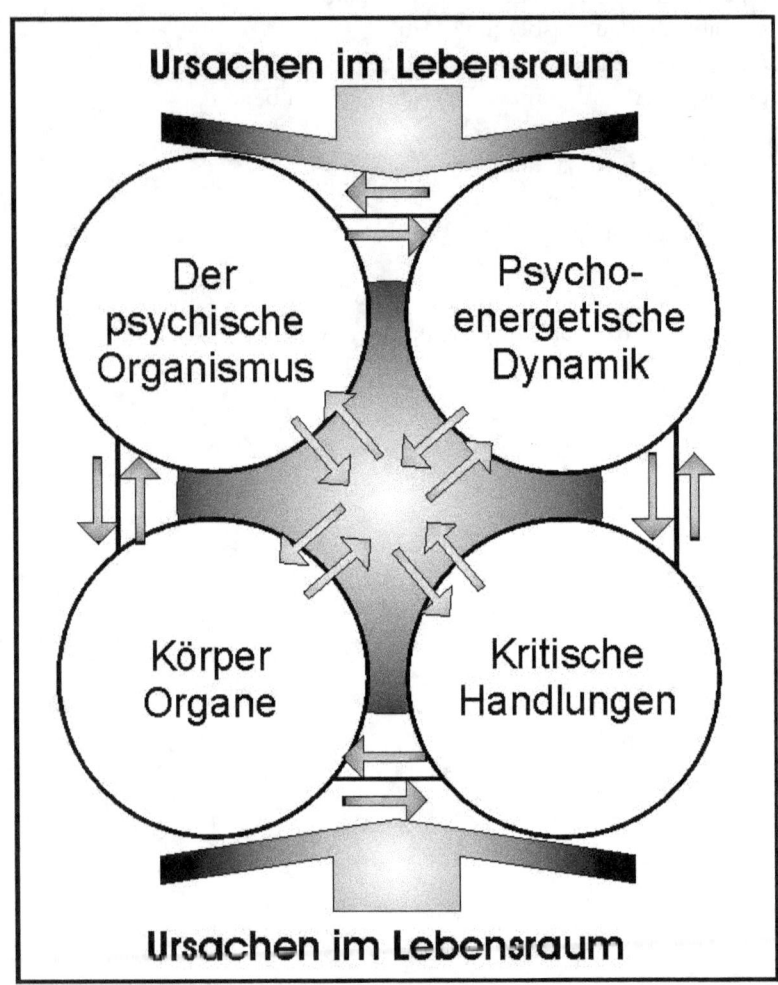

5.2.6. Die Methoden der Entspannung

Mit Entspannungstechniken können wir die Psychodynamik ausgleichen, zentrieren und stärken. Entspannung wirkt sich im allgemeinen auf alle Dimensionen der Psychodynamik aus. Mit einer Entspannungstechnik lassen sich aber die einzelnen psychischen Subsysteme nicht verändern. Es werden damit weder Bilder im Unbewussten korrigiert, noch die Kraft der Liebe aufgebaut. Auch schult man weder das Denken, noch bereinigt man die Gefühle.

Entspannungstechniken sind keine Heilverfahren und klären weder Neurosen noch Störungen der psychischen Funktionen. Die Zielrichtung der Entspannung ist die Lage der psychischen Energie, d.h. die Psychodynamik, und ihre Auswirkungen auf den Körper sowie auf das Handeln.

Mit den Methoden der Entspannung lassen sich günstige Voraussetzungen schaffen für die Persönlichkeitsbildung, die Lebensgestaltung und die Gesundheit. Im entspannten Zustand sieht man die Gegebenheiten des Lebens klarer, handelt in manchen Situationen überlegter und gestaltet das Leben ausgewogener. Wer entspannt ist, lernt leichter und ist offener für Selbstreflexionen. Im entspannten Zustand erspürt man direkter die echten Bedürfnisse und ist ansprechbarer auf die Kraft der Liebe.

Mit regelmässiger Entspannung wird innere Stabilität aufgebaut, eine Ausgewogenheit zwischen Extraversion und Introversion gefunden sowie sich selbst innen-zentriert und "ganz" erlebt. Wer entspannt ist, ist offener für innere Erfahrungen.

So ist Entspannung auch eine Voraussetzung für Meditation und konzentriertes Bearbeiten der inneren Kräfte, insbesondere des unbewussten Inventars. Entspannung setzt auch neue Kräfte frei.

Entspannung allein schafft aber weder einen weisen Menschen, noch ein Leben in der Individuation verwurzelt. Entspannungstechnik ist Psychohygiene. So wie man regelmässig den Körper pflegt, die Wohnräume putzt, Kleider wäscht und Dinge ordnet, so ist die Entspannungstechnik eine Methode, die zum täglichen Leben für "inneres Ordnen der Kräfte" gehört.

Indirekt fördert man damit die Funktionsfähigkeit der psychischen Kräfte, z.B.: Konzentration, Merkfähigkeit, Willenskraft, Selbststeuerung und andere mehr.

Reflexionen und Diskussion

■ Wir konzentrieren uns hier auf verbale Verfahren und speziell auf das Autogene Training. Es gibt dazu verschiedene Entspannungstechniken:

→ verbal-suggestive (autosuggestive) Methoden
→ Mental-Training
→ progressive Muskelentspannung

■ Verbal-suggestive Entspannungstechniken basieren auf:

• Jede gedankliche Vorstellung formt psychische Energie, die Psychodynamik.
• Jedes innere Bild formt psychische Energie. Dadurch ergibt sich eine "psycho-physische Umschaltung".
• Die Wirkung von Vorstellungen und Bildern ist sinnentsprechend (z.B.: Sonne bewirkt Wärme; Blau bewirkt Ruhe u.s.w.).
• Die Veränderung der psycho-energetischen Lage wirkt auf den Körper bzw. die Organe (Kreislauf, Muskeln, Atmung u.s.w.).
• Die Veränderung der psycho-energetischen Lage wirkt auf die psychischen Subsysteme mit ihren einzelnen Kräften.
• Die Veränderung der psycho-energetischen Lage wirkt auf das Handeln.

■ Übung und Anwendung:
Entspannungstechniken sind zuerst in kleinen Schritten täglich einzuüben. Wer einmal eine Entspannungstechnik eingeübt hat, kann diese täglich in manchen kleinen Momenten für einige wenige Minuten mit guter Wirkung nutzen. Die psycho-physische Umschaltung erfolgt schnell und direkt.

■ Das Autogene Training ist die klassische verbal-suggestive Entspannungstechnik, die stufenweise eingeübt täglich angewendet werden kann. Üben Sie das Autogene Training gemäss Diagramm. In einer Gruppe lässt sich diese Technik leichter erlernen. Es genügt, wenn Sie täglich einmal zehn Minuten eine Übung (im Liegen oder Sitzen) durchführen. Notieren Sie sich danach das Ergebnis.

■ Das Mental-Training ist aktive Imagination, z.B.: "Kopf leeren": Setzen Sie sich auf einen Stuhl, leicht nach vorne geneigt. Schliessen Sie die Augen und stellen Sie sich bildhaft vor, dass Sie bei der Stirn ein "geistiges Loch" haben. Jetzt fallen da alle Gedanken, Wahrnehmungen (Dinge, Menschen etc.) der letzten Stunden und Tage aus diesem Loch in eine Schüssel. Imaginieren Sie, dass Gedanken und Vorstellungen da heraus kommen bis der Kopf leer ist.

Diagramm 5.2.6: Die Uebungsschritte des Autogenen Trainings

1. Uebung: Schwere
Rechter Arm schwer. Linker Arm schwer. Arme schwer. 6x
Rechtes Bein schwer. Linkes Bein schwer. Beine schwer. 6x
Ich bin ganz ruhig. 1x

2. Uebung: Wärme
Rechter Arm warm. Linker Arm warm. Arme warm. 6x
Rechtes Bein warm. Linkes Bein warm. Beine warm. 6x
Ich bin ganz ruhig. 1x

3. Uebung: Herz
Herz schlägt ruhig und kräftig. 6x
Herz schlägt regelmässig. 6x
Herz schlägt kräftig. 6x
Ich bin ganz ruhig. 1x

4. Uebung: Atmung
Es atmet ruhig. 6x
Körper atmet ruhig. 6x
Ich bin ganz ruhig. 1x

5. Uebung: Sonnengeflecht (Bauch)
Sonnengeflecht strömend warm. 6x
Ich bin ganz ruhig. 6x

6. Uebung: Stirn-Kopf
Stirn leicht kühl. 6x
Stirn leicht frisch. 6x
Ich bin ganz ruhig. 1x

Vorgehen:
1. Woche: Uebung 1
2. Woche: Uebung 1 + Uebung 2
3. Woche: Uebung 1 + Uebung 2 + Uebung 3
4. Woche: Uebung 1 + Uebung 2 + Uebung 3 + Uebung 4
5. Woche: Uebung 1 + Uebung 2 + Uebung 3 + Uebung 4 + Uebung 5
6. Woche: Uebung 1 + Uebung 2 + Uebung 3 + Uebung 4 + Uebung 5 + Uebung 6

Abschluss der Uebung jeweils: "Eins, zwei, drei...Arme beugen und strecken. Dreimal Tief durchatmen. Augen auf."

5.2.7. Arbeitseinheit

5.2.7. Arbeitseinheit – 1

1. a) Wie erleben Sie Ihre Psychodynamik in Ihrem Leben?

1. b) Erweitern Sie dieses Thema mit eigenen Entdeckungen:

2. a) Erstellen Sie sich Ihr Profil Ihrer Psychodynamik:

Spannung	Extraversion Introversion	psycho-physische Reaktionen	Grundbefinden
Stabilität Labilität	Sensibilität Starrheit	Kraft Intensität	Konstruktivität Destruktivität

2. b) Interpretieren Sie (Ursachen, Bedeutung, Wirkungen etc.):

3. Formulieren Sie ein Bildungsziel über Ihre Psychodynamik:

4. a) Imaginieren Sie über die Charakteristik Ihrer Psychodynamik:

4. b) Ihre Folgerung in einem Satz:

5.2.7. Arbeitseinheit – 2

1. a) Wie erleben Sie Ihre Anspannung und Entspannung im täglichen Leben?

1. b) Erweitern Sie dieses Thema mit eigenen Erfahrungen:

2. Beschreiben Sie Ihre durchschnittlichen Erfahrungen zu den Reaktionen:

Zustand der psychischen Energie	Reaktionen bei den psychischen Funktionen	Reaktionen beim Handeln	Reaktionen beim Körper und bei Organfunktionen
Entspannte psychische Energie			
Normal angespannte psychische Energie			
Überspannte psychische Energie			

3. Formulieren Sie ein Bildungsziel im Kontext mit Ihren Reaktionsmustern:

4. a) Imaginieren Sie über Ihre Spannung-Entspannung:

4. b) Ihre Folgerung in einem Satz:

1. a) Welche emotionalen Faktoren erleben Sie besonders in Ihrem Leben?

1. b) Erweitern Sie dieses Thema mit eigenen Erfahrungen:

2. a) Die eigenen emotionalen Faktoren im Wochenrückblick: Notieren Sie in die einzelnen Felder des nachfolgenden Diagramms ein Stichwort, das ein Sinn- und Werterleben (d.h. ein Gefühl) im entsprechenden Zeitraum war.

Zeitspanne Wochentag	Morgen	Vormittag	Mittag	Nachmittag	Abend	Nacht
Montag						
Dienstag						
Mittwoch						
Donnerstag						
Freitag						
Samstag						
Sonntag						

2. b) Interpretieren Sie den Gesamteindruck:

3. Formulieren Sie ein Bildungsziel im Kontext mit den emotionalen Faktoren:

4. a) Imaginieren Sie über einen emotionalen Faktor, der für Sie wichtig ist:

4. b) Ihre Folgerung in einem Satz:

5.2.7. Arbeitseinheit – 4

1. a) Wie erleben Sie die Wirkungsweise von Aussenfaktoren auf Ihre Energie?

1. b) Erweitern Sie die Wirkungskräfte mit einigen Kombinationen:

2. a) Sammeln Sie aus dem letzten Wochen einige Ausseneindrücke, die Sie nachhaltig bewegt haben:

2. b) Beschreiben Sie, wie Sie die psychische Energieausstrahlung anderer Menschen und von fremden Räumen erlebt haben:

2. c) Wie können Sie sich vor Ausseneindrücken und fremden Ausstrahlungen schützen? Geben Sie einige Tips:

3. Formulieren Sie ein Bildungsziel für Sie zu den spannungserzeugenden Faktoren:

4. a) Imaginieren Sie über Aussenfaktoren, die Sie besonders bewegen:

4. b) Ihre Folgerung in einem Satz:

5.2.7. Arbeitseinheit – 5

1. a) Wie erleben Sie Stress in Ihrem Leben?

1. b) Erweitern Sie dieses Thema mit der Betrachtung von Stress bei andern:

2. Stressindizien sind (kreuzen Sie an, was für Sie zutrifft):

6 = vollständig; 5 = sehr; 4 = überwiegend; 3 = mittel; 2 = teilweise; 1 = wenig; 0 = nicht

☐ Ich reagiere bei vielen Gegebenheiten überstark
☐ Ich bin bedrückt, sobald ich nicht arbeite
☐ Ich habe Nacken-/Kreuzverspannungen
☐ Ich bin leicht aus der Ruhe zu bringen
☐ Ich bin nervös
☐ Ich bin niedergeschlagen
☐ Ich habe Konzentrationsstörungen
☐ Ich bin im Denken schnell behindert/blockiert
☐ Ich habe Arbeitshemmungen
☐ Ich bin in Konflikten innerlich schnell erregt
☐ Ich erlebe Sorgen auch körperlich
☐ Ich kann am Wochenende nicht abschalten
☐ Ich habe Verdauungsbeschwerden
☐ Ich tue vieles hastig (Essen, ankleiden, Körperpflege)
☐ Ich bin am Abend von den Tagesereignissen bedrängt
☐ Ich erlebe mich pessimistisch
☐ Ich erlebe den Alltag hektisch
☐ Ich bin leicht zu verärgern
☐ Ich bin ungeduldig
☐ Ich bin schnell launisch

Notieren Sie hier Ihre Gesamtpunktzahl:........

Interpretieren Sie:

3. Formulieren Sie ein Bildungsziel zu Ihren Stressreaktionen:

4. a) Imaginieren Sie über Ihren Stress:

4. b) Ihre Folgerung in einem Satz:

1. a) Welche Erfahrungen haben Sie mit Entspannungstechniken?

1. b) Erweitern Sie das Spektrum der Wirkungen von Entspannung:

2. a) Meine Schwierigkeiten mit dem Autogenen Training sind:

2. b) Meine Schwierigkeiten mit dem Mental-Training sind:

2. c) Entspannungstraining bewirkt bei mir und in meinem Leben:

2. d) Interpretieren Sie 2. a) und 2. b):

3. Formulieren Sie ein Bildungsziel zu Entspannungsübungen:

4. a) Imaginieren Sie über Ihre Schwierigkeiten zu entspannen:

4. b) Ihre Folgerung in einem Satz:

5.2.7. Arbeitseinheit – 7

Schreiben Sie eine ironische Kurzgeschichte: Seit einem Monat sind alle Menschen in meiner Stadt im Megastress. Also, wie das ausschaut!.....

Multiple Choice Test

Wählen Sie die vier richtigen Antworten aus: ☒ a) Fun

3.1. Charakteristiken der Psychodynamik sind:
☐ a) Spannung ☐ b) Extra-/Introversion
☐ c) Stabilität/Labilität ☐ d) Zyklus
☐ e) Psycho-physische Reaktionen ☐ f) spiralförmiger Prozess

3.2. Psychische Energie wirkt auf:
☐ a) Kleider ☐ b) psychische Kräfte
☐ c) Körperfunktionen ☐ d) Handlungen
☐ e) Pflanzenwelt ☐ f) stoffliche Energieträger

3.3. Folgende Sätze sind zutreffend:
☐ a) Peinliche Situationen bewirken emotionale Regungen.
☐ b) Bilder-Phantasien aktivieren Gefühle.
☐ c) Situationen mit Bedrohungen sind "emotionale Auslöser".
☐ d) Lange geometrische Figuren anschauen bewirkt Spannung durch Emotion.
☐ e) Lärm löst Emotionen aus, insbesondere Dauerlärm.
☐ f) Unpersönliche Sachangaben (Informationen) wirken unterschwellig emotiv.

3.4. Auf das psychische Energiesystem wirken direkt ein:
☐ a) Smog ☐ b) Psychische Energie anderer
☐ c) Raumimprägnation ☐ d) Telepathie
☐ e) Jeder Gedanke anderer ☐ f) das kollektive Unbewusste

3.5. Aspekte von Stress-Reaktionen sind:
☐ a) somatische Reaktion
☐ b) Störung einer psychischen Funktion
☐ c) Handlungsdruck
☐ d) Sucht
☐ e) Hemmung der Antriebe
☐ f) innere Erregung

3.6. Klassische Entspannungstechniken sind:
☐ a) Autogenes Training ☐ b) Neo-Analytische Psychotherapie
☐ c) Hypnose mit/ohne Suggestion ☐ d) Mental-Training
☐ e) progressive Muskelentspannung ☐ f) Wanderungen

www.ingramcontent.com/pod-product-compliance
Lightning Source LLC
Chambersburg PA
CBHW072352290526
45794CB00001B/53